高等学校投资学专业主要课程系列教材

风险投资

张陆洋　主编

高等教育出版社·北京

内容简介

本书内容分三篇：上篇为理论综述篇，主要结合实际案例，介绍企业创业过程的经济特性以及风险投资在创业过程中实现金融经济价值的相关理论；中篇为国际经验篇，主要介绍美国和以色列的风险投资发展经验；下篇为中国实践篇，主要介绍和分析我国风险投资的发展现状以及存在的问题，并进行思考与展望。

本书结构安排逻辑清晰，内容上理论与实践相结合，并配有思考题，适用于高校金融学、经济学等专业的教学和使用。

图书在版编目（CIP）数据

风险投资/张陆洋主编． --北京：高等教育出版社，2020.11（2021.12重印）
ISBN 978-7-04-051540-4

Ⅰ．①风… Ⅱ．①张… Ⅲ．①风险投资-高等学校-教材 Ⅳ．①F830.59

中国版本图书馆 CIP 数据核字（2019）第 040791 号

Fengxian Touzi

| 策划编辑 | 郭金录 | 责任编辑 | 郭金录 | 特约编辑 | 吕培勋 | 封面设计 | 张 志 |
| 版式设计 | 杜微言 | 插图绘制 | 于 博 | 责任校对 | 刘娟娟 | 责任印制 | 朱 琦 |

出版发行	高等教育出版社	网 址	http://www.hep.edu.cn
社 址	北京市西城区德外大街4号		http://www.hep.com.cn
邮政编码	100120	网上订购	http://www.hepmall.com.cn
印 刷	涿州市京南印刷厂		http://www.hepmall.com
开 本	787 mm×1092 mm 1/16		http://www.hepmall.cn
印 张	15.25		
字 数	330 千字	版 次	2020年11月第1版
购书热线	010-58581118	印 次	2021年12月第2次印刷
咨询电话	400-810-0598	定 价	38.00元

本书如有缺页、倒页、脱页等质量问题，请到所购图书销售部门联系调换
版权所有 侵权必究
物 料 号 51540-00

前　言

党的十九大报告强调了"创新型国家""企业家精神""创新创业""商事制度""多层次资本市场"五个关键词,构成了"新金融时代"运行机制,给风险投资从业者们指明了战略目标和具体实施的路径。

风险投资(Venture Capital),又称创业投资,或者创业风险投资,仅从纯学术角度,站在不同的视角,有着不同的理解。风险投资(Venture Capital)在各个国家有不同的定义。大部分国家把"风险投资"定义为给未公开交易的公司提供融资,它强调了投资对象的非公开性。尽管对于风险投资有着不同的定义,但是基于风险投资创造的基于现代信息科技及其产业,形成的新经济发展,成就了新型国家竞争力提升,带来了很多传统经济学、金融学、管理学、社会学等领域的新命题。

本书的定义,是以美国风险投资协会于1991年给出的定义为基础的,如图1所示,科技企业创业过程是一个"科技知识产权股份期权化过程",风险投资则是一个"风险资本股份期权化的过程"。风险投资的金融经济价值是发现价值并创新新经济价值的过程,是以与科技企业创业过程有机结合为必要条件的。风险投资作为一种新兴金融业态,完全不同于证券投资,不同于一般的产业投资,更不同于银行的债权贷款,它需要什么样的理论?至今有哪些国际经验的实践值得借鉴?我国的风险投资发展处于什么状态和水平?我国还需要为风险投资业发展创造什么样的环境?

本书一共11章(图1所示),包括了三大部分的内容:第一部分主要是有关风险投资的概念及其理论方面的内容;第二部分主要是国际经验方面的内容;第三部分主要是我国风险投资的创新探索以及对于未来趋势的展望。

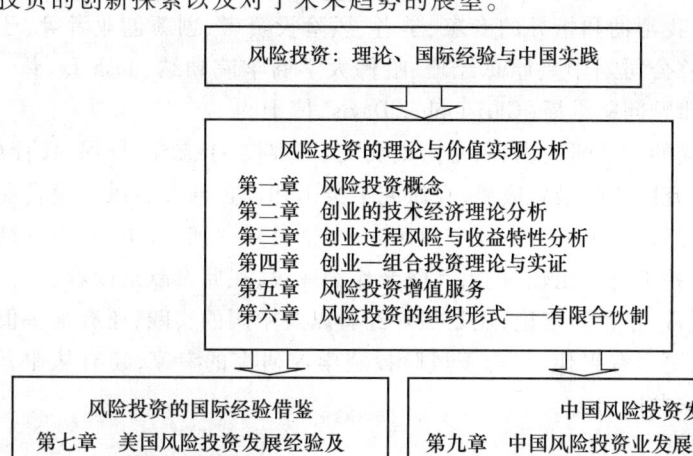

图1　本书撰写路径示意图

依据图1所示的本书撰写逻辑路径,建议读者阅读或授课的路径如图2所示。

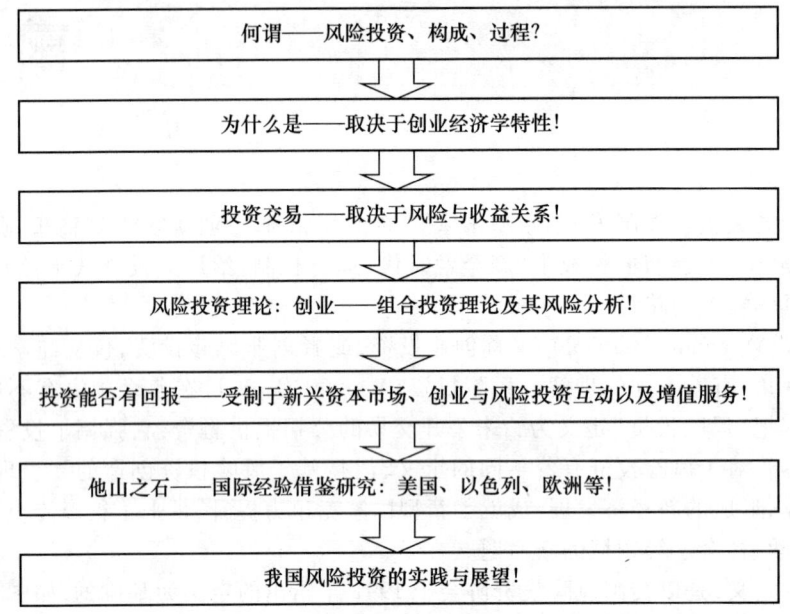

图 2　本课程授课与学习路径示意图

笔者自1996年博士毕业以来,一直在学习和研究风险投资的理论、国际经验以及中国的创新与探索。并于2000年6月27日发起创建了我国第一家专业性风险投资研究机构——复旦大学中国风险投资研究中心。笔者曾十五次前往美国调研学习、五次去日本调研学习、四次去我国台湾地区调研学习、两次去以色列调研学习、两次去欧洲(德国、英国等)调研学习,一次去新加坡调研学习等。每两年对国内风险投资发展情况做一次深入调研学习,掌握了第一手的国际经验和国内的创新探索资料,取得了一些理论上的突破。

在此,感谢所有给予我帮助和指导的专家、学者、风险投资者、创新创业者等,还要特别感谢山西省科技基金总公司刘崇兴原总经理、哈佛大学商学院勒纳(Josh Lerner)教授和美国小企业管理局法律顾问戴维斯(Christopher Davis)博士。

本书付费二维码扫描的专题研究内容,是由刘文文、王维俊、李志洋、周昂、楼佳蔚、王宠、程威伊等风险投资研究团队的最新成果,在研究了美国和以色列发展风险投资业的经验的同时,研究团队还专门进行了五个专题方面研究,特别是对欧洲、日本、我国台湾省发展风险投资业经验研究,并进行了比较,提出互联合作的建议,在此奉献给读者。

当然,就风险投资而言,不论是理论,还是国际经验以及中国的实践,还有很多值得深入学习和研究的内容,愿更多有兴趣、有志于风险投资学习研究的专家,还有从业者们为把我国建设成创新型国家共同努力。

编者
2020年5月

目 录

理论综述篇

第一章 风险投资概念 ·· 3
- 第一节 风险投资的定义 ·· 3
- 第二节 风险投资的权益性 ·· 6
- 第三节 风险投资特征 ·· 8
- 第四节 风险投资经济效应 ······································· 14
- 第五节 典型案例 ··· 15

第二章 创业的技术经济理论分析 ···································· 29
- 第一节 创业企业经济行为分类 ··································· 29
- 第二节 创业的技术经济过程分析 ································· 32
- 第三节 科技企业创业关联经济性与组合投资 ······················· 33
- 第四节 科技企业创业范围经济性与组合投资 ······················· 34
- 第五节 科技企业创业规模经济性与组合投资 ······················· 35
- 第六节 科技企业创业速度经济性与组合投资 ······················· 36
- 第七节 科技企业创业虚拟经济性与组合投资 ······················· 37
- 第八节 科技企业创业经济性之间协同与组合投资 ··················· 38

第三章 创业过程风险与收益特性分析 ································ 40
- 第一节 风险投资的风险特性 ····································· 40
- 第二节 风险投资的运作过程 ····································· 42
- 第三节 创业过程的静态风险 ····································· 44
- 第四节 创业过程的动态风险 ····································· 46
- 第五节 风险投资规避风险的基本原则 ····························· 47
- 第六节 风险投资规避风险解决方案 ······························· 48
- 第七节 风险投资的收益模式 ····································· 52

第四章 创业—组合投资理论与实证 ·································· 55
- 第一节 风险投资与证券投资的比较 ······························· 55
- 第二节 风险投资与产业投资的比较 ······························· 58
- 第三节 风险投资与衍生工具投资的比较 ··························· 61
- 第四节 投资组合理论应用于风险投资中的价值分析 ················· 64

I

第五节	投资组合理论在风险投资中的局限性分析	65
第六节	创业—组合投资的理论框架	74
第七节	创业—组合投资理论的论证概述	77
第八节	典型案例分析	81

第五章 风险投资增值服务 …… 87

第一节	科技创新的能力形成的服务体系	87
第二节	商务模式先进及扩张能力形成的服务体系(建立商业模式)	90
第三节	公司治理构建及执行能力形成的服务体系	94
第四节	社会资本运用能力形成的服务体系(建立投融资体系)	101
第五节	获得政府支持能力及战略发展的服务体系	102
第六节	其他服务体系	105

第六章 风险投资的组织形式——有限合伙制 …… 107

第一节	有限合伙制的风险投资价值	107
第二节	有限合伙制基金的内在机制分析	116
第三节	风险投资的利益激励机制	123

国际经验篇

第七章 美国风险投资发展经验及国际经验的总结 …… 131

第一节	美国风险投资业发展历史概述	132
第二节	美国硅谷内在技术密集规律的考察	134
第三节	美国风险投资业发展聚集规律实证研究	137
第四节	风险投资与技术创新的经济关系研究	139
第五节	美国政府促进风险投资业发展的基本模式	143
第六节	风险投资发展国际经验的总结	149
第七节	美国大学科技成果转移模式借鉴研究	151

第八章 以色列发展风险投资经验 …… 157

第一节	以色列风险投资业发展的历史	157
第二节	以色列对风险投资业的理解	159
第三节	以色列政府在促进风险投资业发展中的作用	162
第四节	中国—以色列的合作模式	166

中国实践篇

第九章 中国风险投资业发展历程、创新与探索 …… 173

第一节	中国风险投资业发展历程与成就	173
第二节	政府引导社会资金的理论分析	183

第三节　政府风险投资引导基金概况 ······························· 189
　　第四节　政府风险投资引导基金特点分析 ··························· 192
　　第五节　政府风险投资引导基金政策比较分析 ······················· 193
　　第六节　政府风险投资引导基金存在问题分析 ······················· 198
　　第七节　结论与建议 ··· 199
第十章　中国科技企业创业成长实证研究 ··· 202
　　第一节　科技企业创业成长规律实证 ······································ 202
　　第二节　科技企业创业成长的边界 ·· 205
　　第三节　科技企业创业成长关键 ··· 209
　　第四节　风险投资的增值服务体系 ·· 210
第十一章　中国科技风险投资金融政策体系 ··· 212
　　第一节　风险投资与科技金融支持体系 ··································· 212
　　第二节　科技风险投资（科技金融）体系结构 ························· 214
　　第三节　促进我国科技风险投资业发展的条例研究 ·················· 217
　　第四节　中国海外风险投资体系的研究 ··································· 219
　　第五节　现代创新型国家体系的全新理解 ································ 223

参考文献 ··· 231

理论综述篇

　　该篇内容主要有:从什么是风险投资起步,给出定义及对其权益性的理解,通过一个典型案例解说风险投资的本质规律性;以创新创业的经济学特性论述入手,解密风险投资的风险特性及其风险与收益的关系;将风险投资纳入现代投资系列,与证券投资、产业投资、衍生工具投资等进行比较,论述风险投资发现价值、创造价值的内在本质特征;再根据创新创业的多阶段、多元风险的特性,论述了风险投资"创业—组合投资"的理论模式;基于创业—组合投资原理,风险投资获得"风险资本股份期权化"高回报必须是以创业互动为纽带,以增值服务提供资源支持创业、整合资源为前提的。

第一章
风险投资概念

风险投资作为当代高科技产业发展的催化剂,已经被越来越多的人认知,并日益成为投资者们新的投资方向选择。那么,什么是风险投资呢?风险投资的内在金融经济规律是什么呢?我们怎样来理解和把握风险投资的内在本质特性呢?本章结合一个成功案例的分析来帮助我们理解和把握风险投资的概念。

通过这个案例,人们可以清楚地看到,科技企业创业和风险投资是高科技产业发展所必需的。没有将科技成果的先进性、成熟性、市场性统一于创业的技术经济价值系统,没有风险投资的早期投入及其对其他投资者的带动,没有与创业过程和风险投资行为相适应的管理,没有政府在创业和风险投资中的引导和推动以及扶持,高科技企业的创业和产业化将存在巨大风险。

第一节 风险投资的定义

一、什么是风险投资

"风险投资",现在还没有确切的定义。然而,公认的事实是,传统的风险投资始于1946年,那时 General Georges Doriot, Ralph Flanders, Karl Comton, Merrill Griswold 等人组建了美国研究发展公司(AR&D),那是第一家专门投资于低流动性的早期阶段企业所发行证券的上市公司。

由此,"风险投资"的一种定义是:重复 General Doriot 的投资规则,符合德勤投资规则的投资程序就是风险投资程序。具体来看,包括:① 新技术、新市场概念和新产品运用的可能性;② 投资者参与(并不一定是控制)公司的管理;③ 投资对象的员工有出色的竞争力和人格魅力(这与"对骑士而非赛马下注"的规则有关);④ 已经经过种子期并受充分的专利、知识产权和贸易秘密协议保护的产品或流程(在信息受

"所有权"保护的情况下再投资);⑤在几年内就能成长为符合上市条件或能够整体出售的情况(退出战略);⑥风险投资家除了出资金以外能够提供其他服务的情况(价值增值战略)。

General Doriot 的划分标准得到不同程度的广泛运用,是因为大家公认,德勤是第二次世界大战后传统风险投资领域最重要的一个人物。他不仅为 AR&D 提供了基本的指导(直到被 Textron 兼并),还通过在哈佛商学院授课培养了很多现在业内资深的风险投资家。他向世界展示了一个传统风险投资战略怎样带来巨大的收益,因为 AR&D 对数字设备公司(DEC)的少量投资产生了数十亿美元的投资价值。

需要补充的是,在那个年代的公众眼中,Doriot 在 AR&D 的记录不只包括几例成功地收回投资(尤其是 DEC)的案例,更多的是失败的案例,这使那些缺乏经验的人下结论说一个管理有效的风险投资组合需要集中关注于那个可以提供投资资金的 200 倍,甚至 300 倍回报来弥补其余投资损失的项目。这个错误的结论导致了 20 世纪 60 年代风险投资超高风险的投资战略,管理者抱着"赚一大笔"的希望,只将资金投入新的从未有人尝试过的计划。事实上,AR&D 战略从来不是限制于完全意义上的大赚一笔。而是可以有很多不同的风险投资策略。一些投资组合完全或部分地进行后期投资,例如在公司准备上市之前很短的时间内注入资金。而且,如下面所述,对成熟企业的并购是一个常用的风险投资策略,比如整体接管,投资于问题企业(包括一些破产企业)。另一些基金是孵化器,采用不止一个策略,甚至包括部分投资于公众股票。关键是风险投资管理者要平衡风险和收益,"种子期"投资需要可观的预期回报,而后期的可转债只能期望一个中等的回报率。

"风险投资"这一术语在字面上有很多意思。General Doriot 的解释是把某些有特定特征的投资归为风险投资。他假定一个优先权,即风险投资介入运作、投资的管理(和最终的出售)程度的权利。另外,这一术语有时被用作一个形容词,比如"风险投资支持的公司",指风险投资合伙企业或基金投资的投资组合机会。当用于描述个人、家庭、企业提供资金时,这个术语被用作名词,而投资企业和合伙人被称为风险投资家。

从涉及的人员来看,风险投资是一个聚集性行业。风险投资家及其投资的标志性关系是每个专业管理人的投资组合不能超过一定的数目(假设他是"领先投资者",即更容易获得投资机会的信息),这些投资者一般经过正式业务、财务培训或在风险投资公司或金融机构受过在职培训,且经验丰富。他们的业务空间仍然相对太小,他们和他们的指导者可能都是只有一两个实际案例的操作经验。而且工作相当有难度,尤其是实地考察需要频繁出差。

在风险投资正式被定义之前,类似的运作已经存在了几个世纪。追溯到美国研究与开发公司,它与商业社会本身一样历史久远。比如,20 世纪 Vanderbilt 投资了 Juan Trippe 组建的 Pan 美国铁路项目,亨利·福特得到了 Alexander Malcolmson 的投资,20 世纪 30 年代 Eddie Richenbacher 获得了 Rockefellers 的支持才得以建立东方航空公司。然而,专业管理风险投资的时代是从 AR&D 成立开始的,各方投资者把资金汇集起来组建一家独立的法人实体,由专家根据签订的(虽然可以调整)投资合同规定的投资目标、投资模式和规则管理资金。

总之,"风险投资"这个词可以用在很多地方:投资、投资者或某些行为。笔者完全认可这多种用法,但是本书强调(但不排斥其他)Doriot 规则的定义。首先,风险投资是有关资金投资的活动。通常对高风险(相应高回报)低流动性的债券进行投资,而与传统上对成熟上市企业的股票投资不同。风险投资者一般希望他的参与,或加入某家投资企业(这时被称为指导性投资者)能够增加价值,他能够为投资的最终成功提出意见。由于投资流动性差,风险投资的时间跨度一般很长,出于这点考虑,多数独立的风险投资基金都以股份合伙制的形式成立 10~12 年,这意味着风险投资公司在开业 4~6 年内要重新获得流动性。

过去的巨额回报一般都来自开发新市场的科技进步投资,传统上风险投资企业被认为是高科技新兴企业的同义词。然而正如前文所述,这不是一个准确的定义外延,即使在创业阶段也不是。比如,风险投资的一大成功者——联邦快递的技术和 Pony 快递的一样;要说麦当劳这样的快餐连锁店为科学技术发展作贡献也需要太大的想象力了。但是无论技术含量如何,当传统的风险投资家所投资的企业在某一细分市场具有独特的竞争优势时,他就能大赚一笔了。产品要尽可能地不同,而不是一个"商品"。过去寻找科技突破点就是一个(但不是唯一)新兴企业使自身区别于更容易获得资金的成熟企业的主要手段。

二、风险投资的定义

各国对于风险投资的认识或定义有着不同的理解。图 1.1 总结了世界上主要国家对于"风险投资"的各种定义之间的相同点与不同点。

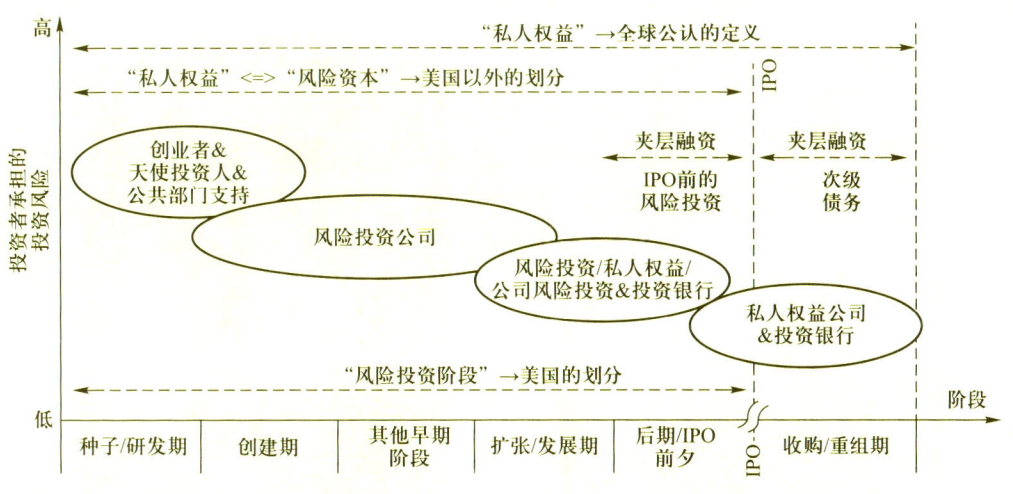

图 1.1 世界范围内"风险投资"的定义

资料来源:M. 黑米格. 风险投资国际化.

本书所用的"风险投资"认同美国的定义,即那些从种子期直到上市前培育企业成长壮大,帮助它们从某个创新的技术或想法发展成为实际存在的构架健全、经营稳定的成熟企业的投资活动。

美国作为风险投资发展最早也是最发达的国家,20世纪70年代就给出了关于风险投资的定义,但没有得到广泛的认同,直到1990年美国风险投资协会给出了"对新兴的、有巨大竞争潜力的企业中的一种权益性投资"的定义,才得到了广泛的认同。

美国风险投资协会的这个定义,揭示了理解风险投资最关键的点,即:

何谓"权益性"?如何理解?

经合组织科技政策委员会于1996年发表了研究报告《风险投资与创新》,该报告对风险投资所下的定义是:风险投资是一种向极具有发展潜力的新建企业或中小企业提供股权资本的投资行为,基本特点是:投资周期长,一般为3~7年;除资金投入之外,投资者还向投资对象提供企业管理等方面的咨询和帮助;投资者通过投资结束时的股权转让活动获得投资回报。

经合组织的定义解释了美国风险投资定义中的"权益性"。将美国风险投资协会的定义和经合组织定义结合在一起,理解风险投资的三个关键点,即:

何谓"权益性"?如何理解?

何谓"还向投资对象提供企业管理等方面的咨询和帮助"?如何理解?

何谓"投资者通过投资结束时的股权转让活动获得投资回报"?如何理解?

第二节　风险投资的权益性

如同前面所说,风险投资是"风险资本股份期权化过程"。将图1.2~图1.5所示内容与风险投资定义结合起来,要成为一个成熟的风险投资者而言,需要经历四个基本过程。这也就是风险投资业界普遍认同的"十年磨一剑"过程,参见图1.2、图1.3、图1.4、图1.5所示的四个阶段过程。

图1.2　风险投资如同巨浪里勇敢地独立行舟
——到茫茫大海找项目

图1.3　发现机会能够敢于抓住
——牢牢把握机遇

图1.4　犹如走平衡木,需要高超增值服务平衡技巧　　图1.5　随时敢于放手一跳——卖掉项目

风险投资必须经历的四个过程:第一,发现有价值的项目,就是要找到好的项目。如图1.2所示,在惊涛骇浪的大海里行舟,本身就需要相当的勇气,然而,仅有勇气没有知识的慧眼也是发现不了有价值项目的。第二,一旦发现有价值的项目,必须立即牢牢抓住。如图1.3所示,如果把握不住机会,即使有再多资金也会掉下去。第三,一旦抓住机会,如果没有高超的增值服务能力,也不能创造出新的价值来。如图1.4所示,风险投资增值服务能力,就像走平衡木,只有高超平衡技巧才不会掉下来。就好像奥运会平衡木比赛,能够拼到奥运会赛场的运动员,他们的表现是那么精彩,不过在他们的身后已经摔下去一大批没有能够晋级的运动员。实际上,增值服务能力才是风险投资真正的本事所在。第四,在增值服务之后,项目价值被发掘出来之后,需要在适当时机卖掉所投资的股权。如图1.5所示,并不是一定要爬到梯子的顶点才卖掉项目。只有获得风险投资的回报,才是完成了一轮的风险投资使命。

一个科技型的企业创业成功并具有竞争力,需要具备五个方面的能力:

(1) 科技创新的能力;

(2) 商务模式先进及扩张的能力;

(3) 公司治理构建及执行能力;

(4) 社会资本运用的能力;

(5) 获得政府支持的能力等。

风险投资增值服务围绕着这五个方面的内容,服务并帮助创业企业形成这五个方面能力,这应该是检验真正风险投资的核心价值。

围绕着这五个方面的能力形成,风险投资者需要具备相应的能力和服务资源体系,帮助创业者规避创业过程中必须经历的开发风险、生产风险、市场风险、管理风险、战略风险等静态风险,以及由这五项静态风险构成的三大动态风险:创业技术经济过程系统风险的多元动态性;创业进程中技术经济系统风险的组合性;创业技术经济价值实现系统风险的期权性等。

风险投资权益性是以发现价值为先导,以抓住机遇投入为关键,以增值服务为必需主要内容,以适时撤出和实现价值为目标的过程。权益性在整个过程中以占投资对象的20%股权为宜,但在企业创业发展过程中表决权远远大于20%,即在风险处理上往往拥有一票否决权,当创业价值被发掘出来后,风险投资者又不是以投资对象分红为收益的,而是以转让股权获得高额回报的。

第三节 风险投资特征

从风险投资概念分析其权益性,风险投资的金融经济规律与一般产业投资、证券投资、衍生工具投资等相比,有着其本身的特征。

一、投资对象

风险投资选择的对象不是那些已经赢利的成熟型企业,而是具有高发展潜力的小企业。它们尽管资产规模很小,但是拥有特定的技术创新或者新的盈利模式,使风险投资家确信企业的未来将有很大的发展空间。比如今天的苹果计算机、微软公司、亚马逊网站都是从很小的规模起家,凭借自身领先的技术或商业模式获得了风险资金的青睐,然后才得到了快速的成长。表1.1是根据美国风险投资协会对1978—2000年创业的3 500家公司进行的研究,总结出的风险投资支持的企业和成熟的上市公司在几个指标上的对比。

表1.1 风险投资支持的企业与成熟企业的对比　　（单位:百万美元）

	每家公司的年平均值		每家公司的年平均值 （每1 000美元资产）	
	风险投资支持的 企业（372家）	上市企业 （11 385家）	风险投资支持的 企业（372家）	上市企业 （11 385家）
销售	288.69	1 054.00	633.85	390.63
联邦税收	6.58	13.25	14.45	4.91
州和地方税收	1.03	1.82	2.26	0.67
净利润	1.07	47.01	2.35	17.42
员工(千人)	1.88	5.34	0.004 13	0.001 98
出口额	62.74	193.24	137.75	71.62
研发支出	19.87	40.01	43.63	14.83

资料来源:M. 黑米格. 风险投资国际化.

从第一栏的数据可以看出,风险资本支持的企业在企业收入、纳税、净利润、员工数量、出口以及研发支出上的绝对值平均规模均小于成熟型企业。第二栏则引入了资产规模变量以考察资本的运用效率。数据说明,对于每1 000美元的资产来说,风险资本支持的企业要比上市公司产出更多销售额、出口、纳税等。由于小企业的发展潜力比成熟型公司大得多,因此相同的资金能够产生更大的经济效益。唯一比成熟型企业低的就是净利润,这是由于风险投资支持的小企业往往都还未到达盈利阶段。

由于风险投资喜好成长潜力大的企业,因此投资对象在行业分布上有明显的倾向。它很少投资于传统的制造型行业,而绝大部分投资于具有高科技含量的行业以及服务行业,例如通信、电子与计算机硬件、信息服务、半导体、生物医药、医疗设备、保健服务、电子商务等。图1.6反映了美国从1997年到2000年按照投资额衡量的风险投资涉及的主要行业门类。其中信息产业总是占到投资额的一半以上,而医疗护理和产品服务类在不同年份的比重则此消彼长。产品服务类包括为消费者和企业产品服务的创业企业,比如教育与培训、金融服务、娱乐、交通等,还包括零售企业。

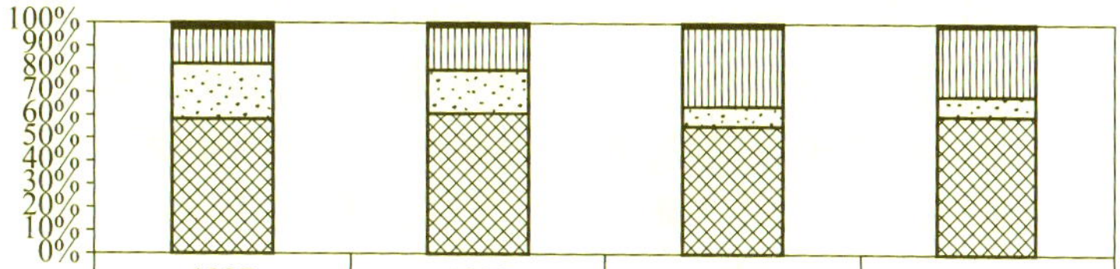

	1997	1998	1999	2000
■其他	215.99	227.79	243.34	368.55
□产品与服务	1 793.88	2 869.81	13 504.77	20 922.25
□医疗护理	2 734.29	2 882.48	3 539.39	6 133.59
⊠信息产业	6 672.24	9 058.88	20 898.55	41 332

图1.6 美国1997—2000年风险投资行业分布(单位:百万美元)

资料来源:The 2003 Venture Capital Industry Report & Planning Guide.

二、投资阶段

创业企业的成长阶段分为早期、发展期和晚期。风险投资可以在创业企业成长过程中的不同阶段开始其投资,不同阶段的投资在融资量、距离投资成熟时间的长短上各不相同。有的风险投资基金利用这种差异分散投资于不同阶段从而降低其整体风险,也有的基金则专门投资于某个阶段。下面按照创业企业的成长阶段划分风险投资的不同投资阶段。

(一) 早期融资

1. 种子阶段融资

它是指给予发明者或企业家一笔小规模的资金以确认某个创新的想法是否值得继续加以考虑和投资(Sahlman,1990),例如产品开发、市场调研。种子阶段的核心任务就是通过这些调查研究评估某个新想法的商业可行性。尽管种子阶段不需要大量的融资,但是风险投资家却不愿意提供这笔资金。Harris和Bovaird(1996)给出了四个理由:首先,这个阶段是所有阶段中风险最大的,因为它是对一个产品或一种服务的设想进行投资,而没有已经成型的产品。其次,它的流动性是所有阶段中最差的,所以只有进行长期投资以及流动性充足的投资者才有可能感兴趣。再次,尽管它需要的资金不多,但是对风险投资家提出的其他方面的资源需求却是高的。最后,种子企业特别需要投资者贡献时间和管理才能,提供诸如市场营销、财务等的技能对于种子企业是非常必要的。因此,相对于投资量,投资者必须付出额外高昂的人力资源。由于上述种种原因,种子阶段的投资是各阶段中最低的。

2. 创建期融资

该阶段企业的精力仍然集中于研发。但是,与种子阶段相比,创建期有了使产品商业化的正式计划,并且产品或者服务已经生产出来了。这两者正是一个企业可行的最基本的两个方面。这个阶段风险仍然很高,因为企业需要大量资本购买原料、运营设备和器材,尚没有成功的经营业绩。该阶段的融资非常重要,因为它提供的资金必须使企业运营直到盈亏平衡点甚至盈利,这样企业才能够获取银行贷款或者募集第二轮风险投资资金实现企业的扩张(Perez,1986)。但是,由于企业尚未开始盈利,因此获取传统债务和权益资金的可能性很小,很多私人风险资金也仍然不会投资(Harris 和 Bovaird,1996)。大部分的创业企业都在这个阶段失败。

3. 其他早期阶段

这个阶段的资金继续用于增加企业的价值和规模,而企业的产品可能仍然处于发展阶段或者已经在商业上可行。它可能是在企业经历了初创时期之后机构风险投资者参与的首轮融资。

给早期阶段的企业投资可以用"高风险高回报"来形容。如果企业最终能够上市或者被大企业收购,则该阶段投资者的回报比往后各阶段的都高。但是,由于早期阶段的中小企业风险较高,传统的贷款市场与公开资本市场都不会为它提供资金,而私人的机构类风险投资基金也很少参与,因此种子阶段和早期阶段主要依靠天使投资者提供资金,而这些资金往往是不能够满足这些企业的需求。

(二) 发展阶段

处于该阶段的公司已经有了一定的运作业绩,如果有补充的资金则能够使它加速增长,比如扩大企业规模和市场份额,改善资产运转效率并创造更多的现金流。对于那些一直以来依靠内部资金运作的企业,这次融资非常重要,因为这是它们首次引入外部的权益资金。由于企业已经有了正的现金流和一定的业绩,再加上诸如抵押等担保,银行也愿意为该阶段的企业提供资金,但是风险资金是更好的选择,因为风险投资家还会为企业带来有助于发展的管理技能。与早期阶段相比,此时参与的机构投资者明显增加,但是该阶段的投资回报率已经没有早期阶段的预期回报率高。该阶段的投资离企业上市也还有相当的距离,后面可能还需要好几轮的类似投资使企业继续运转。

(三) 晚期融资

此时,公司已经处于稳定增长的状态,其增长速度与前面几个阶段相比有所下降,但是累积的盈利与产生的现金流仍然在继续增加,公司的组织结构也比以前更加完整和复杂。公司需要资金不仅是为了继续维持增长,更重要的是为上市做准备。"搭桥融资"是在公司上市前的6个月到1年的时间里进行的融资,它通常可用于资助核心权益者之间的股权重组,偿还或削减以前的债务等,使创业企业的资本结构变得更加透明从而能够顺利上市。

三、投资方式

风险投资主要采取股权形式的长期投资。但是,风险投资为创业企业提供的不仅是资金,还包括参与企业管理,为其提供增值服务。这点对于创业企业的存活以及发展至关重要。由于创业企业的发起者往往是理工科背景出身的科技型人才,他们拥有技术以及知识产权,但是往往却不具备市场、财务以及经营管理的才能。为帮助企业顺利地把创新成果商业化,风险投资基金或者直接为这些企业提供相关的专家性意见,包括技术上的支持、产品大规模生产、财务和战略发展计划、市场拓展计划等,或者物色合适的人选加入企业的核心管理团队。

四、退出方式

能否顺利退出对于风险投资非常重要,因为它关系到投资的流动性。一方面,由于投资对象是非公开上市的公司,因此流动性与公开交易的金融产品差很多;另一方面,风险投资家必须花费若干年的心血培育企业以提高它的流动性,因为只有当企业明朗地显示出其未来的商业价值,才会吸引较多的买家。一旦这个过程失败了,企业很可能只能清算,而投资者则血本无归。因此,流动性对于风险投资来说不确定性很大,这也是较少投资者介入这个投资领域的原因之一。

根据 Gladstone(1988),结束一项风险投资有六种方式:① 通过公开上市出售公司的股票;② 把股票出售给其他公司,即公司间的并购;③ 公司回购风险投资者手中的股份;④ 股份出售给公司的其他投资者;⑤ 公司结构重组;⑥ 公司清算。这六种方式中,第一种是最理想的退出方式。Bygrave 和 Timmons(1992)证明,同等条件下,IPO 方式的利润最高。此外,上市使基金经理的投资回报率可以清楚地量化,从而使股东能够更好地评价他们的投资业绩。对于创业企业而言,公开上市提高了企业知名度,扩充了资本金,给公司的未来发展奠定了良好的基础。因此,作为扶持风险投资的政策之一,许多发达国家都开设了专门为创业企业上市的二板市场。

五、投资回报

风险投资的回报与一般的债券或股票不同,投资者没有每年固定的利息收入,即使企业有盈利往往也用于再投资,因此投资者也很少分配到红利。风险投资的主要回报来自项目成熟后将股票出售后实现的资本利得。按照通常的想法,风险投资应该是种高回报的投资,其回报率应该远远超出股票。其实,投资于不同项目的结果大相径庭。根据 *Venture Capital Journal* 的一项研究报告,美国在 1969—1985 年的 383 个投资项目中,只有 6.8% 的项目企业产生了 10 倍以上的投资回报,60% 以上的投资项目要么亏损,要么收益水平不超过银行储蓄利率。

为保证整体收益率,基金通常采用分散化的投资策略,通过投资于不同阶段、不同行业、不同地域甚至不同国家的项目降低整体风险。以美国为例,一个分散化的基金的长期内部回报率可以实现 15%,高于股市的长期回报率 11%。但是,即使是风险投资基金行业内部的回报率也是参差不齐的,前 1/4 的基金与后 1/4 的基金的历史平均回报率相差 2

个百分点,并且差距仍在扩大。这主要是由管理风险投资基金的团队的差异所造成的。因此,风险投资行业的整体回报率有时还不如股票市场,直到90年代科技网络的高速发展以及整个风险投资行业的日渐成熟才使其收益率明显超过公开权益投资。具体如图1.7所示。

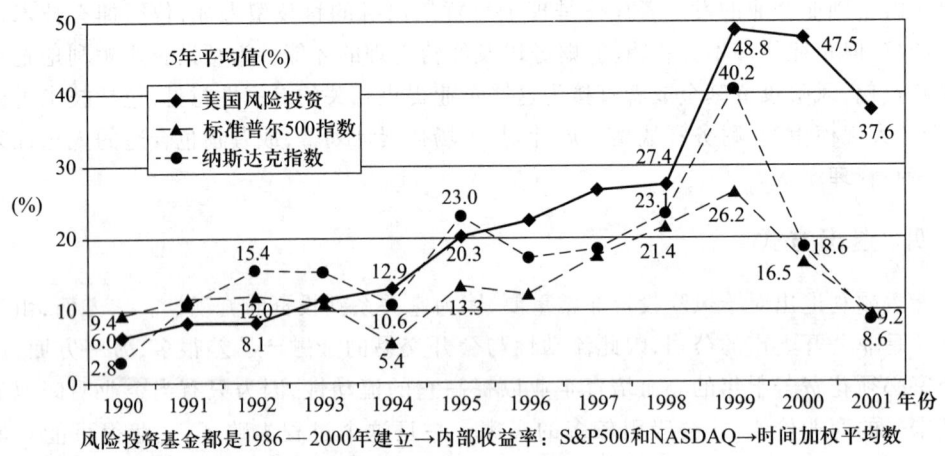

风险投资基金都是1986—2000年建立→内部收益率:S&P500和NASDAQ→时间加权平均数

图1.7 美国风险投资同其他公开市场的收益比较

资料来源:M. 黑米格. 风险投资国际化.

六、风险投资术语

本书使用的相关术语都在风险投资界广泛运用。首先,聚集资本资源以进行投资的实体称为"基金""风险投资企业"或"风险投资合伙企业"。某种程度上类似于共同基金,但不在1940年投资公司法的监督下(除了极个别的例外如AR&D),因为它们不是公众持股也无须赎回股份。风险投资集合基金是Greylock模型的产物,是有限个投资者、有限合伙人和作为一般合伙人的管理者之间的合伙企业。管理者拥有一个提成收益,使他们有权利以高于各自出资份额的比例分享投资收益。风险投资基金包括联邦支持的小企业投资公司(可以是公司制或合伙制),有时是像AR&D那样的上市公司,从1980年起被归为"业务开发企业"。本书将任何的资金管理公司称为"基金"或"合伙企业"。

基金一旦投资于一个运作实体,作为投资行为的主体称为"投资者"。一个由个人(称为"创业者"或"设立人")新组建的公司称为"初创企业"。任何新组建的公司,尤其是杠杆收购的,习惯上称为"新企业"。设立人向自己(和主要关联方)发行的股票一般只是形式上的出售,而那些股票被称为"设立人股"。设立人推销自己的理念,来吸引专业管理者(通常称为"核心员工")。如果需要特定的承诺,设立人可以寻求他人的投资以确保企业经营的资金(而不是设立人自己),这种在企业运作前需要的资本投资称为"种子投资",而这一过程称为"种子期"。每次风险投资融资称为"一期",如"种子期""首期投资""二期投资""夹层投资"等。

当产品原形在实验室成功制成后,下个任务就是介绍给客户来测试(称为Beta测试)。在 Beta 测试点,免费安装机器或程序,客户可以使用和调试几周甚至几个月。在此期间,通常还要募集资金来实施销售和市场战略。这一阶段的融资需求称为"首期投资"。

下一轮(可能是最后一期)的资金需求是帮助企业突破现金瓶颈。只要是公开发行股票市场相当繁荣的时期,一般由愿意支付相对高价的投资者来支持这轮投资,理论上他们很快就能整体出售企业或通过股票公开发行收回投资。因此,这轮投资又被称为"夹层投资"。这个术语在风险投资领域至少有两个含义,它也表示杠杆收购中的次级债务。在这两种情况下,某一事物仅次于或微微优先于另一事物。在风险融资中,这一行为之后设立人和投资人重新获得流动性(首次公开发行或整体出售)。正如上文指出的,重新获得流动性的策略称为"退出策略"。

风险投资的一个关键因素是企业发生的费用率,因为多数的风险投资是在企业还没有足够的收入来补偿经营费用的时候。每个月的费用支出就预示着企业在下次得到融资前可以支持多久,这个数字非常形象地被称为"烧钱速度"(Burn Rate)。本书中的其他术语将在文中运用时定义。

美国对"风险投资"的定义是指对从种子公司一直到处于公开上市发行前的晚期阶段的公司进行投资。因此,"风险投资"只是"私人权益投资"的一个子类[①]。这个定义以创业企业的成长过程为基点。为此,美国风险投资协会将风险投资(Venture Capital)定义为:对新兴的、有巨大竞争潜力的企业中的一种权益性投资。

经合组织科技政策委员会于 1996 年发表了研究报告《风险投资与创新》,该报告对风险投资所下的定义是:风险投资是一种向极具有发展潜力的新建企业或中小企业提供股权资本的投资行为,基本特点是:投资周期长,一般为 3~7 年;除资金投入之外,投资者还向投资对象提供企业管理等方面的咨询和帮助;投资者通过投资结束时的股权转让活动获得投资回报。

风险投资特别强调创业企业的高成长性;其投资对象是那些还不具备上市资格的处于起步和发展阶段的企业,甚至是仅仅处在构思之中的企业。它的投资目的不是控股,而是取得少部分股权,通过资金和管理等方面的援助,促进创业公司的发展,使资本增值。一旦公司发展起来,股票可以上市,或者卖给并购投资者,风险资本家便通过在股票市场出售股票或者转让股权,获取高额回报。

总的来说,对于各种风险投资的定义都围绕着以下几个要点:① 作为投资对象的创业企业是未上市的企业;② 创业企业有较高的增长能力,大多数属于高科技企业;③ 风险投资均采用权益性投资;④ 风险投资不仅为企业输入资金,还提供包括管理、咨询等服务。

我国对风险投资的定义基本参照 OECD 的定义内容,是指通过向不成熟的创业企业提供股权资本,并为其提供管理和经营等增值服务,期望在企业发展到相对成熟后,通过股权转让收取高额中长期收益的投资行为。

---

① 美国风险投资协会的定义(2001)。

第四节 风险投资经济效应

据美国风险投资协会（NVCA）2000—2002年的研究，自1970—2000年凡是接受过风险投资的企业，到2000年还存活的，它们创造的GDP占美国GDP总量的11%，而风险投资的总量仅占美国投资总量的1%，即风险投资对经济的贡献，其投入产出比例是1∶11。

据哈佛大学勒纳（Josh Lerner）教授的研究，风险投资对于技术创新的贡献，是常规经济政策如技术创新促进政策作用的三倍。举例而言，假设一个企业没有接受风险投资，它每年能够发明一个专利的话，那么，如果接受风险投资，该企业每年就可以发明三个专利。更重要的是风险投资带来的资本直接效应，创业企业需要至少三年原始积累。此外，还有风险投资资本带来的溢出效应，即风险投资者提供增值服务，加速该企业科技创新能力的形成，商务模式先进及扩张能力的实现，公司治理构建及执行能力的建立，社会资本运用能力的充实，获得政府支持能力的政策资源支持等，从而加速了创业成长速度，规避创业过程中静态风险和动态风险，提升创业成功的概率。将这些效应组合起来，风险投资对于技术创新的贡献是三倍效应。

而且风险投资与中小企业创业解决了当代就业增量的70%之多。美国一共有2 500多万家企业，除了上市的12 000家企业之外，绝大多数是中小企业。在风险投资作用下，中小企业的创新创业增量，带来了大量的就业，就业增量的70%来自风险投资作用。在我们看到风险投资有如此之多的金融经济价值的前提下，我们也看到风险投资的投资行为给我们金融学理论与实践提出了许多新的课题，如：

美国3亿人口，拥有1 000亿美元的广义的风险投资资本总量，政府支持的科技风险投资仅占该总量的10%，却投资了美国早期科技创业项目的65%之多，对于美国风险投资业的发展起到了核心的带动作用。

美国小企业管理局（SBA）自1958年成立以来，基于政府对风险投资支持，创建的小企业投资计划（SBIC），特别是20世纪80年代后期，政府修订了一系列的法规政策，大力促进了风险投资的发展，到2010年年底一共投资了10.6万多家科技创新型小企业，不仅摆脱了传统工业竞争力低下的局面，而且实现了产业结构调整，创造了以信息产业为主导的国家新经济竞争力，带来了20世纪90年代长达10年的经济高速增长。这也是美国在第二次世界大战后经济增长的第二个黄金十年。

从而论证：1985—2000年美国发展高科技与风险投资的政策，产生了经济发展的新动力，推动经济转型并创造了新的经济。

以色列这个有720万人口的国家，20世纪90年代初开始发展风险投资，不到十年的时间，就拥有了100亿美元风险投资的资本总量，在美国纳斯达克上市了130家企业，促进了以色列产业结构升级，提升了整个国家的创新竞争力。我国台湾这个有2 300万人口的区域，20世纪80年代中期开始发展风险投资，到2000年前后，拥有100亿美元的风险资本总量，几乎100%都投资在科技创新和创业上，创造了在纳斯达克上市97家公司的成就，促进台湾产业结构调整，提升了区域经济竞争力。

第五节 典型案例

为了更好地理解风险投资内涵,在此介绍一个风险投资全过程的典型案例。人们可以清楚地看到,科技企业创业和风险投资是高科技产业发展所必需的。没有将科技成果的先进性、成熟性、市场性统一于创业的技术经济价值系统,没有风险投资的早期投入及其对其他投资者的带动,没有与创业过程和风险投资行为相适应的管理,没有政府在创业和风险投资中的引导和推动以及扶持,高科技企业的创业和产业化将存在巨大风险。

一、天津戈德的创业过程

(一) 天津戈德防伪技术的经济价值

天津戈德是一个依托南开大学,从事防伪技术产品研究、开发和经营的高科技企业。其防伪技术主要有两大类:一类是传统的防伪技术即化学防伪技术;另一类是现代高科技的防伪技术即数字防伪技术。相应的技术产品有:① 防伪的印章和印油,应用于各种商务活动的票据上;② 货币的数字防伪,应用于人民币防伪识别;③ 二维条码防伪,应用于国际贸易中各种文件的防伪。随着技术创新的不断深化,天津戈德防伪技术产品的市场应用还将得到进一步扩大。

我国作为一个发展中国家,正在进行经济体制改革,同时又遇上国际经济正在由工业经济向知识经济转型的外部环境。由于经济结构的复杂性,政府的经济职能还正在市场化的进程中,人们的经济行为也正在市场规范化的进程中,因此,市场上存在大量的假冒伪劣、经济欺诈、经济犯罪等现象,使人们在日常生活中防不胜防,危害着消费者的生活安全甚至生命安危,不仅使得大量资源被浪费,更重要的是给经济体制改革蒙上了一层阴影。防伪技术就成了市场经济发展重要的卫士之一,从而防伪技术产业的发展是市场经济发展的客观必然要求。发达国家经济发展的历程也证明了这一客观事实。

天津戈德防伪技术的经济价值体现在两个方面:一是直接的经济价值;二是间接的经济价值。天津戈德防伪技术的直接经济价值是指其防伪技术在市场上的应用,使天津戈德作为一个企业其自身获得了发展。天津戈德防伪技术的间接经济价值是指其防伪技术在市场上的应用,为我国社会主义市场经济体制改革提供了一项有力的技术手段,为保障社会主义市场经济的健康发展起到了相应的促进作用。同时由于防伪技术产品的应用,避免了大量的经济损失。

(二) 天津戈德的创业之路

天津戈德的创业发展共分三个阶段:第一阶段,校办企业阶段;第二阶段,引入社会风险投资支持阶段;第三阶段,规模化发展阶段。经过三个阶段的创业发展,天津戈德在1994—1999年这六年的时间,实现了超常规的发展。由一个名不见经传的校办企业,发展成一个拥有数亿元资产的国内防伪技术产业的龙头企业。有人将天津戈德的创业成功称为"世纪末的传奇"。

第一阶段为校办企业阶段,其发展共分两步。第一步为天津戈德的创立(1994—1995年),南开大学以学校科技开发总公司名义,以李明智教授发明的防伪印油专利为基础,创办了戈德公司。由于市场开发不力,经过一年的运营,公司亏损。创业者总结经验,开始加大市场的开发,此时天津戈德进入第二步的创业进程,即市场起步和孕育下一步扩展能量的一步。这一步,创业者极其重视市场的开发工作,自筹资金10万多元,于1995年五六月间资助并参加了国家科技部的科技成果交流会,会上广泛地接触和了解了终端客户。随即又开发了防伪印章,与防伪印油技术系统配套,赢得了市场,赚了钱。

在良好的市场起步形势下,创业者为了把握产业发展的战略方向,获得超常规发展,以头脑风暴法的方式,召开了一个由多名院士参加的座谈会,谈防伪技术的发展趋势。天津戈德因此而正式确定了防伪技术发展的三大方向:① 自动售货机人民币识别技术;② 多维条码技术;③ 人民币的数字防伪技术等。创业者就此三大技术方向,利用学校的研究开发优势,组织队伍开始研究开发,并于1998年年初,首先攻克了自动售货机的人民币识别技术。同时聘请了市场营销和风险投资方面专家,就自动售货机项目进行深入的市场开发与营销上的调研和策划。以此为契机,天津戈德跨入了第二阶段的创业历程。

总结第一阶段的创业发展,天津戈德在南开大学的大力支持下创立,注册资金由百万元级发展到千万元级规模。企业由传统的防伪技术产品走向市场,在创业者的正确领导下,充分利用大学科学研究和技术开发的各项优势,注重技术产品的后续开发,为企业的第二阶段发展构建了核心技术的动力。但学校在市场开发和营销管理、财务融资等方面缺乏对企业进一步发展提供支持的条件。

第二阶段为引入社会风险投资支持阶段。该阶段是天津戈德突破学校在企业规模化成长方面的弱势,步入快速成长的阶段。该阶段也是分两步实现的。

第一步,天津戈德以自动售货机人民币识别技术为核心及其相应的市场调研分析为材料,以自身第一阶段创业业绩为基础,获得了天津科技发展投资总公司(以下简称天津科发)几百万元的第一笔风险资本的投入,共同组建了天津戈德防伪识别有限公司,于1998年5月18日正式开业。注册资本2 000多万元,其中双方协议戈德防伪技术无形资产的价值为600万元,天津科发占25%的股权,南开大学占75%的股权。

天津科发的几百万元,以实到现金资本方式进入。在该几百万元风险资本的促进下,天津戈德防伪技术产品的市场开发极富扩张力。受此市场扩张的吸引,早期曾举棋不定的投资者们,现在纷纷要求给予投资,其他资本拥有者闻讯也要求参与投资。1998年天津戈德当年获利几百万元,还有100多万元资本公积金。公司资产总额达3 000多万元。

此时,天津戈德进入创业的第二阶段第二步,即进一步增资扩股,推动企业规模化成长。天津戈德在创业成就面前,冷静、理智地选择愿加盟投资者。虽然多一份资金能多一份发展的能量,但更要看到如果不是风险共担的战略投资者,多一份资金同时也会多一份发展的风险。现在看来,天津戈德领导当时融资的决策是正确的。在该融资决策下,天津戈德吸收了泰达股份有限公司1 000多万元,占20%股权;荣意达惠顺房地产有限公司几百万元,占10%股权;天津科发追加了几百万元资本金,并将利润分成转为资本金投入,另有150万元的无形资产价值的投入,共计占25%的股权。

增资扩股后,南开大学股本金价值近3 000万元,股权由原来的75%退至45%。到1999年4月完成了第二轮的融资扩股过程。天津戈德资产总值达6 000多万元,股权结构为:南开大学占45%,天津科发占25%,泰达占20%,惠顺占10%。

在以高科技为核心的创业过程中,天津戈德已形成了以防伪技术创新为主链条的创业良性驱动,其技术经济价值的大规模性成长,必须有规模化资本的投入。企业的进一步发展,仅靠自身的资本积累或几个有限投资者的投资,已不能满足高科技产业发展速度经济性的要求。天津戈德领导在寻求企业快速成长时,曾考虑和制订了三套方案:一是在我国A股市场直接上市;二是借当地上市公司的"壳"上市;三是买当地上市公司的"壳"上市。同时也在寻求海外上市的渠道。

三种方案中,在A股市场直接上市,由于我国证券市场还处在规范化阶段,而且上市门槛高,天津戈德以现行的条件不够格,若资本积累需3~5年的时间,即直接上市对天津戈德来说时间风险较大。买壳上市,首先需要一笔可观的资金,其次是"壳"资源持有者能否认识到"壳"资源与高科技资源结合的价值所在,从而让出"壳",重要的是需要政府给予一定的扶持政策,显然,买壳上市的风险是一个综合的风险,同时还需要高超的资本运营操作技术,否则还会增加时间风险。借壳上市是三种方案中操作技术要求较低的,"壳"资源持有者易于接受,受到的制约条件较少。因此,天津戈德选择了借壳上市的方案,并开始实施借壳上市的发展策略。

至此,天津戈德完成了第二阶段的创业发展,进入第三阶段创业历程。

第三阶段为规模化发展阶段,从1999年3月开始至今。该阶段也分两步:

第一步,天津戈德正式实施借壳上市的策略。其基本考虑是:① 以现有的资产价值为基础进行借壳。② 在借壳的基础上,扩充资本实力买下所借之壳。进而达到借助资本市场融资的目的,推动防伪技术产业的发展。

在进行借壳上市的过程中,市政府主管领导充分肯定了天津戈德借助资本市场的融资功能,加速戈德防伪技术产业化的主导思路,政府有关部门积极创造条件,并给予相应的政策扶持。于是天津戈德在市政府的支持下,转借壳为买壳上市。

第二步,资本运营,买壳上市。在市政府的大力支持下,天津戈德全身心地买壳上市。如前所述,李明智的良好声誉以及投资参股的股东们的积极配合,买壳上市进行得比较顺利。

按照《公司法》的规定,天津戈德拥有3亿多元的资产总额,才能达到投资购买津国商上市的要求。为了上市,天津戈德经过精密的分析和策划,以几个步骤的资本运营,如愿实现了买壳上市的融资策略。

将天津戈德几千万元资产增资扩股为3亿多元,达到可以投资买壳的基本资产总额。天津戈德将其科技成果的无形资产综合重组,评估达1.05亿元,该价值以科技知识产权股份期权化的原理和风险投资收益"大拇指"规则,分享给先前的风险投资者们,先投资者享有的份额大,后投资者享有的份额少。

增资扩股后天津戈德的股权结构为:南开大学占31%,天津科发占21%,泰达集团占15%,惠顺占4%,立达集团占29%。

为了实现低成本的买壳上市,经过周密的调研和策划,投资各方通力合作,在国家各有关部门的紧密配合下,最终实现了买壳上市目标,获得了在资本市场上的融资资格,从而可以融得规模资金,推动防伪技术产业的发展。天津戈德资本运营买壳上市示意图如图1.8所示。

如图1.8所示,经过5个环节的资本运营,天津戈德拥有了在资本市场上融资的资格,立达集团获得了资产优化配置、参与高科技产业发展投资的效益。天津戈德进行进一步内部重组,专业化经营管理高科技产业,将上市公司"津国商"更名为"南开戈德"。

如此这般,天津戈德从一个名不见经传的校办企业,在短短的两年多的时间内,创业并发展为一个拥有3亿多元资产的高科技企业,成为国内防伪行业的龙头企业。目前,南开戈德并没有将上市作为创业发展的终点,而是作为一个发展的里程碑,并借助上市的推动,按现代企业制度规范企业的运营,对南开戈德实施全面的制度和机制创新的深化改革工作。

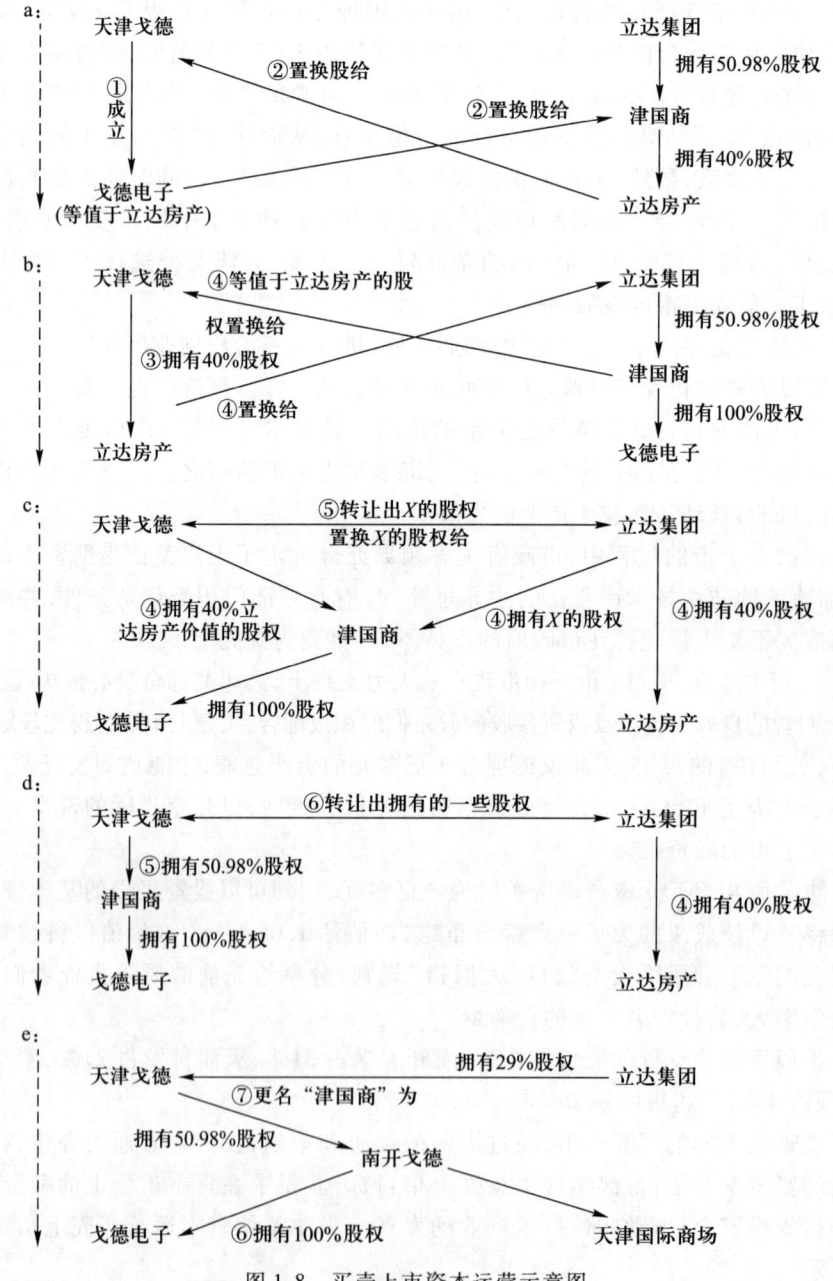

图1.8 买壳上市资本运营示意图

注:$X=50.98\%$ 津国商 -40% 立达房产价值。

总结南开戈德的创业之路，具有以下几个特点：

（1）技术的持续研究和开发，与市场的开发形成良性互动。大学拥有高新技术持续研究和开发的优势，但往往在市场开发和营销管理上是弱势。高技术如果没有市场价值的体现，任何高技术都将停留在技术价值的意义上。天津戈德以传统的化学防伪技术——防伪印章和印油作为创业的起点，在打开市场时，立即投资研究数字防伪技术，开发出与市场紧密相关的产品，积极进行产品的创新。如图1.9所示，天津戈德形成了化学防伪技术—印章、印油市场—数字防伪技术—人民币防伪市场—条码防伪技术—外贸的防伪市场等的技术与市场良性互动的创业模式。

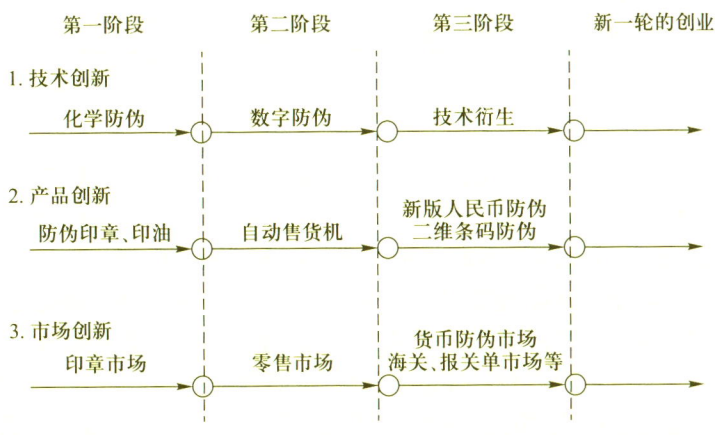

图1.9 天津戈德防伪技术市场创新示意图

（2）以市场机制融得风险投资，与风险投资者共同创业。高科技产业的创业不同于传统产业，不确定因素多，多则十几年，少则三年或五年，方能见效。投资者不但要有很好的耐心，还要有科技理念的素质，更要有对创业未来想象的思辨。创业要获得风险投资的支持，其前提是创业者与风险投资者对风险承担的共识以及对未来市场价值的共享，这种共识和共享的基点就是高科技知识产权股份期权化和风险资本股份期权化的市场机制。

天津戈德本着这样的观念，聘请了专家，花了两个多月的时间，就自动售货机在中国的市场开发问题，从技术的先进性、成熟性、市场性的角度，从该技术产品与同类产品功能价格比、功能效益比的角度，从分析经营同类产品企业在市场开发策略的角度，从自己产品优势和市场的切入点选择的角度，从分析现行国民消费观念和能力及层次的角度，从市场开发的其他影响因素和风险规避策略的角度六个方面形成了一份报告。在此报告基础上，天津科发进行了容错式的调研，并就自己作为一个风险投资者投资后的定位，以及如何发挥作用，还就天津戈德的领导层和南开大学在科技创业发展上开放性等问题进行了定性分析和判断；在没有经验和高风险的状态下，很快就做出决策——投资几百万元于天津戈德，并派出具有MBA知识结构的财务专家参与和协助天津戈德的创业。

如图1.10所示，天津戈德与天津科发为共同的明天，从企业制度、管理、激励机制等方面，随着创业的不断深化，实施一步一步地创新，实现了创业的目标，将天津戈德发展为全国防伪技术产业的龙头性企业。

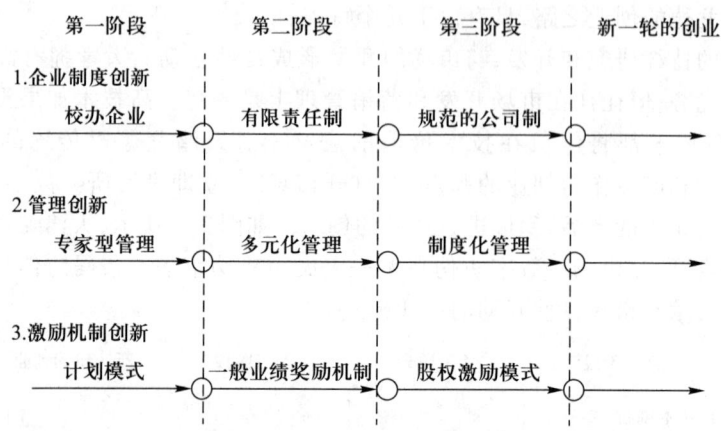

图1.10 天津戈德企业制度、管理、激励机制创新示意图

(3)运用现代资本运营技术,低成本地规模化发展。知识经济时代,高科技产业发展技术经济过程的经济学特性之一,就是速度经济性,这是由于科技更新换代加速,迫使创业者必须加快其企业的成长,否则就有被淘汰的可能。资本运用是现代企业超常规发展的一项具有杠杆意义的技术,条件具备,它能使企业快速成长。美国的思科公司就是充分运用资本运营技术,加速发展起来的高科技企业,其成功得益于美国成熟的资本市场。

在我国资本市场还不成熟和不规范的条件下,天津戈德创业的规模化发展必然受到制约。当天津戈德创业发展到第二阶段时,再进一步发展对资本的需求的强度,早期的风险投资者无法承担,何况这也不是风险投资的价值所在。唯一的出路就是通过资本运营,为企业的发展创造条件。天津戈德在风险投资者的协助下,几乎以零成本,打通了通向资本市场的路,为天津戈德的创业又一次突破了资本金制约的障碍,实现了符合高科技产业发展技术经济过程的速度经济性的发展,这也是天津戈德创业成功的关键之一。

二、创业的风险因素

天津戈德的防伪技术产品,由早先的印油、印章防伪,发展到数字防伪,以及在此基础上衍生出的各种防伪产品。总结天津戈德创业快速发展的历程,我们不能简单地将其归结为哪一个方面或哪一个因素,这是因为我国的经济环境远达不到美国的经济环境。概括地讲,我国在高科技产业发展的进程中,遇到了由计划经济向市场经济转轨的挑战,同时还遇到了工业经济向知识经济转型的挑战。为应对这两大挑战,在科技产业创业的进程中,必须解决好制度创新和机制创新两大问题。企业制度创新就是要使创业行为适应市场经济的规范,企业机制创新就是要使创业行为符合科技产权股份期权化知识经济的核心价值。否则,高科技产业的创业是难以获得成功的。为了说明风险投资在科技产业创业过程中的作用,首先来分析天津戈德在创业的进程中所遇到的各类风险,这些风险可以归结为三个方面:

(一)资金短缺的风险

根据美国风险投资发展50年的经验总结,高科技产业发展创业的技术经济过程会遇到五大类风险:新产品的研究开发风险;新产品的生产风险;新产品的市场开发风险;创业的经营管理风险;企业的发展风险等。天津戈德也不例外,创业的进程中,同样遇到了这些风险。而这些风险的克服都依赖于资金,新产品的研发、新产品的生产和市场开发、创业的经营管理、企业的发展等,没有资金投入都是不可能的。一旦有了风险资本,在以知识产权股份期权化的投资理念指导下,在以风险资本股份期权化的机制的运作下,创业过程中的五大类风险就是一个创业的技术问题了。图1.11为戈德创业资金作用示意图。

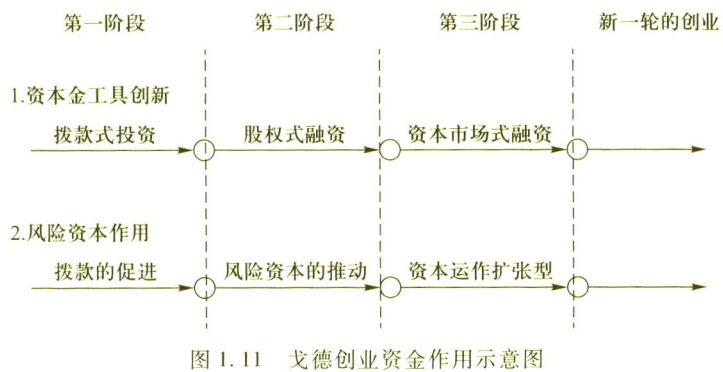

图1.11　戈德创业资金作用示意图

(二)创业的宏观因素风险(经济体制、运行机制、政府的作用等)

天津戈德创业成功与我国现行宏观经济氛围息息相关,如图1.12所示,国家经济体制的创新、创业氛围的创新、政府功能的创新,它们构成了天津戈德创业成功的外部环境,也可以称为天津戈德创业的宏观层次的要素。

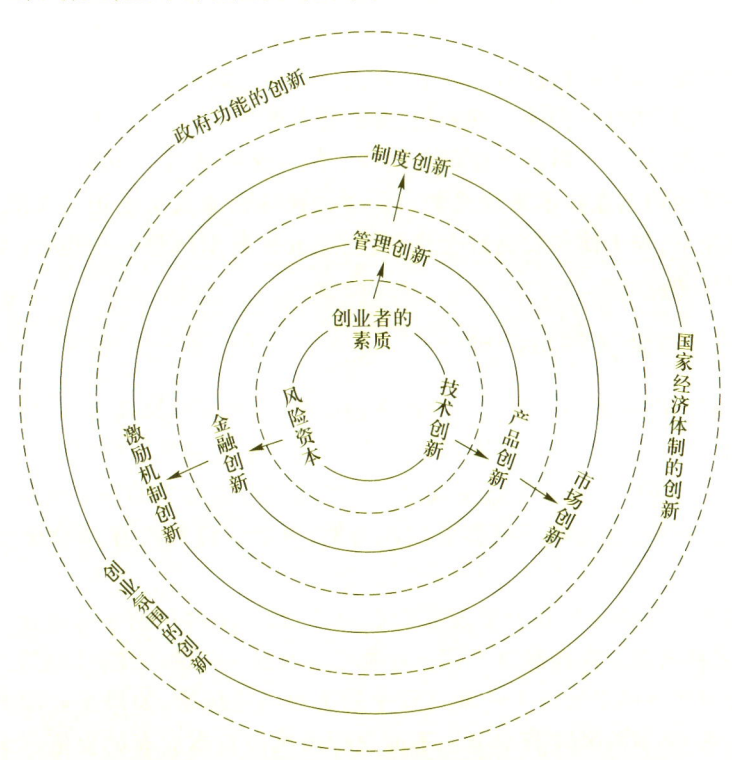

图1.12　影响创业因素结构耦合示意图

该层次要素是国家经济体制创新与创业氛围创新和政府功能创新三者的耦合,它们是天津戈德创业成功的社会经济条件。天津戈德的创业遇到的第二大风险因素就是宏观因素风险,即国家经济体制改革是天津戈德企业制度创新的经济环境,创业氛围的形成是天津戈德创业获得风险资本和其创业突破各种制约的创业条件,政府职能的改进是天津戈德创业获得市场支持与政府推动的必要条件。宏观层次要素分为三个层面对天津戈德创业起到了推动作用。我国经济增长中的科技含量低,科技成果实际转化率低,其宏观因素风险就是:经济体制改革还没有达到创业的需求;创业氛围创新还没有为创业的运行机制提供氛围;政府的功能创新也没有达到对创业的推动作用。实际中很多科技成果在转化产品的进程中,或因经济体制问题或因创业的运行机制问题或因政府在科技创业上的支持功能问题等宏观因素问题,导致科技创业或是有市场而没有机遇或是完成了第一步就举步维艰了或是有了机遇而市场已经过时了等,最终导致创业成功的概率极低。显然,创业的宏观因素风险是风险投资者和科技产业创业者无法规避的大系统风险。没有良好的宏观环境,天津戈德创业的成功是不可思议的。

(三) 创业的微观因素风险(研发、生产、市场、管理、持续创新发展等)

从创业的微观运作角度分析,科技产业创业遇到的风险超出了传统产业发展所遇到的风险,这些风险作用于科技产业创业全部的过程中。通过对美国最近几十年高科技产业创业的总结,得到如下的经验,即在公司开创或早期阶段有五种典型的风险:

(1) 开发风险:我们能开发出产品吗?
(2) 生产风险:如果我们能开发产品,我们能生产它吗?
(3) 市场风险:如果我们能生产产品,我们能销售出它吗?
(4) 管理风险:如果我们能售出产品,我们能获得利润吗?
(5) 发展风险:如果我们能管理公司,我们能发展它吗?

这五种典型的风险,是科技产业创业过程中的系统风险,它是可以借助风险投资并与风险投资者一道运用创业技术来规避的。天津戈德的创业成功也正是如此,在天津科发的风险投资作用下,与天津科发良好合作,将上述五种典型风险一一规避,使防伪技术产业的创业获得成功。

三、风险投资的运行和效用

在我国现行的经济条件下进行科技产业的创业,所遇到的风险可以归结为三大类:一是资金短缺的风险;二是宏观经济因素的风险;三是创业微观因素的风险。它们共同构成了科技产业创业的风险环境。资金短缺是科技产业创业进程中的首要风险因素。在此就我国现实的经济环境,以天津戈德创业成功为例,分析天津科发在风险投资上的运行和效用。

通过美国几十年的高科技产业发展创业的经验,总结出在创业的进程中存在五种典型的风险,这五种风险的存在是以现代企业制度为前提条件的。在中国进行风险投资,必须考虑到由计划经济向市场经济转型过程中的企业制度风险,如果企业制度不适应科技产业创业的需求,再多的风险资本金也不能发挥出风险资本应有的价值。天津科发确定了对天津戈德防伪产业发展投资的可行性,选择好创业的切入点进行投入,规避了天津科发风险资本的第一大风险,否则天津科发的科技投资体制改革将会步入原来的老路。

天津科发清楚地认识到这一点,在决策对天津戈德的投资时,附加的一个条件就是,天津戈德必须进行现代企业制度的改制,明晰其产权关系。为此,天津戈德进行了股份制的企业制度改制,适应了风险资本对创业的企业制度的要求。如果没有当初的企业制度改制,天津戈德创业能否成功可能还是未知。

(一) 为创业开拓新的成长空间,并能共享创业的成长利益

风险投资作为科技产业创业的"孪生姐妹",是一种新型的投资行为,不同于传统的银行的信贷式投资,也不同于传统的证券式投资,是在股权式投资的模式基础上进一步创新的投资行为。风险资本的价值是以科技产业创业的成功来衡量的。风险投资的使命就是与创业者一道开拓技术经济的价值空间,并与创业者一道共享创业成长的经济价值。

天津科发本着这样的投资理念,对天津戈德进行投资,促进了天津戈德防伪技术的不断创新,促进了天津戈德防伪技术产品的不断更新,促进了天津戈德防伪技术产品市场的不断扩大,使得天津戈德在短短两年多的时间内,由百万元级扩展到千万元级再扩展至亿元级的防伪技术产业的龙头企业。天津科发所投入的风险资本金在天津戈德成功成长的过程中,得到了增值,同时天津科发还享受到了天津戈德防伪技术无形资产的增值。

(二) 为创业实现成长空间的开拓发挥作用(财务顾问、企业制度的改制、引进其他的投资等)

天津戈德创业初期,作为南开大学的校办企业,其比较优势就是科技研究开发的实力,在创业的经营和管理上,几乎没有什么资源禀赋。因此,天津戈德的创业必须尽快掌握相应的创业技术,以克服创业进程中的财务管理、生产和市场营销管理、企业制度创新、进一步融资等创业的障碍。这也是风险投资价值实现过程中的障碍。风险投资者为了实现其风险资本的增值,以其在投资经营管理上的比较优势,为创业实现的开拓成长空间发挥作用。

天津科发在天津戈德创业成功的进程中,除了风险资本自身的作用外,还派出了财务顾问,帮助天津戈德解决创业的财务问题,同时还促进了天津戈德企业制度的不断改革,以战略投资者眼光,帮助引入新的投资者,将以投机为目标的投资者坚决杜绝在投资同盟队伍之外,确保和捍卫了防伪技术产业创业的成果和风险资本价值增值的成果。

(三) 为创业完成成长空间的开拓发挥作用(资本运营、财务顾问等)

资本运营是现代企业实现规模化成长的极其有效的金融工具。1998年以来,发达国家跨国企业的国际化发展战略,几乎都是运用资本运营的手段,实现了以最低的成本获得最大最快的发展。高科技产业发展也不例外,在创业的后期往往都是运用这一手段实现其快速发展的,如美国的思科公司起步晚于微软,但其充分利用资本运营的手段进行不断地资产重组,获得了快于微软的发展速度。天津科发充分利用资本运营的手段,为天津戈德的创业实现了买卖上市、规模化成长的发展。

当天津戈德的创业由百万元级发展为千万元级时,再依靠几个投资者,或依靠自身的资本积累等传统方式进一步发展,必然会遭到高科技产业发展技术经济过程速度经济性

时间风险的制约。在1998—1999年我国资本市场的格局下,天津戈德的规模化发展之路,资本运营是唯一最佳选择。然而在我国现行的经济环境中进行资本运营,受到了条块分割的行政壁垒的制约,以市场机制实行的方案往往行不通。天津科发以其在投资运营上的经验和优势,为天津戈德设计和策划了买壳上市的操作方案,使天津戈德由千万元级的资产跨上亿元级资产的大型高科技企业。如果没有条块分割的限制,天津戈德能够与其他防伪技术企业实行资产重组,就不会有津国商与防伪技术产业不相关联、资产重组后需要二次分离出去等一系列后续工作,其自身防伪技术产业发展的速度还会获得一个加速的动力。

从现行其他投资者的素质角度,能够从理念上和实践上较好把握风险投资的也是凤毛麟角。天津戈德在创业早期的1997—1998年,找了几家投资公司,这几家公司均以好言回绝了。当天津科发的投入使得天津戈德防伪技术产品的潜在市场价值显现出来时,这些投资者才纷纷进行投资。这足以看出天津科发风险投资的重要作用。天津科发对天津戈德风险投资的探索告诉我们,在我国现行的经济环境下进行高科技产业创业的风险投资,关键在于充分发挥战略投资者的作用,以保证风险资本价值的增值。

(四) 完成风险资本的使命——撤出

风险投资不是实业投资,其使命就是创造企业,一旦企业创业成功,风险资本的价值得到增值,风险资本的使命也就完成了。完成使命的风险资本将进行下一个创业的风险投资,撤出是增值的风险资本价值实现的必然环节之一,也是风险资本价值实现进一步增值的又一起点。这也是风险投资区别于其他投资方式的特点之一。风险资本的撤出有多种渠道:创业板资本市场撤出;创业者回购撤出;其他投资者购并撤出;股权拍卖转让撤出等。撤出方式不同,获得的收益也不同。一般是创业板资本市场撤出的收益最高。

在我国现行的资本市场结构下,风险资本的撤出渠道窄之又窄,如部分国有法人股仍不能流通,其转让只能按其净资产的价值进行等,创业者回购受制于现行的产权制度还没有给创业者个人明确的说法,股权转让受到国有资产流失的价值观和拥有一定资本的民营者对科技产业发展认识滞后观念等方面的制约……总之,在市场机制还不健全的环境中,找到一条增值后风险资本的撤出渠道只能是探索性的。天津科发在完成了对天津戈德的风险资本投入、追加等创业过程后,以其已实现的2.5倍的资本价值量,通过股权转让、回购等方式,部分或全部撤出。

四、政府在风险投资事业发展中的作用

1998年全国政协一号提案以来,政府在风险投资事业发展中的作用问题,成了理论界、产业界、政府工作部门探讨的热点问题。就天津戈德防伪技术产业的创业而言,天津市政府在这方面的探索是极有成效的。如图1.13所示,正是天津市政府的这种服务创新探索,使得天津戈德真正按照市场机制的需求进行创业,天津科发也是真正按照市场机制需求进行风险投资的。

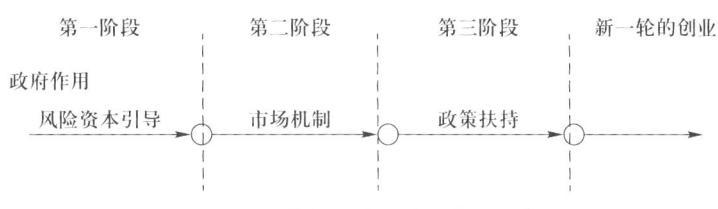

图 1.13　戈德创业成功政府作用示意图

（一）在改革科技投资体制上——探索和推动科技投资体制的创新

美国风险投资成功的经验告诉我们，风险投资的理想模式是以私募方式筹集资金，以合伙制为组织形式（有限合伙与普通合伙人）的民间风险投资运作机制。这是建立在资金渠道畅通、法律环境完备、税收政策优惠、风险资本家队伍庞大等条件基础上的。实际上，美国在 50 多年的风险投资发展历程中，如果没有 50 年代末期实施的中小企业投资公司（SBIC）计划，就没有美国风险投资今日的辉煌。

从我们的实践看，在我国现阶段的环境下，以政府资金为主体的风险投资体制是我国风险投资事业发展进程中一个不可逾越的必然发展阶段。这是因为经过 40 多年改革开放，我国的市场经济有了很大的改观和发展。但不论从哪个角度分析，政府仍然是社会资产绝对量的拥有者，仍然控制和掌握着社会经济发展的方向和前进的步伐。以政府资金为主体的风险投资体制的历史作用表现在：支持高新技术产业化，提高成果转化率水平，引导产业技术升级；吸引社会资金，启动和活跃风险投资活动，提高风险投资的信誉，增加投资者的安全感；培养风险投资人才，造就一支风险投资家队伍；探索适合我国的风险投资运作模式；为制定风险投资法规、健全法律环境积累实践经验等。不论是国内资本的比较优势、科技的比较优势、产业的比较优势，还是国际上的科技产业发展的比较优势、国家间竞争的比较优势、未来发展战略优势的比较优势，显然在我国，没有今天以政府为主体的风险投资，就不会有中国风险投资事业光辉的明天。

天津市政府根据过去在科技投资上的实践，以及在新形势下对知识经济的认识，充分看到这一点，在科技投资体制上进行了有益的探索和改革，为科技产业创业的风险投资解除体制的制约。1997 年天津市科委在政府支持下，前瞻性地组建了天津科发，并本着政府推动、市场运作的原则，为风险投资营造环境，不干预天津科发的风险投资运营。当天津科发的风险投资实践有了一定的成效时，政府为其运作的乘势而上，开拓创新，为天津戈德的买壳创造政策环境……这一系列的政府功能的创新，促使了天津科发在风险投资上的成功探索，同时造就了一个高科技的产业——南开戈德。

（二）在风险投资的运作上——引入市场化的运作机制

风险投资作为新经济时代的投资行为，源于美国，发展于美国，成熟于美国。其重要的原因之一在于美国有发达的市场化机制。引入市场化的运作机制促进我国风险投资事业的发展，是政府和风险投资机构必须探索的实践问题。事实上在探索该问题时，需要处理好几对矛盾：现行大多数风险投资机构的资金主要来自政府的财政，而政府的财政资金往往是不能市场化运作的；民间在银行的资金达 5 万亿元，但绝大多数人投资的素质还远远滞后于风险投资的需求；等等。这就是我国不同于美国风险投资的资金结构问题。这大大增加了在风险投资探索上的难度。

天津市政府在这方面的探索是极有示范意义的。在天津戈德创业的种子期,天津市科委拨付了天津戈德研究开发的"天使"资本投入,当天津科发正式成立以后,天津戈德进一步创业发展,天津市科委仅仅是推荐项目,完全由天津科发进行企业化运作,并不干涉天津科发资金的投向和方式。企业化运作的实质就是市场化的运作机制,天津科发在市场化运作的"尚方宝剑"的激励下,以对市场负责的态度,以全新的投资理念,就天津戈德防伪技术的经济价值,按照市场机制的规则,进行风险资本的投资。实践证明,天津市政府就风险投资事业的发展,政府在风险投资进程中作用的探索是成功的。

(三)在风险投资运作的关键环节上——给予政策上的推动

我国作为一个发展中国家,其中一个重要的含义就是我国的经济还处在工业化的进程中。风险投资作为发达工业化国家的产物,在美国已有50多年的历史了,美国政府通过从1940年《投资法》到1958年的《小企业投资法》等一系列的法规、政策来支持风险投资事业的发展。近几年来,我国似乎掀起了风险投资的热潮,但从某种意义上讲,我国的风险投资事业还处在观念的启蒙和实践的探索阶段。

我国现行的法律法规没有给风险投资以合法的定位,因此,管理经济发展的各职能部门在管理科技产业创业和风险投资的经济行为上,对很多的新问题无法操作。例如,工商管理部门对技术知识产权价值资本化注册公司时没有依据确定其虚拟资本价值;审计部门对风险投资公司进行审计时,本着十年前的章程;税收部门对风险投资获得收益的税收无规可依;等等。风险投资的行为还仅仅是政府的愿望,如果没有政府给予政策上的支持,发挥风险资本运筹社会的产业资源、资本资源、其他科技资源为科技产业创业服务的资本特性,是不可想象的。特别是在科技产业创业的关键环节上,政府的推动是极其重要的。

天津科发在进行天津戈德资本运营买壳上市时,除了相关的投资者和南开大学外,还关联到作为上市公司的津国商、有关的券商、证监会等机构,这些资源的运筹,必须有政府支持。在此关键环节上,天津市政府给予了全面的政策支持。虽然政府没有增加一分钱的投入,但是政府以其独有资源——政策来支持风险投资的投资行为,其政策效应是风险投资事业发展的必要条件之一。

天津市政府积极探索政府在科技产业创业和风险投资中的作用,并在极短的时间内获得了成功。其探索的经验对我国风险投资事业的发展是极其宝贵的,也是值得借鉴的。

五、结论

美国连续近10年的经济增长,创造了经济连续增长时间最长的新纪录。有人称这种现象为新经济,有人称之为知识经济,也有人称之为网络经济,也有人称之为数字经济……无论怎样称呼,其经济增长源于当代高科技产业创业的引擎作用和风险投资的加速器作用,是不争的事实。如果将1946年美国第一个风险投资公司的创立作为当代高科技产业风险投资事业发展的起点,美国的风险投资事业已有70多年的历史,已形成了成熟的理论和完善的法律规范以及实际操作做法。在我国现行的经济条件下,发展风险投资事业,促进高科技产业的发展,推动我国经济加速增长,是我国经济发展战略构成的重点。

从天津科发对天津戈德防伪技术产业创业的风险投资探索实践,我们可以得出以下几点值得借鉴的经验。

(1) 对现行的经济环境应充分认识。我国是一个发展中国家,不同于发达国家的经济环境。我国发展市场经济的历史只是近 20 年的事,市场体系、市场行为规范、市场法规制度等都不完善,人们的市场观念还处在初级阶段。而科技产业创业的风险投资是以良好的市场经济环境为生存发展条件的。因此,在进行风险投资时,需要充分认识现行的经济环境对风险投资的制约影响,以规避经济环境的风险。

(2) 风险投资遇到的风险,首先是经济体制上的风险、运行机制上的风险以及合作伙伴的风险。美国的风险投资者们在他们的风险投资实践中总结出的五种典型的风险,是以美国的经济环境为背景的。这五种典型风险是与经济体制、运行机制以及合作伙伴等方面息息相关、相辅相成的。经济体制顺、运行机制畅、合作伙伴佳,这五种典型风险就小。在我国现行的经济环境下,从事风险投资,体制、机制、伙伴是风险投资事业发展的关键环节。

(3) 创业进程中的微观风险应是风险投资者与创业者共同面临的问题。科技产业创业是一个由技术成果转化为市场经济价值的过程,在该过程中将遇到产品开发、产品制造、市场营销、创业管理、持续发展等各种风险的制约。这些风险构成了科技产业创业的微观风险。创业的微观风险分布于创业进程中不同的环节,它们以"与"的关系阻碍着创业的实现,其中只要一项风险不能克服,创业就将以失败而告终。一旦创业失败,投入的风险资本的结局就是损失。这也是风险投资不同于传统投资理念的核心所在。天津科发很好地把握了风险投资理念的核心,与创业者一道,将微观风险一一克服,使天津戈德的创业顺利地进行。

(4) 创业的成长价值应是创业者与风险投资者共享的利益。创业的过程是将科技的价值转化为经济价值的过程,创业的目的就是获得创业所带来的经济价值。随着创业的深化,创业的经济价值在不断成长,该价值的成长是以科技知识产权股份期权价值和风险资本股份期权价值实现时间的缩短为标志的。即科技知识产权的市场价值不断显现,风险资本对创业作用的市场价值不断显现,当达到预期目标时,就是风险投资使命结束和新一轮的创业开始。这是创业者和风险投资者对科技产业创业共同的价值观——创业的成长价值应是创业者与风险投资者共享的利益。天津戈德防伪技术无形资产的经济价值在创业的进程中不断增值,该增值的部分是由天津戈德、天津科发以及后来其他投资者共享的,分享的比例结构为:天津戈德享有 55%;天津科发享有 30%;其他风险投资者分别为泰达有 10%,立达有 5%。

(5) 政府在风险投资事业发展中的作用模式为:推动科技投资体制的创新——将市场化机制引入风险投资的运作——关键环节给予政策上的推动。我国在由计划经济向市场经济转型的过程中,由政府推动风险投资事业的发展是我国经济环境的必然要求。然而,政府以计划经济模式来推动不符合风险投资对市场经济环境的需求,完全以市场经济模式来推动又不符合现行的经济环境,政府处在两难的境地。从天津科发风险投资天津戈德,促进防伪技术产业的创业成功的角度来看,天津市政府的作用是极其重要的。天津市政府既没有直接干预又没有放任自由,而是从营造风险投资事业发展所需要的环境入手,形成了一个由"推动科技投资体制的创新—将市场化机制引入风险投资的运作—关键环节给予政策上的推动"三个环节构成的作用模式。实践证明,天津市政府的这一做法,既符合我国经济体制转型的客观环境,又符合风险投资事业发展对经济环境的需求。

总之,天津科发对天津戈德的风险投资,成功地促进了天津戈德防伪技术企业的创业,作为天津市科技投资体制改革的一个新的开端,展示了在我国现行的经济环境下,发展风险投资的特殊性:除了与美国风险投资所具有的风险共性外,还有对风险投资理念认识不到位导致的风险、宏观经济体制改革和运行机制带来的风险,以及政府作用不适应风险投资发展需求导致的风险等。天津科发在风险投资上的实践,其成功的经验是值得借鉴和推广的。

根据风险投资的定义和关于南开戈德的案例分析,我们可以有这样的结论:

(1) 科技企业创业表现出了与成熟型产业的企业不同的经济学特性,存在创业技术经济过程的系统风险;

(2) 风险投资对于创业行为的投资过程大大不同于证券投资的行为,也大大不同于衍生工具的投资行为;

(3) 风险投资的金融经济价值的实现必须借助强大的中介服务,而且要经过一个十分漫长的过程。

思 考 题

1. 根据经合组织对风险投资的定义回答:
(1) 如何理解风险投资过程中的"权益性"?
(2) 如何理解"还向投资对象提供企业管理等方面的咨询和帮助"?
(3) 如何理解"投资者通过投资结束时的股权转让活动获得投资回报"?
2. 通过对南开戈德创业与风险投资的案例分析,回答:
(1) 如何理解基于科技成果创业的技术经济价值?
(2) 如何理解一个科技企业创业过程需要的环境?
(3) 如何理解创业与风险投资之间的互动?

关 键 词

风险投资及其权益性　风险投资特征　风险投资的金融经济效应

第二章
创业的技术经济理论分析

企业是经济构成的细胞,经济系统的复杂性取决于企业经济行为的复杂性。按工业经济的划分,有190多个领域或行业,按经济学产业类别的划分有三大产业,按国家科技部对科技产业的划分有12个(有的说是16个行业)领域。行业之多,决定了现代经济社会的企业经济行为极为复杂。显然,要将所有企业的经济学行为统一于某一个模式下,虽然是所有经济学者、管理学者、战略家都在追求的学术境界,但是由于企业的经济行为太复杂,需要的技术、方法和手段要求极高,所以以目前技术、方法和手段,要实现这个目标,可能还需要一段时日。

我们的研究也不可能做到这一点,但是为了本研究能够清楚地论述或论证所要研究问题的本质,我们将换一个角度,即不论是哪一类产业的企业,也不论是哪一个行业的企业,它们都有一个从零起步创业成长,发展到一个成熟型产业的企业的过程,围绕着企业创业、成长、发展过程来讨论它们的经济学特性问题,似乎就比较容易揭开企业经济学行为本质特性的差异。

第一节 创业企业经济行为分类

当我们抽取掉企业行业属性的经济物理特性时,仅就企业的由小到大的创业、发展过程来分析,企业无非是由零起步创业的经济学行为。即使依据经典的产业理论划分,即使是第一产业——传统的农业,第二产业——传统的工业,第三产业——传统的服务业,它们早先的起步,也都是以具体的个别企业创业,引发多个企业的创业,进而逐渐演进,形成了具体产业。创业的经济学行为,指的就是这样的经济学行为:就某个企业从零开始创业并形成该企业过程中所表现出来的经济学特性。如20世纪50年代诞生的信息、通信、半导体、生物医药、机器人、软件、网络、新材料等,这些被人们称为高科技企业,它们从零起步创业发展到形成成熟型产业的企业之前所表现出来的经济学特性,均属于创业性的经济学特性范畴。

当创业到一定的阶段成熟后,企业进一步发展壮大,逐渐形成了一个产业,而这个企业再发展是以成熟型产业的经济学行为在发展。这样的企业表现出来的经济学行为,已经与其早期创业时的经济学行为有着本质不同的特性。我们平常所讨论和研究的多为这一类型的企业行为。如我们通常讲的钢铁企业、轻工企业、纺织企业、百货企业、建筑企业等,都是属于成熟型产业企业的经济学行为。

当社会的资金越来越丰富时,形成的金融业,或者企业有了雄厚的资本实力时,企业又是以一个投资的金融资产的经济行为方式在发展。当今世界500强企业中有80%的企业都进入了金融领域。这一类的经济学行为,已经表现出了以资产符号化,即货币化的形式呈现在人们的面前,即金融资产的经济学行为。如银行的经济学行为、证券投资的经济学行为、衍生工具投资的经济学行为,还有保险的经济学行为、风险投资的经济学行为等,都是属于金融资产性这一类的经济学行为范畴的。

根据上面对于企业经济学行为分类的新研究,我们可以将企业的经济行为划分为三大特性的经济行为,即中小企业创业性的经济行为,成熟型产业企业的经济行为、金融资产性的经济行为。所以,我们再来讨论风险资本市场的问题,或者创业资本市场的问题,就显得有充分的说服力。

何谓"创业"?目前经济学和管理学还没有一个科学的公认的定义,但从企业形成的过程角度来看,本研究的概念定义的"创业",是指中小企业创业形成的过程。

当我们站在科技与经济结合的角度,或站在经济发展的动力构成的角度,可以将中小企业创业分为以下几类:

基于一项科技成果的创业,称为科技型企业的创业,或者科技企业创业。现代诸多的高技术企业,如电子企业、半导体企业、通信企业、新材料企业、机器人企业、网络企业等早期形成的过程,都是一个艰难的创业过程。像我国的北大方正、清华紫光、清华同方等高技术企业早期的创业过程,属于基于一项科技成果的创业。

基于市场需求的创业,称为市场需求型的创业。我国改革开放以来,"苏南模式"的集体企业,还有现在大家都在学习的"浙江模式"的民营企业,它们的发展过程,都是以短缺条件下的市场需求为动力,创业形成的企业。如江苏阳光呢绒、宁波海天注塑、宁波贝发制笔、宁波的雅戈尔服装集团、温州的德力西集团等企业,都是基于市场需求开始创业的。

将科技与市场结合的创业,称为综合型创业。这往往是:或者基于科技型企业创业与基于市场需求型创业结合的创业,或者早期是基于科技成果来创业,而到后期再创业是基于市场需求的创业,或者早期是基于市场需求的创业,而到后期再创业是基于科技成果的创业。显然仅仅有科技成果而没有市场需求的创业,其寿命只能是非常有限的。而只有市场需求而缺少科技支持的创业,是低层次的创业。

何谓"科技企业"?或者称为"科技型企业",或者称为"高科技企业",或者称为"高技术企业"等,目前也没有一个统一的标准和说法。但大家至少认为,高技术是一个具有时代特点的,具有动态意义的概念。现在所说的科技企业,至少是说当代的高技术企业,而非历史上的科技企业。如汽车企业和航空企业,在七八十年以前可以称为科技企业,而今天人们已经将它们划归为传统工业范畴了。今天人们讲的科技企业基本是指信息、网络、新材料(包括半导体)、航天、海洋、机电一体化(包括机器人)、新能源、生物医药、软件等新兴的企业。目前,有的发达国家已经将计算机产业当作成熟型产业来对待了。

科技型中小企业创业,则是指以某项科技成果为核心的中小企业形成的技术经济过程。那么,科技企业创业的类型,又有哪些呢?我们观察林林总总的科技企业创业的过程,可以将科技型中小企业创业分为四大类型:

自主型创业,是指自己拥有一项科技成果来进行创业。这种类型的创业,往往以获得先导经济性为目标。由于它具有先导性,即在别人还没有掌握该技术之前,所能够获得的利润往往是超额的垄断利润。虽然有着超额垄断利润的诱惑,但往往以巨大风险为代价。这也是我们经常看到的高科技未必就有高回报的现象所在。特别是发展中国家,这种现象更加普遍。这是因为真正的高技术掌握在发达国家手中,它们控制着技术进步和市场节奏,虽然存在高风险,但是它们能够承担得起高风险带来的损失。

模仿型创业,即在别人创业获得利益的诱导下,跟随别人的步伐进行的创业。这种类型创业,往往获得的是后发经济性,即利用别人探索出来的技术,或者在别人冲开市场壁垒的环境条件下,进行创业,风险已经基本识别和认清,所以可以获得后发经济性。后发经济性往往是比较容易获得利润并以规模经济来取胜的,因为是模仿别人技术创建企业的,垄断利润已经被别人赚走了,留下来的利润空间,是低利润率的规模化利润空间。虽然有后发经济性存在,由于该创业者并没有自己真正的技术,往往有"追赶陷阱"的风险,也就是说,你要始终受制于别人的技术。我国的计算机企业、手机企业,大多为这一类型的创业。

转移型创业,是指先导创业者在某一区域或某一国家获得创业成功之后,将其技术转移到其他区域或国家去创业,从而扩张了经济性。该类型的创业,往往是伴随着跨区域或国界的投资。我国改革开放以来,大力引进外资,实际上是发达国家的技术产品在我国的转移型创业。它们将其技术和产品转移到中国来投资,实际上是以扩张经济性为目标的。这对于发展中国家而言,往往是以压抑本国的技术创新为代价,或者是以让出本国的市场为代价。如我国的以市场换技术的策略,希望引进外资并进行技术合作,像汽车企业,长期在这种背景下与外国的汽车企业合作,十多年了,我们虽然学到了产业加工技术,也提高了整个行业的技术水平,但在汽车的设计与工艺技术等方面,我国自主创新的东西都受到压抑。反倒是,浙江的吉利和安徽芜湖奇瑞有了自主创新的汽车技术。现在反而是它们拿着自主创新的技术去换别人的市场。

综合型创业,就是将自主型创业与模仿型创业结合起来的创业,或者是将自主型创业与转移型创业结合起来的创业,或者是自主型创业与模仿型创业以及转移型创业三者结合的创业形态。显然,综合型创业是不给别人留下模仿创业的空间,以达到通吃的目标,从而获得综合经济性。我们观察发达国家在中国有很多的产品宣传,号称是全球同步的,实际上就是它们就研究的科技成果创业,在全球同步进行,一是不给发展中国家有学习模仿的机会,二是能够压抑该国家技术创新和控制该国家市场深化的过程。

我们研究和观察到的现象,在相同的环境下,往往基于科技成果的第一轮创业,失败概率较高,当等到市场机遇到来时,才能够突破。而基于市场需求的第一轮创业,却较容易获得成功,但到第二轮创业时,如果不能够与技术创新接起来的话,也很快就会被淘汰。

特别是基于科技成果与基于市场需求结合的第一轮创业,不但创业成功的概率高,而且第二轮的再创业更易于成功,甚至往往是走在行业的前面。

不论是哪一种类型的创业,都是从零起步创业并成长形成一个企业,然后发展成为一个成熟型企业的。

第二节 创业的技术经济过程分析

科技成果创业的技术经济价值,是指该科技成果本身禀赋所具有的技术的先进性、成熟性、市场性等特性构成的创业经济价值。技术的先进性是指该技术在社会上是否已有,以及与同类技术比较所拥有的先进程度。显然,当社会上还没有该技术时,而你发明了该技术,则是先进的。当社会上已存在了该类技术,而自己的技术比他人的要进步,则是先进的。技术的成熟性是指该技术在创业过程中的可工程化程度特性。可工程化程度高的创业技术,其成熟性就好,可工程化程度低的创业技术,其成熟性就差。即使创业技术先进,但如果没有成熟性的支持,创业技术仅仅是少数几个人可以操作,甚至只是某种专有性质,则该技术本身显然是还没有具备实施创业的基本条件,即还必须开发创业技术的工程化条件,以较好地实施创业。技术的市场性是指由于创业技术物化出来的产品的潜在的可能的市场特性。如果物化出来的产品市场规模空间巨大,市场对该产品的需求强度高,分布密度大,说明物化该产品的创业技术就具有很好的市场性。如果物化出来的产品市场有限或者很小,市场对该产品的需求强度小而且分布密度低,说明物化该产品的创业技术具有较差的市场性。创业技术的市场需求空间的大小,与需求强度高低,以及与需求密度大小之间的关联组合关系,决定了创业技术的市场特性。

技术的先进性带来的是创业经济的先导以及超额的垄断利润,技术的成熟性带来的是创业经济的规模效应,技术的市场性决定了创业经济成效。当创业技术拥有好的先进性、好的成熟性、好的市场性,那么该创业技术就拥有较高的创业技术经济价值。当创业技术的先进性差,成熟性也差,而且市场性差,则该创业技术就没有可供创业的技术经济价值。科技企业创业的技术经济价值大小受到来自该创业技术的先进程度与其可工程化的成熟程度,以及与其市场特性好坏之间的关联组合效应的制约。

在几大高科技系统中,航天技术的结构构成最为庞大和复杂,先进程度是最高的,需要的国家技术资源禀赋最为广泛和系统,但它的市场性表现为极强的市场需求强度、极低的市场密度分布,它更多的是国家层面意义上的消费。新材料技术的结构构成单元相对较小,其技术工程化的程度相对其他几大类的高科技比较易于实现,而且市场性是极为基础性的,新材料的市场消费巨大,而且需求强度和分布密度都是比较高的。对于风险投资而言,对于其所投资的对象,首先是要能够发现创业技术的先进性、成熟性、市场性的潜在的巨大的创业经济价值。

科技企业创业的一个完整的技术经济过程,一般分为种子期、创建期、成长期、扩张期、成熟期五个基本阶段。种子期是基于某项科技成果研究开发出产品。创建期是因为市场的需要,依托开发的产品来创建一个企业。成长期是由于开发出来的产品得到市场初步认可,创建的企业开始进入一个较快速的发展时期。扩张期是由于开发的产品得到市场普遍认同,创建的企业快速发展的时期。成熟期是经过前面几个阶段,基本上已经形成了一定实力的企业,创建的企业进入了一个新的发展阶段,即进入了成熟型产业经济行为的发展阶段。这几个阶段之间紧密关联共同构成了一个技术经济链。创业企业的种子期和创建期发展快慢,取决于创业技术的先进性高低。先进性高的创业技术相对于先进性差的创业技术而言,开发出相应产品的难度较大,种子期和创建期往往也慢于技术先进性差的创业企业。创业企业的成长与扩张的速度,一是取决于创业技术可工程化的成熟性,二是取决于该创业技术的市场性。成熟性好的创业技术易于实现成长和扩张,其成长和扩张的速度比较快,而成熟性差的创业技术,由于其工程化的程度低,还需要增加工程化的开发,显然其实现成长和扩张的速度比较慢。市场性高的创业技术,易于得到市场的认可和普遍认同,使创业企业能够快速实现成长和扩张。而市场性差的创业技术,显然难以获得市场的认可和认同,相对来说,创业企业的成长和扩张速度必然受到制约。最优的创业经济价值,是创业技术所禀赋的潜在技术经济价值特性,以及科技企业创业的技术经济链之间的紧密关联所带来的高效的创业经济性。

结论:创业技术经济价值的实现取决于创业技术的本身特性以及创业技术经济过程的如期实现。

第三节 科技企业创业关联经济性与组合投资

科技企业创业的关联经济性,是指科技企业创业的经济成效,受到该项科技成果本身结构构成和创业过程中涉及的各类经济要素禀赋以及相关投入制约影响的经济性。

就创业技术本身结构构成而言,相对构成复杂的技术,该技术创业难度相对增大。假设创业技术由 n 项其他技术构成,同时,假设每一项技术研究开发的成功概率为 P_i,则创业的种子期的成功概率是 n 项技术成功概率的乘积,即创业成功的总概率将是随着 n 的增加,而呈指数的方式在递减的。技术构成越复杂,取得成功的可能性就越低。

科技企业创业的技术经济链中的每一个阶段之间的紧密关联,即后一个阶段是在前一个阶段基础上展开的。前一个阶段的成功程度直接影响后一个阶段创业的成效。创业技术经济过程的各个阶段之间,是前面阶段的条件下,再发生后一个阶段的事件,种子期、创建期、成长期、扩张期、成熟期之间,如同接力一样,是一个动态的系统,即前后互相关联着。显然,创业技术的可工程化的程度直接影响着创业经济效应的生成,创业技术的可工程化的程度越高,创业的技术经济过程就越易于实现。反之亦然。

同时,创业的技术经济过程也将随着创业技术构成的复杂性的增加而变得复杂。当创业技术为 n 项构成时,其创业的种子期的产品研究开发,一般而言相对应地也有 n 项的基本构成,然后组合成为创业的产品。这必然带来产品规模性生产的复杂性、市场营销的复杂性、创业企业管理的复杂性,这些复杂性的耦合叠加,最终导致整个创业过程难度随着 n 的增加成倍地放大。

以半导体企业为例。虽然高科技中技术构成单元较小,但至少涉及超净、超纯、超精的"三超"技术构成,只有解决了这"三超"技术,才能够制造出合格的半导体材料来。即使是"三超"技术问题解决了,但要创业形成半导体企业,其制造工艺需要150多道工序,才能够制造出半导体。如果只有"三超"技术,但不能够针对这150多道工艺进行工程化的开发,也不可能实现规模化的制造,也就满足不了市场性的需要。再以机器人企业为例,其技术的基本构成有机械技术、软件技术、传感技术、控制技术、制造产品的工艺技术五个方面,只有这五项技术的集成并行整合,才能够实现机器人供给。其中只要有一项技术失败,机器人就没有办法运行。机器人企业的创业,首先是每一项技术及其产品的形成,然后才能够集成并行整合为机器人。

这种创业技术构成以及创业过程的微观关联经济性,实际是由创业技术的先进性、成熟性和市场性决定的。而创业过程中涉及的各类经济要素禀赋以及相关投入制约影响,则是外部经济因素影响的经济性,这往往是宏观经济因素影响的经济性。如一国的技术密集程度及其可得性的关系,创新机制与金融市场发达程度,还有该国家支持和激励的创新、创业的法律和政策环境。当该国的技术密集即使具备了某项创业技术需要的结构关系条件,但是它们是不易得到的,被割据在不同权利范围里,那么这样的创业过程显然是不能够实现的。或者当该国的科技人才具备创新和创业的能力,但是这个国家缺少支持和激励创新、创业的法律和政策体系,他们也难以成为创业的人才资本,故在这种法律和政策环境下的创业也是难以实现的。特别是当该国对于创业的投资金融支持体系不能够形成对于创业的支持时,在这样的金融市场环境下创业的过程是漫长的。

可见,在科技企业创业的关联经济性的客观要求下,风险投资如果不能够解决其内在关联关系,这种投资是不能够获得回报的。所以基于科技企业创业的关联经济性的组合投资要解决创业阶段之间关联的组合问题,要解决技术结构之间关联的组合问题,还要解决创业与其他产业之间关联的组合问题。

第四节　科技企业创业范围经济性与组合投资

科技企业创业范围经济性,是指科技企业创业的经济成效受到该项科技成果本身技术经济价值以及可能应用的领域(范围性)制约的经济性。

理论上,一项科技成果可以无限性地使用,即多次使用或者永续使用,并且使用的面越广,该项技术的应用经济价值就越大。实际上,知识产权保护法律限制了技术成果的广泛多次使用,技术的生命周期限定了该技术有着一定的时效性,技术使用需要一定的成本和知识平台基础决定了技术使用是有条件的。同理,一项技术能够创业形成一个科技企业时,该创业技术及其物化的产品也会受到知识产权保护法规方面、技术生命周期创业成本和知识平台条件的限制。创业者欲获得最优创业经济效应,需要其创业技术应用有最广泛的市场以期获得最佳的创业经济效益。

当今的几大类科技产业是在该类科技企业的创业、再创业的进程中逐渐形成的。实际上随着创业再创业的过程,该类创业技术的范围经济性在不断地提高。就航天科技而言,早先的卫星仅仅是政治意义的价值,后来是科学研究和军事应用的价值,再后来是气象、传媒、地震预报等应用价值。仅以传媒来分析,第一代卫星一个转发器只能转发一路电视,而现在一个转发器可以同时转发60路电视。即同样发射一颗卫星的成本,却可以多领域地应用扩展,成倍地提高了航天科技企业的经济效益。机器人由原先的第一代的简单的半自动，到示教——录返的实现，再到第二代的自动化，再发展到加工中心乃至集成制造系统，使得在一台机器人上可以同时进行多途径的工艺制造。即一台机器人可以实现多工位、多工序、多种工艺的制造，提高制造过程的经济效率和效益。这是机器人科技企业寻求能够在一台机器人上，实现多工位、多工序、多工艺的多种加工制造业的范围经济性。半导体由小规模集成电路发展到中规模再到大规模、超大规模，以至今天的微处理器，都是在解决一个单元体积内增大信息的存储量，提高半导体材料的单元体积的功能和增加计算机的使用功能，获得半导体材料的单元体积的功能应用领域扩展的经济性。

除了上述直接的范围经济性之外，科技企业创业范围经济性还有一定的关联外溢经济性。主要表现在创业技术本身的结构构成上，每一个构成的技术同样有着应用的范围，能够获得应用的经济效应。当创业技术为 n 项技术构成时，假设每一项构成技术都能够获得平均的应用经济性，那么，该创业技术除了直接的创业经济性之外，还能够获得 n 项技术应用范围平均经济性之和的外溢经济性。此外，由于创业过程中关联到的各种工程技术的研究开发以及应用所带来的经济性，假设创业过程中关联到 m 项工程技术的研究开发及其应用，这种关联带来了 m 项工程技术研究开发的外溢效应，还带来了促进这些工程技术进一步应用的经济性。

比如，半导体企业的创业和发展，它所涉及的"三超"技术和制造半导体过程的150多道工艺，必然带来"三超"技术的进步和有关"三超"企业的创业和发展。同样，涉及的150多道工艺也表现出被带动的溢出效应的发展。再比如，机器人企业的创业和发展，相关的软件、控制、传感、机械等技术及其企业也必然要跟上机器人技术的进步步伐，所以机器人企业的创业和发展，除了它本身带来的直接经济性之外，还带来了相关的软件、控制、传感、机械等技术和企业发展的溢出的技术经济效应。

可见，创业技术应用的范围越广，创业的范围经济性就越好；创业技术构成越庞大越复杂，创业的关联经济性就越强；创业过程涉及的工程技术越多，创业的关联经济性就越强。在关联经济性越强的背景下投资，需要投资的组合性也要越强，不然的话，这种投资失败了往往还找不到原因在哪里。

第五节　科技企业创业规模经济性与组合投资

科技企业创业规模经济性，是指除了该企业创业成功形成的规模经济特性之外，在创业的过程中，为了保证创业的效率与效益的统一，创业企业的规模成长速度与效益之间综合协调的经济性。

创业技术的先进性、成熟性和市场性的特性，决定了创业企业必须的规模和形成的时间。在这个规定的范围里，将获得创业的规模经济性。现今的几大类科技企业，科技构成越复杂越庞大，创业企业形成的必需规模越大，创业需要时间越长。例如航天，实际上一个国家的一个航天企业（集团）就是该国的航天产业了，而且创业形成的时间都是 8~12 年。半导体的集成电路企业几乎是没有几个人的企业，其一代技术产品创业的时间周期即使是再创业，也需要 3 年左右的时间。而软件企业是大可以几百人，小可以几个人组建企业，而且创业盈利的时间最短可以是半年左右。

在规定的时间周期里，创业企业为了实现规定的规模，完成创业的进程，有着一个最优路径的创业策略选择。即在创业的技术经济过程中创业企业的规模逐步由小到大地成长发展。成长动态的规模选择对创业成功与否有着直接的影响。过早地将创业企业的规模做大，会恶化资本结构，导致创业成本的额外增加，创业企业可能因此而陷入困境。反之，创业企业规模实现滞后，导致创业企业的成长速度减慢和市场竞争处于不利的境地，创业企业往往因此而处在落后行列。前者往往产生创业企业有规模而没有效益，后者往往产生创业企业有创新但缺少规模经济效益。

创业技术的每一个应用领域的市场规模的现实存在性、创业技术的每一个应用领域的市场规模可实现性，以及在创业技术的应用范围内，是科技企业创业必需的规模经济性。

对于创业技术内部结构的关联以及创业过程的关联关系，当该技术本身由 n 项子技术构成时，创业要形成规模经济性必须是在该 n 项子技术构成都实现规模经济性的前提下。同时，由于创业的技术经济过程的阶段特性，在技术结构基础上的规模经济性得以协调时，还必须在过程上使得 n 项子技术产品的创业过程获得时间上的规模经济性的协调，以至实现创业的规模经济性。我们仍然以机器人企业为例。它要实现创业的规模经济性，首先是构成它的软件、控制、传感等技术产品要能够实现规模经济性的要求；其次是在创业过程的时间周期上，要能够协调一致地去实现所需要的规模经济性，进而达到机器人企业创业发展的规模经济性。

可见，科技企业在创业形成的过程中，依据该科技成果的技术经济价值禀赋，需要适度的规模成长与效益的协调统一。这种情况的投资，不但需要谨慎而且要选择好多元化的不同方向之间分散风险的组合投资，同时为了满足规模化发展的需要，投资还要进行不同投资者之间的组合投资。

第六节　科技企业创业速度经济性与组合投资

科技企业创业速度经济性，是指为了获得最优的创业经济价值，在已有的经济环境中实现创业技术经济过程所必需的速度要求的经济性。

速度经济性的含义之一是创业实现本身过程的速度。由于当今知识爆炸，创业技术的先进性是有时间周期的，使得科技企业创业获得经济回报时间周期在压缩。在这个经济回报的周期里，需要适度速度来实现其规模经济性。若能够以快于他人速度较早实现创业，将获得市场领先回报的经济性。

速度经济性的含义之二是创业实现的加速度。由于市场竞争加剧，往往可能他人较先开始了创业，虽然你的创业起步较晚，但若能够以加速度的步伐进行创业，最终先于他人实现了创业，同样能获得市场领先回报的经济性。

速度经济性实现的最基本途径是，在创业的技术经济过程中将"线性创业模式"并行化。假设创业过程的种子期、创建期、成长期、扩张期、成熟期五个阶段，每一个阶段都需要一年的时间，当以"线性创业模式"创业时，其技术经济过程至少要 5 年的时间。如果在允许的范围内，创业的每前一个阶段与后一个阶段之间有 1/3 年的时间进行并行的话，这样的创业模式只需要3年多的时间,即提前一年多的时间,就已经完成了创业的技术经济过程。这种"并行创业模式"显然比"线性创业模式"拥有更快的速度。而且并行的范围越大,获得的速度经济性就越高。其理论的极限值,是全程并行起来创业,可以在一年的时间内完成创业。

并行创业模式虽然能够带来创业的速度经济性,但是随着并行范围的加大,需要的投资强度也必然要加大,而且大大增加创业管理的复杂性和难度,即伴随着创业风险的加大。

此外,提高创业速度经济性的另一个有效方法是采用虚拟技术,事先模拟仿真创业的技术经济过程,以降低探索的时间成本,提高创业的成功度。

例如,航天技术。第一代卫星从研制到成功发射,需要的时间周期是8~12年,而现在已经缩短到1~3年就可以实现一代卫星的研制和发射过程。机器人,最早的第一代需要5~8年的时间周期才能够完成,而现在只需要1~3年的时间周期,就可以完成。即使是传统的汽车行业,最早的一代汽车需要5~8年的时间周期才能够推向市场,而现在往往只需要3年左右的时间就可以推出一代新的车型。原因是这些高科技企业的新产品,从研制到市场,采用了大量的虚拟技术,运用研发的软件进行设计和模拟仿真实际的制造过程,大大缩短了创新创业的时间周期,加快了步伐。

可见,科技企业创业能否获得预期的经济性,非常重要的因素之一就是创业实现的速度如何,速度快的创业过程能够获得先导经济性,速度慢的创业过程将会被淘汰出竞争的行列。为了保证创业技术经济过程的速度,投资者必须依据创业的需要给予足够的资金,实施创业过程各个阶段的并行化组合投资安排。

第七节 科技企业创业虚拟经济性与组合投资

科技企业创业虚拟经济性,是指由于应用现代信息技术、软件技术等模拟创业过程带来的经济性。

由于现代计算机技术、信息技术以及软件技术的发展,还有人们对创业的技术经济过程规律的认识,人们能够将科技企业创业的技术经济过程模拟仿真,以减少不必要的无谓探索,带来提高创业成功度的经济性。

如采用现代投资决策的方法原理,将创业过程的相关因素进行决策变量、状态变量的划分,利用蒙特卡罗的模拟原理,对创业过程的种子期、创建期、成长期、扩张期、成熟期进行单个阶段的模拟,再集成为整个创业过程,揭示创业过程中的风险因素,给出创业经济的效应函数,选择创业的优化路径,确定创业的风险规避对策,以减少创业过程中无谓的投资损失。

科技企业创业的虚拟经济性与传统资本市场中的虚拟经济性之间有着本质的差别。后者指的是在证券市场上,由于证券的价格脱离企业实际的业绩增长而飙升的经济现象。这种虚拟经济性带来的是传统资本市场上的泡沫危机。而科技企业创业的虚拟经济性是加强对创业风险分析,带来的是提高创业决策水平的科学性和经济性。同时现在还有一种新的经济学观点,即将金融业从传统的服务业中单独列出来,作为一种虚拟产业来专门研究金融业对实体产业的影响的经济学观点的虚拟经济性。显然,科技企业创业的虚拟经济性是讲微观层面经济性,而这种将金融业作为虚拟产业的虚拟经济性是讲宏观层面经济性。

利用信息化的手段,将创业过程进行虚拟化处理,不但提高了对创业风险的分析,而且大大加快了创业的速度。以并行创业模式为例,由于并行大大增加了创业的难度和风险的复杂性,如果对其进行虚拟处理,可以较清楚地勾勒出创业的基本技术经济路径。在其他领域,正是有了这种虚拟,才加快了创业的速度。比如,卫星设计制造从早期的一代卫星需要 8~12 年的时间,缩减到现在只需要 2~3 年的时间;早期的汽车换代一般需要 5~8 年的时间,而现在只需要 2~3 年的时间;等等。利用现代信息技术虚拟现实,可以大大加快实际创业的速度。

当然,科技企业创业虚拟经济性的实现,需要信息化的知识密集特性和强大的经验数据库支持。否则,这种虚拟得到的将是虚拟不经济性。

可见,科技企业创业积极采用虚拟技术,可以大大提高创业的成功概率与创业的经济效益实现。由于这种虚拟技术的进步对于创业技术经济过程的影响巨大,给风险投资带来了巨大的挑战,如果没有很好地实施组合,该科技企业创业的速度将会慢于其他同类企业创业的速度,使得创业难以获得成功,也使得自身的资本难以获得高额回报。

第八节　科技企业创业经济性之间协同与组合投资

新经济发展的经验证明,中小企业的创业发展是经济发展的活力所在;科技企业的创业发展是新的经济增长点所在。科技企业创业表现出来的经济学特性,本质上不同于成熟型产业经济行为的企业经济性。

科技企业创业的关联经济性、范围经济性以及规模经济性,是科技企业创业的必然内在客观规律性。速度经济性和虚拟经济性是创业者的主观能动性。创业的规模经济性是创业者追求的最优创业经济目标,规模经济性的实现受到创业技术的关联经济性的制约,受到创业技术的范围经济性的促进。关联经济性带来的范围经济性,是创业过程中的一种外溢经济性。科技企业创业的速度经济性源自创业者的努力,源自创业技术经济过程模式的并行化创新,源自创业进程的虚拟经济性。采用现代信息技术,对创业过程进行模拟仿真,可以更清楚地认识创业技术内部结构关联关系与有关风险,便于创业技术经济过程风险的规避与范围经济性和规模经济性的实现,提高创业速度,实现创业经济价值。

科技企业创业的技术经济过程的各类经济性之间的协同关系,是一个更重要层面意义上的创业动态过程的技术经济关系。科技企业创业的各类经济性需要对其实施组合型的投资模式,才能够实现创业的技术经济价值,各类经济性之间的协同关系更是需要实施组合投资的系统安排,以实现最优的创业技术经济价值,同时也是实现风险投资最优金融经济价值的规律性安排。

创业技术经济过程的经济学特性,在某些原理上,与传统工业以及成熟型企业成长的经济学特性有着共同的地方,也有着超越的地方。在实际运作上,有着完全不同于传统产业以及成熟型企业的经济行为。科技企业创业的经济学特性,主要表现为:科技企业创业的关联经济性;科技企业创业的范围经济性;科技企业创业的规模经济性;科技企业创业的速度经济性;科技企业创业的虚拟经济性。

  研究分析科技企业创业的经济特性及其协同关系,深化对科技企业创业本质的认识,对风险资本市场的理解都有着积极的理论和实践意义。成熟型产业企业的经济学行为,不是本课题研究内容,而且现代所有经济学、管理学的理论主导内容,都是围绕成熟型产业企业经济学行为展开的理论。故在这里不做论述。

  科技企业创业的经济学特性,与成熟型产业的企业经济学行为有着本质上的区别,属于另一类范式的经济学行为。简单地套用传统证券资本市场来支持科技企业创业的经济学需要,存在巨大的局限性。科技企业创业需要一个与之相适应的新型资本市场,为其服务,我们将该资本市场称为"风险资本市场"。

  在风险资本市场体系中,存在诸多的创业企业,风险投资者们易于实现组合投资的融资、投资、风险分散、撤出的安排。

思 考 题

1. 简述创新创业的技术经济过程(链)。
2. 简述创业经济学特性。
3. 简述创业过程的速度经济性。
4. 简述创业过程的虚拟经济性。

关 键 词

关联经济性 范围经济性 规模经济性 虚拟经济性 速度经济性

第三章
创业过程风险与收益特性分析

掌握了科技企业创业过程的关联经济性、规模经济性、范围经济性、速度经济性、虚拟经济性,以及这些经济性之间协同互动机制,能够为创业过程提供很好的服务,即增值服务,大大降低创业风险,提高创业成功的概率。这就是风险投资规避风险的原理所在。

第一节　风险投资的风险特性

对于风险的定义,有15种之多。其中一种为:风险指的是某一变量未来发生的任何一种结果都可以事先预料到,并且每一种结果发生的概率都可以预测到,不管这种概率是主观性的还是客观性的。如果每一种结果发生的概率是无法事先预测的,那么这种情形就称为不确定性。可见,风险的核心是一种"不确定性",这种"不确定性"是事物发展内在的客观特性。这种特性在企业创业和成长的过程中,将导致投融资的"损失",而这种"损失"的衡量是以企业创业是否成功和有活力,企业成长是否如期和有竞争力为前提的。风险投资并不仅仅是承担风险,而主要是积极面对风险,解决风险问题,当创业的经济价值一旦被发掘出来,有其他的投资者们愿意来投资时,将投资的股权转让出售,来获得回报。

那么风险投资过程中的风险特性是什么?

科技企业创业的技术经济过程中,存在高风险的特性。客观是公正和公平的,也是科学的,即风险投资承担高风险,就需要获得高于其他投资方式的高收益。作为风险投资者,在进行风险投资之时,一旦掌握了科技产业创业的风险特性,这样的风险投资也就无所谓"风险"了。

纵观几十年来国内外科技企业创业的进程及科技产业创业技术经济过程中的风险与收益的关系,我们将创业的技术经济过程作为一个动态系统来分析风险投资过程中的风险特性,可以从静态和动态的两个角度分析,深入到创业的技术经济过程内部来分析风险特性,可以有如下几点基本认识:

从静态的角度分析,在公司开创或早期阶段有五种典型的风险:开发风险;生产风险;市场风险;管理风险;发展风险。就这五种静态的典型的风险而言,仅仅用某一个方面或者某两个方面的风险因素来评价或者评估风险投资的风险特性,都是不全面的。这是风险投资高风险的构成要素,也是传统的投资风险方法用于风险投资风险分析的局限性所在。实际上,传统的投资风险分析方法,仅仅是从某个截面上来分析投资风险而已。只有将创业过程中的每一个截面的风险都分析到,才能够全面地分析出风险投资的风险结构问题。

上述这五种风险始终贯穿在整个创业过程中,但在整个创业过程中的不同阶段,不同的风险因素对项目的影响作用是不同的,因此在分析风险投资的风险问题时,还必须从整个创业的动态过程来分析。当我们将这五种典型的静态风险纳入整个创业过程,所表现出来的风险特性,才是真正的风险投资的风险特性。

风险投资过程中的风险特性,从动态的角度看,存在三大方面的特性:风险的多元动态性;风险过程的开放组合性;风险收益的期权性。

除了上述的系统风险特性之外,可能还有其他的风险特性有待于我们去认识和研究,来服务于我们的高科技产业发展和风险投资事业。

以资本市场投资理论来分析风险特性,对于风险投资者而言,风险投资过程中资本供给方的信息具有不完全性。维持市场效率的前提之一是交易双方拥有完全的信息,市场信号可以无代价地迅速传递影响价格并能够及时有效地调整供求变量。然而在风险投资这项活动中,存在三种信息不完全的现象:

(1) 信息不对称。风险投资家相比于创业企业家处于信息劣势的地位。创业企业家基本都是技术背景出生,对于行业知识比风险投资家更加精通,对于创新的想法能否转化为成熟的技术、现实的产品或者可行的商业模式,他们往往比风险投资家更加清楚。此外,由于风险投资家一般不参与企业日常管理,因此,对企业运作中的各种市场信息的了解及判断也处于明显的劣势。

(2) 信息掌握不充分。风险投资家关于企业未来发展的信息非常不充分,这是阻碍风险投资资金进入创业企业的重要因素之一。风险投资是培育企业成长的投资过程,充满着风险。由于被投资的企业创建时间不长,没有完整的公司架构、成熟的运营模式、现成的营销网络与市场、良好的财务结构,甚至在创业早期连现成的产品都没有。因此很难预测其未来若干年的收入增长、固定资产变化、净利润率等关键财务指标,所以,风险投资在这时是种充满不确定性的动态投资过程,众多的不确定性导致对创业企业的价值评估困难重重,从而使得风险投资机构不敢轻易投资。

(3) 信息传递不流畅。由于风险投资活动是在非公开市场上进行的,因此投资项目的信息传播范围和速度受到很大影响。这不仅使创业企业融资受到了影响,并且降低了已投资项目的流动性,为项目在成长过程中吸收新的融资参与,以及最后的项目退出都带来了困难。因此,一般都要求风险投资机构必须具有良好的商务网络和信息渠道。风险投资聚集地的形成有助于加速信息的流动。例如,美国的硅谷是一个包括风险投资家、研究者、技术专家、房地产商、律师、会计师、商业学院和大学的社区。这些机构所产生的汇集效应和跨领域的合作加速了信息的传递,促进了创新、创业以及新想法的商业化。

以上所讨论的信息不对称、对企业的信息掌握不充分以及信息传递不流畅基本上存在于各个投资阶段的风险投资活动中,但是随着创业企业的逐步成长,越是接近后期,信息上的不完全性越是逐步减少。比如,当企业发展到成熟期,其公司架构健全、运营稳定,许多前期发展时的不确定性都已消失,此时风险投资家对于企业未来的发展已经有较清晰的把握,因此信息不充分基本不再成为阻碍风险投资介入的原因。同时,有良好发展前途的项目也会成为众多风险投资机构追捧的对象,其再融资变得很容易,项目的流动性也有很大的提高,私募市场上信息传递受阻的不良影响也大幅下降。因此,受到信息不完全负面影响最大的,并由此阻碍了风险投资介入的领域就是处于早期的科技型创业企业。这也是我们之所以在后面的价值评估模型中提出市场有效性假设的原因所在。

基于对科技产业创业技术经济过程及其系统风险特性的认识,风险投资收益有着不同于其他投资方式的收益特性。

第二节 风险投资的运作过程

一般将一轮科技产业创业的技术经济过程分为五个阶段:种子期、创建期、成长期、扩张期、成熟期。围绕着该科技产业创业的技术经济过程,所形成的现金流曲线如图 A 所示。分析图 A 曲线,对于科技企业创业过程的投资,即 3~7 年,随着创业过程的深化,财务表上所产生的现金流先是朝着负的方向发展,而且负的越来越多,当随着创业的产品越来越受到市场欢迎,收入增量大于投入成本时,现金流曲线越过谷底慢慢趋向正的方向发展,最终通过盈亏均衡点,达到完全是正的收益。这个过程是一个科技知识产权股份期权化的过程。也就是说,某项科技成果创业形成的经济收益,是该知识产权在创业的过程中享有一定的股权获得的回报,而且该股权获得的回报,是在完成了创业的技术经济过程之后,当现金流为正的时候,才可以享有的分红。

围绕着图 A 曲线,风险投资的运行过程如图 3.1 所示。风险投资家对一个投资对象,根据项目(企业)的进展情况,采取分期分批投入资金的策略。一方面将难以预测的长期投资风险,转化为较易把握的阶段性投资风险;另一方面这种跟进式投资方式,有利于投资对象的发展,风险投资家利用期权来扩大原有投资获得的权益。

风险投资的第一步,就是风险投资者根据风险企业创业的需求,到风险资本市场融资。一般地,自有资本充裕者进行个人投资,机构投资者或合伙投资者要首先进行融资,即根据风险投资的需要,设立投资计划书,并由此发起组建风险投资机构。

第二步,投资者根据自身的资本实力、投资策略、投资方向的偏好、曾有过的投资经验、对高技术产业发展的战略判断等,对创业的投资项目进行筛选。据统计,美国一个风险投资机构平均一年要接到 600~1 000 个要求投资的商业计划书,在项目筛选后,剩下不足 5% 的项目比例,供进一步进行专业评估。

第三步,就筛选得到的项目进行专业评估。评估的内容有:该项目技术的先进性、成熟性、市场性;该项目创业需要的技术、设备、人员、市场的条件;该项目创业者的能力、经营管理水平、信用道德、需要给予的帮助;创业的风险因素及可控性、所需的风险成本及自身的承受能力;风险投资后的收益分析,以及风险投资的现金流量分析;等等。美国的经验是,项目评估后还剩下不到 2% 的比例,供投资决策参考。

第四步,根据评估的结果进行决策。如果不符合投资者的要求,则放弃投资,回到第二步进行新的项目筛选、专业评估……如果符合投资者的要求,则进行投资管理。在美国

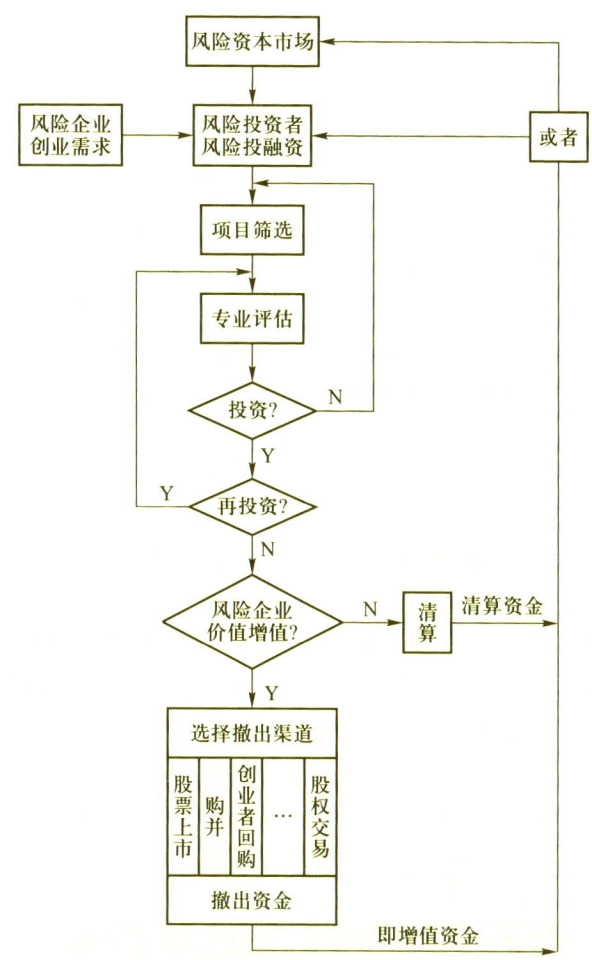

图 3.1 风险投资运行过程示意图

一个风险投资机构决策下来,有 5‰~10‰ 的项目值得进行风险投资。

第五步,根据第一轮的投资管理,以及风险企业成长的状况,决策是否要继续再一轮投资,如果不需要,则进入第六步,如果需要,则要对风险企业的成长性和将来前景以及所处的困境进行专业评估。此时的评估内容涉及产业成长的可能、困境的原因分析、竞争者的发展情况等。评估后重复第四步的程序。能继续再一轮的风险投资或是进一步联合其他投资者将该项目投资下去,只有不到 5‰ 的项目,也就是说一个风险投资机构一年当中,能真正给予风险投资的科技产业创业项目大约 5 个。

第六步,在风险投资之后,就风险企业成长价值如何,是否有增值的价值,给出投资者的判断:如果没有增值价值,则清算,将清算回收的资金返回到风险资本市场或风险投资者手中;如果有增值价值,则根据投资者的投资战略和市场情况,选择上市或并购,或让创业者回购或其他方式,从风险企业中撤出,该撤出资金是通过撤出渠道撤出已增值的资金。投资者将该资金再投入到风险资本市场或再进行下一个项目的风险投资。

风险投资的运行过程向我们表明,风险投资的成败与否取决于风险企业的创业和成长性。技术项目市场和风险资本市场保证了风险投资运行的基础条件,这两个市场越大,风险投资的生存空间就越大。仅有技术项目市场,或仅有风险资本市场,风险投资都难以运作。只有两个市场对称且容量大,风险投资的发展才能游刃有余。项目筛选和专业评估水平的优劣,直接影响着风险投资发展的前景。项目筛选和专业评估水平低劣,风险投资运作必然要失败。如何进行高技术项目的项目筛选和专业评估,目前还没有可供借鉴的理论,只有些经验的积累。从而项目筛选和专业评估,尤其是项目的专业评估,走专业化道路,是提高风险投资运行效率的客观必然。风险投资者对风险投资的经营管理,是风险投资正常运作的根本,涉及投融资者的科技、财务管理、产业组织发展、市场营销、项目评估、对人力资源价值信用道德的判断等极为复杂的知识体系。

由此,可以说风险投资的投资管理,是极为高级的经营管理,必须以良好的经济运行机制为前提,特别是要给予知识产权持有者股份,充分肯定并期望其经济价值的产生。然而,知识产权持有者的股份如何认定、如何给定等,都是当今风险投资管理中极为核心的问题,目前也都是以经验和交易过程来确定的。判断风险企业的成长性,则是风险投资价值增值极为关键的一步,如果判断失误,增值的价值会产生不应有的损失。如何判断,则完全由投融资者的管理水平和自我感觉以及自身发展战略的需要来确定,并没有统一的标准。风险投资的价值实现在于撤出渠道的选择。上市可以获得较高的增值,但要以资本市场发达为前提条件,给出低门槛等可行的通道;兼并也是增值的较好途径,但要以发达的产权交易市场为背景;创业者回购,能很好地发展该企业,但要以该产业前景为发展方向才能实现;清算是不得已而为之的下策,但要以能顺利执行来保障。显然,如果风险投资在前面各阶段的运作中一切都做得很好,但最终没有价值实现的渠道,那么再好的风险投资的金融经济价值、经济意义也都没有了。

第三节 创业过程的静态风险

为什么常规资本不愿意做风险投资,或者往往借风险投资之名做传统投资行为?这就是学术界称为"市场失灵"的问题。究其原因还是科技企业创业是一个动态的、系统的、科技金融经济的、长期性、高风险性的过程,市场上投资人除了理性地对待该过程,并有能力承担高风险和长期性的风险,且愿意投资之外,对于其他投资人必然是"市场失灵"的。市场失灵产生的根本,在于科技企业创业过程的经济学特性。

科技企业创业过程,较为细节的可以再划分为五个阶段:种子期、创建期、成长期、扩张期、成熟期,以各个阶段为分析对象,即截出每个阶段分析其风险特性,每个阶段的主导风险是不一样的,也就是静态地分析其风险。

从静态的角度分析,在科技企业创业的整个过程中有五种典型的风险:

开发风险,是指一个科技企业创业源于科技成果,基于该科技成果能否研究开发出市场需要产品的过程中,因可能遇到的技术不确定性而承担的风险。开发风险取决于,针对所开发对象的特性(是产品性质的,是服务性质的,或是其他性质的)所采取的研究开发的思路、方法、路径,突破的重点与难点,与现状比较的创新及其经济价值所在。基于创业的研究开发不是单纯的学术性质的,而是要面对市场并能够产生经济效应的:研究开发的思路、方法、路径正确的话,没有突破的重点与难点,该研发过程仅仅是重复性的研究开发而已;研究开发有突破重点和难点,没有相应的经济效应,该研究开发是没有创业经济目标的研究开发。为此,只有这三者之间实现均衡,才能够有效规避创业过程中的研究开发的风险。

生产风险,是指基于科技成果开发出的产品,当市场接受该产品,并需要一定的生产规模时,能否适时、适度规模、适度质量生产出产品,即在生产产品过程中可能遇到的因生产因素不确定性带来的风险。生产风险取决于随着创业过程的深化,创业产品(提供的技术、产品、服务等)能否随着市场需求变化,生产规模、生产管理、生产效率、生产组织、生产战略等方面能否达到需求。生产规模仅仅是单件或小批量,在商业周期内,市场将让其他竞争者抢占;生产规模扩张过快,增加投资成本,延迟投资回收,在商业周期内将是投资不经济的;生产规模适当,而生产管理缺乏科学性(作业流程管理、质量管理、成本管理、人员管理、绩效管理等),往往仅能够获得机遇的效应,而难以获得生产管理的效应,创业企业将由于生产管理不到位失去创业的经济效应;在生产规模和生产管理都适应创业过程的进程,而生产效率低下,在商业周期内达不到市场需求的速度效率,也可能将市场机会拱手让给竞争者;生产规模、生产管理、生产效率与生产组织呈正相关关系,创业企业的组织从小到大地成长,企业组织也随之不断完善和系统化;当研究开发的产品很好,而缺乏有效的生产组织支持产品的市场需求变动,创业企业也必将失去创业竞争力;人员管理与绩效管理往往是创业企业的弱项或者叫"短板之处",创业过程就是一个从无序不断完善走向有序的进程,创业的早期和中期凭着创业的梦想和热情,往往都在乎人员之间以及利益之间的关系,当随着企业一天天扩大,人员越来越多,人员流和绩效管理显得极为重要。恰恰早期创业者们以其当初创业的理念,认识或管理后来人员与绩效时,当企业效益适当时,还能够继续推进创业进程;当企业效益过好时,后来者可能因激励机制不到位,而另谋他途或自己出去创业了;当企业效益遇到障碍或过差时,真是需要大家齐心协力,共同克服困难时,后来者往往因为利益的短视,可能就放弃了"黎明前黑暗",退出了企业,一是伤害了企业,二是使得自己丢掉了即将成功的"胜利"回报。生产管理的作业流程管理、质量管理、成本管理、人员管理、绩效管理等构成的管理系统,是创业企业必须随着产业进程不断完善的生产系统,这样的系统才能有效地规避生产风险。

市场风险,是指基于科技成果开发的产品,当市场已经显现出来时,创业企业能否及时将产品卖出去,能否让消费者喜欢你的产品……即所遇到的因市场因素不确定性而导致的创新成功但创业失败的风险。按照现代市场营销理论与方法,不同的产品特性、不同的产品技术含量、不同的产品材质、不同的产品细分档次、不同的产品细分功能、不同的消费者素质、不同的区域生活习惯、不同的文化背景等,都是影响市场的因素。一个创新创业型的企业,早期理性分析自己创新创业出来的产品属于哪一类,该类产品市场特性是什么,进而进行对应产品的市场问题的严密策划,步步为营地进行市场推广,将该赚到的钱变为自己企业下一步的发展动力。

在我们实地调研考察的科技企业中,经常看到掌握现代科技成果的创新创业者以做科研的逻辑思维去解决市场问题,由于市场问题没有解决,结果多为"捧着金饭碗到处要饭吃"。这一类的企业往往过于强调科技的重要性,轻视了市场、管理、资本、发展战略等方面作用，它们常常推出令人赞佩的创新性成果，就是难以赚到该属于自己赚的钱。反倒是那些没有掌握现代科技的、甚至连小学没有毕业的创业者们，把市场做得风生水起，这一类的聪明者赚了钱再来投资科技创新成果，把市场与科技创新结合起来，越做越有竞争力。同样，他们中的保守者往往要等到新的市场起来了，再来投资科技创新，当然他们还是可以赚到市场的一部分钱，但是他们的企业往往是慢一个商务周期节奏，连续两三个商业周期之后，该类保守者渐渐被创新淘汰了。这就是我们后面论述的"三个三年"成长规律。

管理风险，是指当创业企业能够将产品卖出去时，却因企业本身经营和管理方面的不确定性导致的风险。创业企业的管理，是一个由研究开发管理、生产管理、市场管理、发展战略管理等多项管理构成的管理体系，这就是为什么我们经常看到优秀的科学家难以管理一个企业的原因之一。科学家是研究开发管理专家，而往往不是生产管理专家，更不是市场管理专家，所以在生产以及市场的问题上，他们以研究开发管理的思维、逻辑、方法去管理，导致在生产管理和市场管理上的错位。这样的风险恰恰是很多科技人员下海创业必须补上的课程。

发展风险，是指在规避了前面几种风险的基础上，企业面临着进一步拓展市场、持续发展等方面各种问题，企业因设计和构建未来发展战略的因素不确定性带来的风险。当创业成功地完成了第一轮创业周期，进入成熟性阶段时，企业下一步向何处去？如果企业的产品仅仅是小批量的，下一步该如何前行？如果企业产品市场规模很大，下一步的商业模式创新该怎样进行？如果竞争者跟进速度很快，下一步的研究开发向何处延伸？如果企业积累了大量的科技知识产权或是高端的科技知识产权，如何将其资本化经营？在下一步发展过程中，企业组织如何变革？知识产权如何为发明人创造财富效应？随着宏观经济形势变化，企业把握什么样的扩张速度？如果竞争者不断出现，如何制定有效的竞争策略和战略？如果这些问题事先没有考虑，事先没有研究，事先没有解决方案，那就是人们常说的"运气了"。这就是我们观察到的一些企业早几年很不错，往往一个商业周期后，就慢慢失去优势了，关键是该企业"运气了"当期的商业周期，而忽视了预期的商业周期或没有预期商业周期的战略。

就这五种静态的典型的风险而言，仅仅用某一个方面或者某两个方面的风险因素来评价或者评估风险投资的风险特性，都是不全面的。这是风险投资高风险的构成要素，也是传统的投资风险方法用于风险投资风险分析的局限性所在。实际上，传统的投资风险分析方法，仅仅是从某个截面上来分析投资风险而已。只有将创业过程中的每一个截面的风险都分析到，才能够全面地分析出风险投资的风险结构问题。

第四节 创业过程的动态风险

上述这五种风险始终贯穿在整个创业过程中，但在整个创业过程中的不同阶段，不同的风险因素对项目的影响作用是不同的，因此在分析风险投资的风险问题时，还必须从整个创业的动态过程来进行。当将这五种典型的静态风险纳入整个创业过程，所表现出来的风险特性，才是真正的风险投资的高风险特性。

从创业起步到创业的成功其整个过程是动态的,风险潜藏于创业过程中每一个阶段,并且其技术经济风险特性是互相关联地组合在一个系统的演进中,导致投资资本产生的收益又是期权于未来的。为此从动态的角度看,存在三大方面的特性:

(1) 创业技术经济过程系统风险的多元动态性,是指将创业技术经济过程所面临的各种风险看成一个系统,就是说在科技成果转化为经济生产力的过程中,即在一轮创业的进程中,存在的风险是一个由上述五种风险构成的系统风险,而且这种系统风险是一个动态变化的过程,先是研究开发的风险,紧接着是生产风险,进而是市场风险,再就是管理风险,最后是发展风险,即在创业进程的不同环节,具体风险的主导性质是不同的。这种系统风险多元的动态性是高科技产业发展技术经济过程中高风险的特性之一。

(2) 创业进程中技术经济系统风险的组合性,是指将创业过程本身看成一个技术经济系统,科技成果的技术经济价值的实现必须是在完成创业的技术经济系统过程之后。而科技企业创业技术经济过程中的五种风险构成,不单单是它们之间多元的动态性,更重要的是它们之间有机地组合于创业的技术经济过程中,研究开发的风险直接影响和关联着生产风险、市场风险和管理风险以及发展风险的规避问题,随着创业技术经济过程的深化,这些多元的风险是一个一个地被组合到创业过程中的。当创业技术经济过程完成之时,也是多元风险组合完成之时。这种系统风险的组合性也是高科技产业发展技术经济过程中高风险的特性之一。

(3) 创业技术经济价值实现系统风险的期权性,是指将创业技术经济价值实现看成一个系统,不论是持有科技成果的科技企业的创业者,还是对其进行投资的风险投资者,他们能否获得创业技术经济价值以及风险资本的金融经济价值,都要取决于科技企业创业的技术经济过程的完成,创业过程周期的长短决定着实现一项科技成果技术经济价值周期的长短。在该周期内,只要有一样风险没有规避和控制好,或是系统风险多元的动态性和组合性管理控制不到位,创业技术经济价值就难以或不可能实现,这种基于科技成果创业的技术经济价值实现的风险收益的期权性,以及风险资本的风险收益的期权性,远远高于其他投资方式的投资收益周期。这种创业技术经济价值实现系统的风险收益的期权性,也是高科技产业发展技术经济过程中高风险的特性之一。

除了上述的系统风险特性之外,可能还有其他的风险特性有待于我们去认识和研究,来服务于我们的高科技产业发展和风险投资事业。

针对科技企业创业过程的动态风险特性,风险投资需要依据组合投资的模式,来规避相关的风险,其基本原则参见第四章内容。

第五节　风险投资规避风险的基本原则

风险投资将资本投入科技创新创业过程中,将风险划分为静态的和动态的两个特性来实施其投资管理的过程。国际上总结了风险投资规避风险的原则。

从规避静态风险特性的角度(参见张陆洋著《风险投资导论》),风险投资规避风险的基本规则有三项:

(1) 每项投资不承受多于两项风险。

（2）$V=P×S×E$。这里 V＝价值，P＝问题的难度，S＝解决方案的合理性，E＝企业家团队的素质。

（3）向 P 大的公司投资，因为不管 S 和 E 怎样，公共市场将赋予这样公司以非常高的 V。

依据谨慎过程的原则需要进行五个方面的审查。它们是：

（1）P 的审查。

（2）S 的审查。

（3）E 的审查。

（4）融资陈述的审查。

（5）法律审查。

风险投资是一个动态的过程。它总是在不断地变化，天天在更新自己。风险投资者们通过不断对创新的判断来决定其有效性，有时所作出的判断会随着对问题的新认识而改变。风险投资没有不变的风险，有的只是随着产业进程不断深化风险规避的基本规则或里程碑。

从规避风险动态性的角度，需要采取创业—组合投资模式、方法。将现代投资行为划分为风险投资、证券投资、衍生工具投资、产业投资等几种基本形态，比较它们的金融学特性，参见《创业—组合投资理论与实务》所论述的，风险投资与其他投资行为比较——本质是"发现价值"特性。

风险投资作为发现价值型投资，其金融经济价值在于它是创造经济型投资行为，纵观 20 世纪 80 年代到 21 世纪初基于信息科技的创新与创业，形成的现代高科技产业并创造了所谓的"新经济"，并不是将传统产业消灭，而是在传统产业发达的基础上，由风险投资创造出来的新兴科技产业。纵观整个世界近 30 年的经济竞争力的提升，哪个国家在风险投资发展上走在前面并形成了发达的新兴金融产业，哪个国家的经济竞争力就具有加速动力并走在世界的前列。

将增值服务做得彻底是创业—组合投资进程中，增值服务的目标，即按照创业经济学特性原理，促使创业阶段的组合、技术结构的组合、投资者提供服务的组合、市场应用范围的组合、投资强度的组合、创业者团队素质的组合等，实现风险投资发现价值回报。如何实现该增值服务目标，将是本专著论述的内容。

第六节　风险投资规避风险解决方案

依据多年的学习研究，把科技创新创业过程总结为"科技知识产权股份期权化"过程，把风险投资过程总结为"风险资本股份期权化"过程。风险投资通过发现价值项目，运用增值服务能力，实现"科技知识产权股份期权化"的创业经济价值，进而实现自己"风险资本股份期权化"的金融经济价值。

为了能够有效地实现创业和风险资本的价值，针对风险规避的解决方案，首先要有一份好的创业计划书；其次根据投资决策实施增值服务，促使"科技知识产权股份期权化"实现科技创业经济价值，同时实现"风险资本股份期权化"的金融经济价值；最后要在适当时候撤出增值的资本,从而获得回报。

创业计划书,即风险投资行业内通常的"商业计划书"。一个好的商业计划书一定要论述清楚:你的创业给消费者带来的消费者利益机制模型;你的创业企业赢利机制模型;其他投资者利益机制模型;大家共同的风险规避机制模型。对此,投资者需要进行五个方面的审查:

一、创业问题(P)的审查

创业问题即:该创业处于什么阶段?遇到什么样问题?这些问题是受什么因素影响的?这些因素中哪些是关键的?哪些是今天必须解决的?哪些是之后会自然化解的?按照风险投资规避风险的规则分析,将创业技术经济过程划分为种子期、创建期、成长期、扩张期、成熟期等(也有将创业技术经济过程划分为三个阶段的,即早期、中期、后期。笔者从理论和实务的角度,认为阶段的细分更能让投资者看清创业存在的问题)。

针对这五个阶段,存在前文所述的五种典型的风险:① 开发风险:我们能开发出产品吗? ② 生产风险:如果能开发产品,我们能生产它吗? ③ 市场风险:如果能生产产品,我们能销售出它吗? ④ 管理风险:如果能售出产品,我们能获得利润吗? ⑤ 发展风险:如果能管理公司,我们能发展它吗?

上述五种风险是静态附于创业技术经济阶段上每一个截面的风险特性,而这五种风险组合起来才是整个创业技术经济过程中真正的风险,即创业过程中风险动态特性为:创业技术经济过程系统风险多元的动态性;创业进程中技术经济系统风险开放的组合性;创业技术经济系统价值实现的风险收益的期权性。

创业问题审查清楚了,才能够研究策划出合理的解决方案。

二、解决方案(S)的审查

上述针对创业问题审查,要搞清楚创业过程中的问题所在,在此主要是针对每一个问题,给出相应的解决方案:研究开发问题要按照研究开发的理论、方法、路径去解决。生产问题要按照生产规律的理论、方法、过程、质量等去解决。市场问题要采用按照市场创新规律寻找市场突破口、市场规模的实现、巩固市场的经营、市场再提升等解决方案。管理问题既要按照管人、管物、管财、管市场等分割管理又要组合起来管理,采用保证创业企业盈利的解决方案。发展战略问题要从科技创新方向、产品创新方向、市场创新方向、国内外竞争者进步的速度、国家经济发展趋势等角度策划解决方案。企业的下一步如何推进?科技创新推进的领先水平步伐?产品创新竞争力的高度?市场创新着眼点的扩张范围及速度?这些问题在发展战略研究中必须明确,以使企业能够理性发展,而非早期第一轮创业那种凭着感觉或摸着石头过河的态势。

针对创业问题的解决方案,将是风险投资增值服务的"宪法"。解决方案的专业性、动态过程系统性、问题解决全面性的策划与审查,将决定后面增值服务的目标、内容、路径、重点、成效。

三、企业家团队（E）的审查

做风险投资，第一是投人，第二是投人，第三还是投人。即要求投资对象的创业者第一是要有知识，第二是要有创新能力，第三是要有胸怀和境界。

这里创业者指的是创业团队，即针对创业过程中的开发问题、生产问题、市场问题、管理问题、发展战略问题等，需要有一个封闭的系统过程来解决这些问题，以创造创业的经济价值。而每一个人因其聪明天赋、所学专业和受教育程度、人生社会实践经验等差异，往往在某个领域是专家，而在另外领域未必是专家，甚至是小学生。创业过程中一系列问题的解决必然依赖于一个团队的协同。

这个团队必须具备能够解决创业过程中一系列问题的知识结构，知识是解决问题的基础。面对天天在变的市场，创新能力才是决定解决问题的关键。面对问题团队成员之间是否有共同思辨创新的哲学观，是否能够组合协同创新方案解决问题，团队成员之间能否有共同的胸怀和境界，也决定这个团队能否有共同的发展战略目标。

如果创业团队不具备创业过程中一系列问题解决的知识结构，则风险投资者必须为其提供知识结构的服务；如果创业团队具备了解决创业过程中一系列问题的知识结构，但是团队成员缺乏创新的思辨，缺乏协同创新，缺乏团队精神，那么风险投资者必须给以创新能力方面的服务；当创业团队既具备相关的知识结构，又具备一定的创新能力，但就是缺乏胸怀和境界，往往没有下一步的发展战略，这时的风险投资者则要帮助其研究策划发展战略。

实际上，在现实的风险投资过程中，按照创业技术经济路径教育创业者，是非常难的事情。因为能够用知识创业的创业者，本身至少是本科毕业，有的是硕士毕业，甚至是博士毕业，还有国外回来的高端人才，他们都是有知识的人，创业的商业机会往往又是一层窗户纸，以专有知识的方式存于他们的行为里。你去教育他们，显然除信息不对称之外，还有知识的不对称问题。

创业团队有知识是专业性解决问题能力，创业团队有创新能力是创造性解决问题能力，创业团队有胸怀和境界是团队合作领导创新创业、有目标实现创业梦想的能力。

四、融资陈述的审查

在前面针对创业问题、解决方案、创业者团队审查的基础上，就创业需要资金进行审慎审查：分析创业过程的阶段特性，创业每一个阶段需要资金规模，需要资金的金融工具选择，需要风险控制的对策，需要资金到位的计划，需要资金的使用点，资金使用回报方式设计，资金使用的财务成本。

由于科技企业创业过程经历的多阶段性，每个阶段需要的资本内涵特性也是不同的。早期阶段需要的是天使性质的风险资本，中期高成长阶段需要促使快速成长的风险资本，创业进入后期成熟阶段需要帮助企业规模扩张的风险资本。这三类资本虽然内涵特性不同，但却构成了整个创业过程的必需。创业者在融资过程中往往搞不清楚这三类资本的内涵特性，在使用资金时出现资本特性错位和越位情况，导致丧失发展机会。

风险投资者投资项目时，首先，认真审视创业阶段特性，运用专业风险投资资本理论，帮助创业者选择资本内涵特性。其次,在确定了创业阶段与资本内涵特性之间组合之后,还要确定使用的金融工具是否适合该创业阶段的风险控制需要,确定资本投入后达到的目标以及监管的指标。最后,要考虑资本融进来之后,是否能够与其他资本组合起来,实现风险资本股份期权的价值。

按照财务指标,按照成本指标,按照风险控制目标,按照科技知识产权股份期权化的目标,按照风险资本股份期权化的目标,实施服务创业计划融资审查,是保障风险资本权益性的必要条件。

我们曾调研的企业中,有个已经创业五年的企业,市场很好,产品很受欢迎,当地政府好不容易挤出3 000万元资金支持它,这笔资金本应该作为流动资金使用,让企业运转得更有效率,当企业赚到足够资金时,再去扩大有形资产。可是该企业创业者以地主财富思维,甚至怀有投机取巧的心态,先占有地以图将来炒地赚钱。企业一下子花了近2 000万元去买地,再花近1 000万元购置设备,结果资金使用完了,资金被沉没了,变成了固定资产,结果企业的资金链还是断裂了,至今创业还是处于生死边缘。还有一个典型的例子,一个海外留学归国创业者,掌握了很好的科技成果,当地政府以财政性模式(政府不同部门和各级之间互相缺乏信息沟通,但又都是为了支持该科技创新项目发展),5年之内先后给了该创业者2亿多元的经费,结果该创业者还是没有把高科技创新项目做出来,后来又跑到当地一家著名的风险投资机构要5 000万元资金。该机构了解到该留学回国创业者的经历之后,经过充分论证,决定不能够给予该创业者资金。

五、相关法律的审查

风险投资以科技成果为原点,投资、增值服务管理、卖掉增值的资本获得回报,针对创业过程的每一个环节,都要合法。即在创业过程中,合法性是极其重要的。

科技知识产权的合法性;

创业企业的经营管理业务往来是否合法;

资金使用的合法性;

……

由于法律的专业性,本教材不做其他地论述了。

总之,通过上述五个方面的审查,科技企业创业与风险投资的互动才是真正有益的。即:

风险投资与创业互动的目标,是指获得最优的创业技术经济价值,获得最优的风险投资金融经济价值。

风险投资与创业互动的规则,是基于创业经济的理念价值观的一致性、游戏规则的统一性、风险规避的协同性、创业利益机制的期权性。

风险投资与创业互动的结合点,是基于创业经济的创业计划(书)。商业计划书研究策划构建好四个基本模型。核心内容是要说明:消费者利益机制模型、创业企业盈利机制模型、投资者利益机制模型、风险规避机制模型等。

就消费者利益机制模型而言,就是创业出来的技术、产品、服务等,从功能价格比上、功能效益比上等,给消费者带来的收益。该收益的实现方式、该收益实现的时机等,即某项市场的特性决定了创业的生存机制。就创业企业赢利机制模型而言,就是科技知识产权股份期权化的过程。科技企业的利益机制是基于科技知识产权股份期权化的动态激励机制。就投资者利益机制模型而言,就是风险资本股份期权化的机制。风险规避机制就是基于组合投资规律前提下的风险资本股份期权化的机制。就风险规避机制模型而言,就是创业者与风险投资者的协同,不但要规避创业技术经济过程的静态风险,更要规避该过程的动态风险。

有了五个方面审慎调查,风险投资一旦投入资金,将开始实施增值服务。那么,增值服务的实证研究又将是怎样的呢?

第七节 风险投资的收益模式

通过对风险投资运行机制的论述,完全可以这样认识:风险投资运行机制是以高技术企业创业需求为拉动,高技术知识产权股份期权价值实现的进程,也是风险投资股份期权价值实现的过程。风险投资的产生和发展,是以市场经济高度发达为背景的。高度的创业信用、高度的风险承担理念、高度的创新氛围、高效的资本市场运作、高度的金融创新、多元化的金融机构和组织、知识产权有高度保障的科技市场、高度肯定知识产权股份的经济期权的激励、高度发达的中介评估服务体系等,这些条件是工业化经济基础上的创新所需要的。风险投资促进科技成果转化,推动高技术产业发展,是社会科技经济一体化发展进程的客观必然。然而,如何发展风险投资业,则一定要审时度势,不可跟风、简单比较照搬。但也不能强调所谓中国特色而违背规律、盲目蛮干。在实践中研究、认识、掌握风险投资的基本经济学特性,则是经济发展过程中一定要认真做好的事。

通过考察发达国家风险投资业发展的历程,已明确证明:风险投资不仅是技术密集和资本密集的产物,而且是经济结构由资本密集型向科技密集型转换的必然产物。

风险投资的风险成本高和风险收益更高的金融价值规律,是在科技与金融结合的经济形态下,符合大数定理基本原理指导运作的客观现象。包括社会资本富裕度与风险资本市场的大数关系、资本市场发达程度与风险投融资的大数关系、拥有风险资本量与所投风险企业数的大数关系、科技市场发达程度与科技项目筛选量的大数关系、各因素影响的强度与风险企业失败率之间的大数关系、风险成本的量与风险收益的值之间的大数关系、风险企业创业者的素质总体水平与风险企业成功率的大数关系、风险投融资价值实现的量与风险资金撤出渠道之间的大数关系等。发达国家风险投资业已积累了很多的经验,值得我们很好地借鉴和学习。

根据风险投资的定义,经过图 3.1 的投资过程,当其将一个科技企业扶持创业成功之后,风险资本的使命就完成了。这是风险资本与传统产业投资的根本区别,传统产业投资将跟着所投资的实业一起走下去,并从实业获得的利润中进行分红。而风险资本恰恰在创业成功后,即通过风险资本及其发现价值的中介服务,使得该创业价值从潜在状态得以显现时,就会卖出其股份,获得回报实现风险资本的投资价值,再去寻找新的投资项目。

风险资本撤出的方式,从资本市场可能提供的渠道分析,大约有如下三种:

(1)上市,即通过主板、创业板的资本市场卖出股权。

（2）股权转让，即通过其他投资者的并购或者通过股权出售或者通过创业者回购风险资本的股权等，完成风险资本的投资使命。

（3）清算，即当风险投资者认为该企业已经没有预期的价值时，又找不到其他投资者的后续投资，实行自动结算。如果该企业没有希望能够赢利，则以破产等方式撤出。

风险投资能够获得收益取决于对于整个创业过程的风险把握和控制，一旦这些风险被把握和控制了，风险资本的投资就能够取得收益。风险资本投资的收益的内在机理，不同于证券投资和产业投资。产业投资的收益取决于所投资的实业赢利情况并直接参与分红，该实业的竞争力越强而且持久，产业投资获得的回报就越高。证券投资的收益取决于所投资证券价格的买卖差价，所投资的证券受到的青睐程度越高，其投资收益的可能性就越高，所以证券投资永恒的定理是"低买高卖"。风险投资的收益完全取决于投资对象的价值发现，价值发现得越充分，风险投资者卖出股权的价格就会越高，所获得的收益也就越高。产业投资的收益判断是看企业的产品，证券投资的收益判断是基于公司的财务分析，而风险投资的收益判断是看科技本身潜在的经济价值以及对于其创业过程风险的规避对策。

美国在几十年的风险投资实践中，总结出了风险投资的收益特性，即风险投资收益的"右手大拇指定律"。

"右手大拇指定律"是借助物理学上一个定律的名称，来形象说明风险投资收益的特性。即围绕着科技企业创业的技术经济过程，在创业早期种子阶段的投资、第一阶段的投资、第二阶段的投资……在创业技术经济过程中不同阶段进行的投资，所承担的风险是不一样的，投资的时间越早承担的风险就越大，投资的时间越晚承担的风险就越小，即创业技术经济过程越接近成功，风险程度就越低，获得收益越容易，获得收益的周期就越短。

具体形象地讲，大拇指的指向代表着创业技术经济过程成功的方向，小拇指表示创业的早期投资，无名指表示创业进程第一阶段的投资，中指表示创业第二阶段的投资，食指表示……距离创业技术经济过程成功方向越远承担的风险越大，一旦创业成功，该投资所获得的收益就越大。如果临近创业成功进行投资，当风险资本成功撤出时，获得的报酬是投资的一倍收益，那么在食指阶段进行的投资，在风险资本成功撤出时，其获得的报酬将是投资的二倍；在中指阶段进行的投资，当风险资本成功撤出时，获得的报酬就是投资的三倍或四倍；在无名指阶段进行的投资到风险资本成功撤出时，获得的报酬就应该是五倍或六倍；在小拇指阶段进行的投资到风险资本成功撤出时，获得的报酬将是投资的八倍或是十倍。这样的风险投资收益"右手大拇指定律"形象地道出了风险投资的高风险和高收益之间的技术经济关系。

风险投资的这种风险与收益之间的复杂关系，远远高于其他投资的风险与收益之间系统关系复杂程度。正是这种风险与收益的关系，构成了巨大投资收益的吸引力，令多少资本富余者将自己资金投入科技产业创业的市场中，鼓舞了多少科技人员勇于去创业，造就了成功的高科技企业，进而构成了以知识为基础的新经济发展的主旋律。

思 考 题

1. 简述风险投资的运作过程。

2. 简述风险投资过程中的静态风险及其构成。
3. 简述风险投资过程中的动态风险。
4. 简述风险投资过程风险与创业经济学特性关系。
5. 简述风险投资规避风险的基本原则。

关 键 词

风险特性　静态风险及其构成　动态风险及其构成　风险与收益关系

第四章
创业—组合投资理论与实证

本章就风险投资与产业投资、证券投资、衍生工具等投资行为,从投资对象、风险机制、收益机制、投资周期、流动性、金融经济价值、投资管理、从业人员以及投资工具等方面进行比较,来充分论证风险投资的本质特征所在。

由于比较之中,有关风险投资的对象、风险机制、收益机制、投资周期、流动性、金融经济价值、投资管理、从业人员以及投资工具等方面,都是同样表述的,为此在后面的比较中,为了节约篇幅就省略了。

参见《创业—组合投资理论与实务》一书的详细论述。

第一节 风险投资与证券投资的比较

首先,就风险投资的对象、风险机制、收益机制等方面,与我们最熟悉的证券投资进行比较。

一、投资对象比较

风险投资的对象是实体创业型企业。以科技企业为例,其创业技术经济过程源于某项科技成果,在市场价值的促进下,开始了种子期、创建期、成长期、扩张期、成熟期的技术经济过程创业之路。

而证券投资的对象是以成熟型产业的企业资产进行货币化、资本化之后的有价证券。这种有价证券对应的企业是创业成功后实现资产证券化的成熟型产业的企业。

二、风险机制比较

风险投资的风险源于创业技术经济过程和风险投资的风险管理,如本书所述,风险投资的风险主要来自创业技术经济过程的五种典型的风险,以及这五种风险的关联关系构成的动态风险的三大特性。即风险投资的风险是创业技术经济过程的系统风险。

证券投资的风险来源于资本市场的价格波动,其风险特性是资本市场非系统风险,主要是资本市场对于该证券投资供方和需方的均衡关系。

三、收益机制比较

风险投资收益主要是股权转让的高收益,该收益主要是基于规避创业技术经济过程系统风险的价值收益,该收益是基于科技成果创造价值的收益,即风险投资是"发现价值"。如果创业的技术经济价值得以实现,则创业者和风险投资者都会有收益;如果创业的技术经济价值没有实现,则创业者和风险投资者都会丢掉投资。其收益方式有IPO、并购、股权转让(包括回购)等形式。

证券投资收益主要是股价的差价收益,该收益是来自资本市场价格发现的收益,即所谓的"价值投资"的价格型收益。由于该收益的方式仅仅是股权转让的收益,所以该收益是资本市场的"零和游戏"的收益。

四、投资周期比较

风险投资的周期一般是长期性的,以创业的技术经济价值的特性发现为原点,以创业的技术经济价值得以实现为标志,一般为3～7年的周期,对于生物医药的技术创业周期一般则是9～14年的时间。即使是由于各种专业性基金之间的联合投资,投资阶段之间的组合,其交易的周期也需要以年为单位。

证券投资的周期一般是短期性的,理论上是T+1的模型,即在当日购买的股票,一个交易日之后就可以卖掉。它的周期是相当短的。

五、流动性比较

创业投资的流动性差,主要是因为创业技术经济过程中只有一个阶段任务完成了,才有可能转入下一个阶段的投资。这种交易实现的流动性很差,也就是说一旦你将风险资本投入创业企业,即使最快也要将该阶段的任务完成,才有可能将投资撤出。

证券投资的流动性高,由于证券是标准化的金融工具,可以随时将投资的份额卖给其他投资者,理论上是T+1模型。而在我国股票市场投资股票,实际上一般的投资换手率在一年4～6次之多。

六、金融经济价值比较

风险投资是对某个企业或行业的一种新增的资本投入,所以它可以创造新的经济增长点。不论是投资基于传统的技术创新带来的创业创造的价值,还是投资基于现代高科技创业的技术经济价值的实现,都是以创造新的经济价值为前提的。特别是20世纪50年代的高科技企业的风险投资形成的现代高科技产业经济,从微观上带来了企业的竞争力,从宏观上创造了一个新的产业,形成了新的经济增长,都从正面证明了风险投资的金融经济价值所在。

证券投资虽然也有对企业的新增资本投入(如企业上市首发和配股增发等),但更多的时候是证券化的资产对应的有价证券在资本市场上流通的过程,它在一定程度上对企业的发展和经济的增长有促进作用,但这种市场的存在更大的功能是通过其良好的流通性创造一种交易价值。同时证券投资行为如果不能够加以良好的管理和约束很容易转换为投机行为,而这种转变所形成的资本市场泡沫有可能导致整个经济的泡沫危机,对经济发展则有弊无利。发生在 20 世纪 20 年代末的美国股市灾难,就是很好的教训。但是,尽管这样,今天凡是世界 500 强的企业,几乎都是在证券市场上融资,甚至多次融资获得了超越其他企业的发展。

七、投资管理比较

创业投资管理是风险规避的管理。对于科技企业创业投资,其投资收益完全取决于创业过程中的风险控制,所以没有高超风险规避的管理技巧,是不可能获得回报的。因此风险投资者除了对企业投入资本外,更重要的是积极为被投资企业提供各种增值服务,去帮助企业解决创业过程中面临的各种风险问题。所以,风险投资对于投资对象的增值服务往往是其风险资本溢价所在。

证券投资管理主要是基于财务分析的管理。证券投资主要是基于上市公司的资产负债表、现金流量表、损益表等报表来分析其中的投资价值,不论企业内部情况如何,投资者都不必参与企业的管理,仅仅根据财务分析进行投资与否的选择。

八、从业人员比较

创业投资从业人员要求必须有综合素质。从创业技术经济过程的角度分析,要完成整个创业过程,需要涉及技术、生产、市场、管理、战略等多方面的综合知识,才能够最后实现创业的梦想。所以对于风险投资者而言,要求的是综合素质。这样的综合素质可以集于一人身上,也可以是团队的知识组合。

对于证券投资而言,从业人员主要应掌握证券和财务方面的知识,特别是掌握了基本面分析、行业分析以及技术分析方法,就可以进行证券投资了。

九、投资工具比较

创业投资工具是多样性而且组合的。围绕着创业的整个技术经济过程,只有通过债权、普通股权、优先股权等金融工具的组合,才能够完成整个风险投资的过程。具体而言,往往投资份额只占企业股份的 20% 左右,但是通过优先股权的设计,如优先表决权、优先分红权、优先财产权等权益方面的设计,来满足风险投资控制风险、发现价值的需要。

证券投资工具往往是单一性的。证券投资的工具仅仅是标准化的普通股权或者是债权,拥有这种工具就可以进行投资了。不论你如何投资,都是单一性的工具。

比较的结论如下:

证券投资组合过程中,所面对的各类信息是已经发生并存在的,而对于投资者则往往是信息不对称的,所以需要找到分散这些风险的策略安排。而投资收益取决于所选证券的种类、数目、资金量多少。证券投资的投资组合是一种投资策略,在实际投资过程中,可以用也可以不用,关键在于能否判断出所投资证券的价值,而且对于所选择证券组合,其证券之间没有必然的联系。

而在风险投资过程中,许多决策所需要的各类信息往往是不存在的,是创业者和投资者在未来的合作过程中需要共同面对的,风险投资不可能等待所有的决策信息明确,这所导致的行为结果的不确定性就是风险投资所必须承担的投资风险,而投资收益的大小则取决于所选项目的潜在市场价值的发现、揭示以及开发的深度和广度,还有增值的速度,同时一旦投资就必须找到方法去规避各种可能发生的风险。正是由于未来市场变动的不确定性,风险投资的组合投资就成为一种规律的把握,在实际投资过程中必须遵循。只有这种组合才能合理分散因信息不完全而导致的投资结果不确定性风险,才能通过大部分创业企业技术经济价值的实现而获得风险投资的金融经济价值。

第二节 风险投资与产业投资的比较

风险投资与产业投资进行比较,同样是从投资对象、投资风险机制、投资收益机制、投资管理等方面进行的(有关风险投资的对象、风险机制、收益机制、投资周期、流动性、金融经济价值、投资管理、从业人员以及投资工具等方面的论述详见本章第一节的表述)。

一、投资对象比较

风险投资的对象是实际创业型企业。以科技企业为例,其创业技术经济过程源于某项科技成果,在市场价值的促进下,开始了种子期、创建期、成长期、扩张期、成熟期的技术经济过程创业之路。

产业投资的对象是成熟型产业的企业经济行为。成熟型产业的企业是创业后期的企业经济学行为,至少是已经达到初步规模经济,企业的成本和收益关系基本稳定。

二、风险机制比较

风险投资的风险源于创业技术经济过程和风险投资的风险管理,如本书所述,风险投资的风险主要来自创业技术经济过程的五种典型的风险,以及这五种风险的关联关系构成的动态风险的三大特性。即风险投资的风险是创业技术经济过程的系统风险。

产业投资风险主要是市场竞争的经营管理风险。在成本与收益关系稳定的状态下,企业的风险主要是市场风险和管理风险。风险因素结构比较单一,而根本非创业过程中所具有的那种多阶段的多元、开放的组合特性了。

三、收益机制比较

风险投资收益主要是股权转让的高收益,该收益主要是基于规避创业技术经济过程系统风险的价值收益,该收益是基于科技成果创造价值的收益,即风险投资是"发现价值"。如果创业的技术经济价值得以实现,则创业者和风险投资者都会有收益;如果创业的技术经济价值没有实现,则创业者和风险投资者都会丢掉投资。其收益方式有 IPO、并购、股权转让(包括回购)等形式。

产业投资收益主要来自项目利润的分红。这些成熟型产业的企业经济学行为,由于还没有上市,企业的成本和收益关系稳定,这种投资的收益往往是企业以年为单位的财务年终利润的分红。投资收益取决于能否判断项目的市场价值、市场趋势和竞争者的动态。

四、投资周期比较

风险投资的周期一般是长期性的,以创业的技术经济价值的特性发现为原点,以创业的技术经济价值得以实现为标志,一般为 3~7 年的周期,对于生物医药的技术创业周期一般则是 9~14 年的时间。即使是由于各种专业性基金之间的联合投资,投资阶段之间的组合,其交易的周期也需要以年为单位。

产业投资的周期以项目生命周期为限。由于有着明显的利润预测,对于成熟型产业的企业经济学行为进行投资,其投资收益周期是以该项目的投资周期为限的,投资周期的长短是根据项目的大小而定的。其中大的项目可以长达几年的周期,如我国的长江三峡水库项目长达 20 年,小的项目可以短短几个月。

五、流动性比较

创业投资的流动性差,主要是因为创业技术经济过程中只有一个阶段任务完成了,才有可能转入下一个阶段的投资。这种交易实现的流动性很差,也就是说一旦你将风险资本投入创业企业,即使最快也要将该阶段的任务完成,才有可能将投资撤出。

产业投资的流动性介于证券与创投之间。由于产业投资工具是资本化了的资产,又有着较好的收益,其流动性虽然比不上证券投资,但远远好于风险投资。

六、金融经济价值比较

风险投资创造的是新的经济增长点。不论是投资基于传统的技术创新带来的创业创造的价值,还是投资基于现代高科技创业的技术经济价值的实现,都是以创造新的经济价值为前提的。特别是 20 世纪 50 年代的高科技企业的风险投资形成的现代高科技产业经济,从微观上带来了企业的竞争力,从宏观上创造了一个新的产业,形成了新的经济增长,都从正面证明了风险投资的金融经济价值所在。

产业投资带来原有项目的扩张效益。对于原有项目进行投资,带来的就是项目扩张的金融经济价值。比如我们的川菜馆开到上海、北京、广州等,都是投资的扩张效益。还有我国的改革开放,招商引资进来的外资企业,对其投资都是这样的。

七、投资管理比较

创业投资管理是风险规避的管理。对于科技企业创业投资,其投资收益完全取决于创业过程中的风险控制,所以没有高超风险规避的管理技巧,是不可能获得回报的。因此风险投资者除了对企业投入资本外,更重要的是积极为被投资企业提供各种增值服务,去帮助企业解决创业过程中面临的各种风险问题。所以,风险投资对于投资对象的增值服务往往是其风险资本溢价所在。

产业投资管理主要是基于成本分析的管理。因为成本和收益关系的稳定,对于新的项目投资,首先考虑的就是成本关系,有良好的成本分析就能够获得良好的投资收益。例如在经济学上产业由沿海转移到内地,再由内地转移到西部的"阶梯转移"理论观点,是在产业成熟基础上进行成本分析之后企业的必然选择。

八、从业人员比较

创业投资从业人员要求必须有综合素质。从创业技术经济过程的角度分析,要完成整个创业过程,需要涉及技术、生产、市场、管理、战略等多方面的综合知识,才能够最后实现创业的梦想,所以对于风险投资者而言,要求的是综合素质。这样的综合素质可以集于一人身上,也可以是团队的知识组合。

产业投资从业人员要求的主要是市场和产品工程知识。由于对于成熟型产业的企业经济学行为投资,实际上就是对原有项目的复制,产业投资从业人员只需要掌握良好的市场和产品的工程知识,做好投资的成本分析,就基本上可以了。

九、投资工具比较

创业投资工具是多样性而且组合的。围绕着创业的整个技术经济过程,只有通过债权、普通股权、优先股权等金融工具的组合,才能够完成整个风险投资的过程。具体而言,往往是投资份额只是占企业股份的20%左右,但是通过优先股权的设计,如优先表决权、优先分红权、优先财产权等权益方面的设计,来满足风险投资控制风险、发现价值的需要。

产业投资工具往往是单一性的。产业投资虽然不是证券化的资产,却是货币化和资本化的资产,仍然是以股权或债权为金融工具投资的。只不过该投资股权或债权没有通过公开市场进行证券化,形成标准化股票或债券而已。

比较的结论如下:

产业投资是创业投资的后端投资行为,所承担的投资责任和风险基本依照同股同权的机制,由于项目的建设周期,投资决策需要依据已有企业作类比,并有一定的前瞻战略性。产业投资是最常规的投资行为,是一种再现式的规模化发展的投资,在实际投资过程中,关键在于能否判断出所投资项目的市场价值,而且能否较好地判断市场趋势和判断竞争者的动态。

而在风险投资过程中,许多决策所需要的各类信息往往是不存在的,是创业者和投资者在未来的合作过程中需要共同面对的,风险投资不可能等待所有的决策信息明确,这所导致的行为结果的不确定性就是风险投资所必须承担的投资风险,而投资收益的大小则取决于所选项目的潜在市场价值的发现、揭示以及开发的深度和广度,还有增值的速度,同时一旦投资就必须找到方法去规避各种可能发生的风险。正是由于未来市场变动的不确定性,风险投资的组合投资就成为一种规律的把握,在实际投资过程中必须遵循。只有这种组合才能合理分散因信息不完全而导致的投资结果不确定性风险,才能通过大部分创业企业技术经济价值的实现而获得风险投资的金融经济价值。

第三节 风险投资与衍生工具投资的比较

风险投资与衍生工具投资的比较,同样也是从投资对象、投资风险机制、投资收益机制、投资管理等方面进行的(有关风险投资的对象、风险机制、收益机制、投资周期、流动性、金融经济价值、投资管理、从业人员以及投资工具等方面论述详见本章第一节的表述)。

一、投资对象比较

风险投资的对象是实体创业型企业。以科技企业为例,其创业技术经济过程源于某项科技成果,在市场价值的促进下,开始了种子期、创建期、成长期、扩张期、成熟期的技术经济过程创业之路。

衍生工具投资的对象是在金融创新过程中,由金融基础工具发展出来的各种虚拟的金融衍生工具,而完全非实业性资产,因此投资一方面是为了有效防范金融市场波动而进行的金融资产的套期保值,另一方面是纯粹的金融投机。

二、风险机制比较

风险投资的风险源于创业技术经济过程和风险投资的风险管理,如本书所述,风险投资的风险主要来自创业技术经济过程的五种典型的风险,以及这五种风险的关联关系构成的动态风险的三大特性。即风险投资的风险是创业技术经济过程的系统风险。

衍生工具投资风险主要是期权风险判断和预测。金融衍生工具的最大特点是基于对未来金融资产的涨跌预测进行的期权、指数上的设计。当实施时会遇到各种各样的不确定性,从而带来投资收益或形成风险损失。衍生工具投资由于其财务杠杆效用明显,因此一旦成功,可以获得"四两拨千斤"的投资成效,而一旦分析失误,其带来的将会是巨额损失。著名的英国投资银行——巴林银行的破产倒闭就是最好的例证。

三、收益机制比较

风险投资收益主要是股权转让的高收益,该收益主要是基于规避创业技术经济过程系统风险的价值收益,该收益是基于科技成果创造价值的收益,即风险投资是"发现价值"。如果创业的技术经济价值得以实现,则创业者和风险投资者都会有收益;如果创业的技术经济价值没有实现,则创业者和风险投资者都会丢掉投资。其收益方式有 IPO、并购、股权转让(包括回购)等形式。

衍生工具投资收益主要来源于衍生商品的交易差价,再往上追溯就是所投资衍生工具的设计安排是否与基础金融商品的价格走势一致。所购买的衍生工具的设计安排如果与基础金融商品的价格走势一致,则衍生商品的交易价格就会上涨,卖出所拥有的衍生商品,就可以通过买卖价格的差异来实现投资的赢利。美国的金融家索罗斯就是以运用这类工具进行金融投机而闻名于世的。

四、投资周期比较

风险投资的周期一般是长期性的,以创业的技术经济价值的特性发现为原点,以创业的技术经济价值得以实现为标志,一般为 3~7 年的周期,对于生物医药的技术创业周期一般则是 9~14 年的时间。即使是由于各种专业性基金之间的联合投资,投资阶段之间的组合,其交易的周期也需要以年为单位。

衍生工具投资的周期以衍生工具设计的周期为限。一方面,所有的衍生工具都有其设计的周期,到期后投资的收益或亏损就可以得到兑现,一轮投资就会结束。另一方面,由于金融衍生市场的存在,各种未到期限的金融衍生工具可以在市场上进行交易,从而进一步缩短投资周期。因此,衍生工具的投资周期一般比风险投资的周期要短得多。

五、流动性比较

创业投资的流动性差,主要是因为创业技术经济过程只有一个阶段任务完成了,才有可能转入下一个阶段的投资。这种交易实现的流动性很差,也就是说一旦你将风险资本投入创业企业,即使最快也要将该阶段的任务完成,才有可能将投资撤出。

衍生工具投资的流动性较好。由于衍生工具市场的存在,衍生工具的流动性是可以通过交易而得到很好保障的,只不过各个国家对于衍生工具交易限制不同而已。

六、金融经济价值比较

风险投资创造的是新的经济增长点。不论是投资基于传统的技术创新带来的创业创造的价值,还是投资基于现代高科技创业的技术经济价值的实现,都是以创造新的经济价值为前提的。特别是 20 世纪 50 年代的高科技企业的风险投资形成的现代高科技产业经济,从微观上带来了企业的竞争力,从宏观上创造了一个新的产业,形成了新的经济增长,都从正面证明了风险投资的金融经济价值所在。

衍生工具投资本来是源于金融市场急剧动荡的情况下,用于套期保值的一种投资手段,后来由于其交易中的高收益诱惑,致使大量的投机性资本涌入,因此,衍生工具投资本身不会创造新的经济价值,它只是将套期保值者不愿承担的风险转嫁给冒险的投资者,从而实现一种风险的转嫁,完成利益的一种重新分配。

七、投资管理比较

创业投资管理是风险规避的管理。对于科技企业创业投资,其投资收益完全取决于创业过程中的风险控制,所以没有高超风险规避的管理技巧,是不可能获得回报的。因此风险投资者除了对企业投入资本外,更重要的是积极为被投资企业提供各种增值服务,去帮助企业解决创业过程中面临的各种风险问题。所以,风险投资对于投资对象的增值服务往往是其风险资本溢价所在。

衍生工具的投资管理主要是对金融创新工具的合理设计安排和对金融市场趋势的及时准确分析,特别是对于投机风险杠杆效应的有效管理,是极其关键和重要的。我国中海油 2005 年在新加坡石油期货市场上半年不到就损失了 4.8 亿美元就是因为管理失误而造成的。

八、从业人员比较

创业投资从业人员要求必须有综合素质。从创业技术经济过程的角度分析,要完成整个创业过程,需要涉及技术、生产、市场、管理、战略等多方面的综合知识,才能够最后实现创业的梦想,所以对于风险投资者而言,要求的是综合素质。这样的综合素质可以集于一人身上,也可以是团队的知识组合。

衍生投资从业人员需要高超运作技巧。从事衍生工具的投资者对于实物市场的现实交易可以不知道,但是对于实物价格的变动及其未来趋势需要有着极好的判断和敏感,因此,从业人员不但需要很熟悉金融市场知识,而且需要具有高超的数学技巧。

九、投资工具比较

创业投资工具是多样性而且组合的。围绕着创业的整个技术经济过程,只有通过债权、普通股权、优先股权等金融工具的组合,才能够完成整个风险投资的过程。具体而言,往往是投资份额只是占企业股份的20%左右,但是通过优先股权的设计,如优先表决权、优先分红权、优先财产权等权益方面的设计,来达到风险投资控制风险、发现价值的需要。

衍生工具的投资是现有金融基础工具工程性的组合。可以说在金融市场中,金融工具最复杂的就是衍生工具,它就现有金融工具进行各种创新性的组合,可以根据投资者不同的需求组合出许多的个性化衍生工具来。从这个意义分析,衍生工具的投资比风险投资所用的工具要复杂得多。

比较的结论如下:

衍生工具投资是纯粹的金融工具游戏,需要极强的金融数学基础,需要投资者根据市场变动的历史数据资料,结合投资者对未来宏观经济走势的判断来合理设计和选择所投资的金融衍生产品类别,且投资后需要根据市场的变动及时调整自己对宏观经济形势的判断,从而调整自己的投资品种。衍生工具投资以极强的投机性为目的,是投资形态中最高级的形式,它的投资成败很大程度上取决于纯粹性数理逻辑分析和对投机风险的识别。

而在风险投资过程中,许多决策所需要的各类信息往往是不存在的,是创业者和投资者在未来的合作过程中需要共同面对的,风险投资不可能等待所有的决策信息明确,这所导致的行为结果的不确定性就是风险投资所必须承担的投资风险,而投资收益的大小则取决于所选项目的潜在市场价值的发现、揭示以及开发的深度和广度,还有增值的速度,同时一旦投资就必须找到方法去规避各种可能发生的风险。正是由于未来市场变动的不确定性,风险投资的组合投资就成为一种规律的把握,在实际投资过程中必须遵循。只有这种组合才能合理分散因信息不完全和不对称而导致的投资结果不确定性风险,才能通过大部分创业企业技术经济价值的实现而获得风险投资的金融经济价值。

基于本章就投资对象、风险机制、投资管理、投资工具、收益模式等方面,将风险投资与产业投资、证券投资、衍生工具投资进行比较,可以看出将产业投资理论、证券投资的投资组合理论、衍生工具的投资理论应用于风险投资,为风险投资提供定价、进行风险投资策略分析,都存在巨大的局限性。本章第五节专门论述证券投资组合理论在风险投资应用上的局限性。

第四节　投资组合理论应用于风险投资中的价值分析

从投资组合理论的发展历史中我们可以看出,投资组合理论从诞生之初到发展至今,体现了以下核心思想:

(1) 最优投资项目的选择取决于投资项目的预期收益率、预期收益的风险程度以及投资者的效用函数。投资者的效用函数则主要由投资者的风险偏好程度和初始财富数量等因素共同决定。最优投资项目的选择能使投资者在投资期的期末达到个人效用的最大化。

(2) 投资者通过合理选择一定数量的风险相关系数低的项目可以降低乃至消除投资项目的特有风险。

在证券投资所投资项目之间存在的收益相关系数对投资组合风险程度有不同影响。通过对投资组合的图 4.1、图 4.2、图 4.3 中曲线的对比,我们可以看出,当投资组合中项目之间的收益完全负相关时,投资组合预期收益的风险程度大大降低;当投资组合中项目之间的收益完全正相关时,投资项目的组合对降低整体组合预期收益的风险程度没有作用。

任何一项投资的风险都可以划分为两个部分:一是其系统风险。在单因素定价模型中,例如资本资产定价模型,系统风险由市场组合的超额收益率和投资项目收益率同市场组合收益率的相关系数共同决定。在多因素定价模型中,例如套利定价模型,系统风险则由多种因素的超额收益率和投资项目的收益率同各个因素的相关系数共同决定。无论应用哪种定价模型,系统风险都是无法避免的。二是投资项目本身所固有的风险,它是投资对象所独有的,它仅仅和该种投资项目自身的特性有关,包括公司管理人员的管理技能、技术、公司未来的盈利性和成长性等因素。

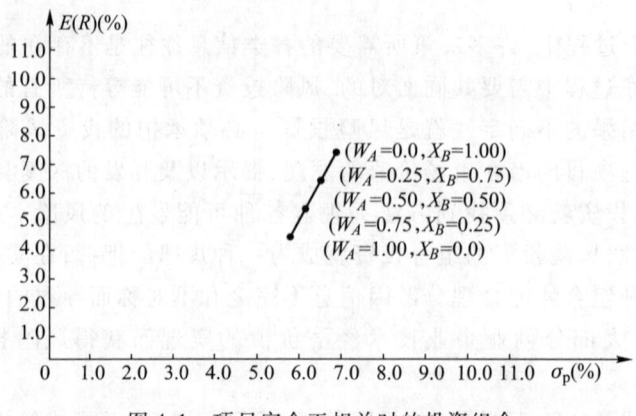

图 4.1　项目完全正相关时的投资组合

资料来源:彭燕燕.

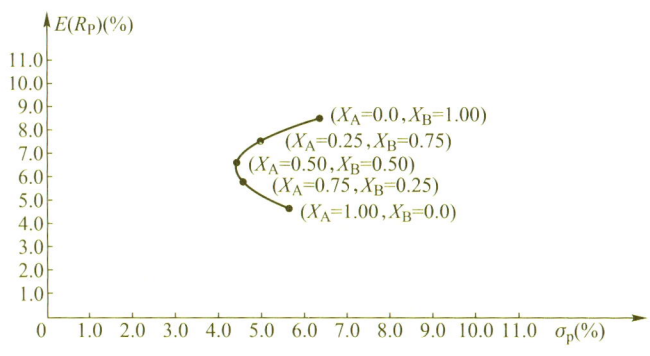

图 4.2 项目完全不相关时的投资组合

资料来源:彭燕燕.

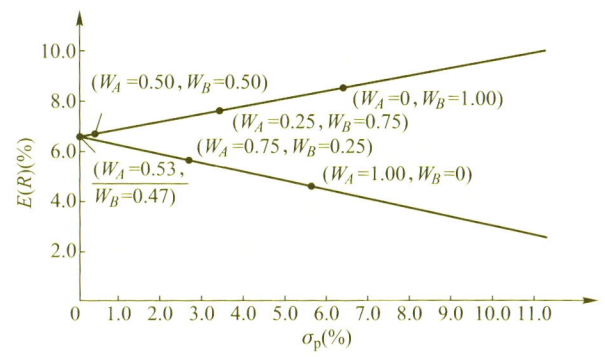

图 4.3 项目完全负相关时的投资组合

资料来源:彭燕燕.

投资组合理论所揭示出的以上经济规律为我们分析创业投资组合投资的经济现象提供了一个崭新的视角和理论研究的出发点。在此之前,国内外的经济学家们在研究创业投资所存在的种种组合投资的经济现象时,如分阶段投资、联合投资等,一般是从创业投资家对创业企业进行有效监控的角度来予以诠释的。结合投资组合理论的研究成果,我们将把创业投资的组合投资作为一个有机的整体,从风险收益权衡和风险分散化的角度重新审视,从而为创业投资实践活动中的创新提供指导。

第五节 投资组合理论在风险投资中的局限性分析

风险投资的基本特点是:投资周期长,一般为 3~7 年;除资金投入之外,投资者还向投资对象提供企业管理等方面的咨询和帮助;投资者通过投资结束时的股权转让活动获得投资回报。从投资的定义可以看出,创业投资金融经济价值的实现,是以创业技术经济过程完成为前提的。创业投资必须是一个由融资、投资和撤出等环节构成的完善的、系统的金融经济行为。这种金融经济行为与传统的投资行为有相同之处,即它们都以追求收益一定情况下的风险最小化或者风险一定情况下的收益最大化为最终的目标,又有区别,即创业投资行为因为投资对象、投资周期、投资组织形式、投资方式以及风险收益特性不同而存在很多特性。

一、投资对象不同

如果将企业的发展阶段划分为种子期、初创期、成长期、成熟期和衰退期,那么传统的投资行为,无论是以债券、股票等金融资产为对象的间接投资,还是以房地产等产业为对象的直接投资,投资的企业一般都处于成熟期或者衰退期,创业投资的对象则一般处于企业发展阶段的种子期、初创期或者成长期。

创业投资对象的另一特点是,创业投资项目一般集中在新兴行业,这主要是由投资者追求高额长期投资收益的偏好所决定的。其投资热点常常会在不同时期表现出不同的产业投向,但基本上与同时期科技发展的前沿产业息息相关。

在投资组合理论的应用中,无论是证券投资还是产业投资,往往用历史数据来求出投资对象的未来的风险收益状况。即用过去收益的平均值作为未来收益的期望值,用过去收益的标准方差作为未来收益的标准方差,用过去单个投资对象的收益与市场组合收益的相关系数作为未来收益的相关系数。从以上投资组合理论的应用过程中我们不难看出,用已有的信息来推断投资对象的未来状况表明投资组合理论的应用对象应该是具有较长经营历史的产业或者企业。因此,创业投资对象与投资组合理论中的投资对象存在显著的区别。

创业投资之所以会选择处于企业早期发展阶段的企业或者处于新兴产业中的企业作为它的投资对象,是由它独特的投资理念所决定的。创业投资公司一般遵循"巨猩(Gorilla)游戏"法则。简单讲,就是创业投资家在选择项目、进行投资时,要广泛研究、挑选可能引起未来技术和市场巨大风暴的领域,并甄别、落实该领域的"领头巨猩",进而果断地展开投资。具体说,创业投资家在高科技领域进行投资时,首先需要确定超速成长的市场,即"旋风领域",然后确定这一行业的霸主,即"市场巨猩",并将资金注入这些霸主公司。如果无现存的霸主则需要慧眼识珠,识别未来的巨猩公司,提供资金,使其尽快占领行业。对于现存的行业霸主公司,创业投资公司很难有介入的机会。因此,关键是识别那些尚处于发展阶段,行情看好,具有潜在巨猩实力的公司。同时,对于介入时间和介入资金额度的考虑也很重要。介入过早,交易成本低,但风险大。介入太晚,风险降低,但交易成本高。投入风险资金数额过少,则无法满足创业企业的融资需求,金额过高则存在风险控制和资金回报率低的问题。另外,对所投资的公司进行准确定位也是创业投资家所关注的。如果决定投资处于"巨猩"市场范围之外的"黑猩"公司,则尽量避免与巨猩公司冲突,不要轻易介入巨猩公司的市场,应在自己的细分市场上努力。在投资原则上,创业投资公司一般遵循以下原则:

(1) 软件产品基本定型,并开始进入市场,但尚未形成市场流行产品。

(2) 硬件产品则在旋风领域刚刚形成之时迅速介入,否则容易丧失机会。

(3) 确定旋风领域后,选择2~4个有潜力的公司投资,以分散风险。

二、投资周期不同

投资周期指的是投资者从投入资本到出售投资对象取得收益之间所经历的时间长短。创业投资中的投资周期指的是创业投资家从向创业企业投入资本到退出创业企业所经历的时间。

对于获利的创业投资项目,创业投资家一般在企业的早期发展阶段投入资本,等到企业成熟后,通过在资本市场上出售企业股权或者企业之间的并购等方式退出投资对象。对于不能获利的创业投资项目,创业投资家则通过行使"优先购买权"中途退出投资企业,从而减少遭受的损失。

创业投资周期和投资项目本身的特性、创业资本介入的时间选择、创业资本所处的阶段、创业投资采取的投资方式以及创业投资家对创业企业的预期收益等因素息息相关。因此,创业投资与传统的产业投资相比,它的投资周期存在较多的不确定性,是各种因素综合决定的结果。

一般来说,分阶段投资是创业投资家普遍采用的投资方式(参见图3.1)。分阶段投资是指按创业企业的发展状况,分阶段投入创业资本的一种投资方式。分阶段投资通常是通过在投资协议中赋予创业投资家一项选择权——优先购买权来实现的。这种优先购买权赋予了创业投资家终止投入后续资本的选择权,创业投资家一旦发现创业企业的前景不佳,可以随时停止继续投资。创业投资的实践证明,资本分阶段注入是创业投资家所能采用的最有力的控制机制。创业投资家定期对企业前景进行再评估。单一投资轮次时间越短,创业投资家对企业进程的监控活动就越频繁,收集信息的需要就越强烈。分阶段资本注入的作用与高杠杆交易中债务的作用类似,可以对所有者(管理者)形成有效约束,减少由于决策不当所造成的潜在损失。分阶段投资在创业投资中的应用也表明,创业投资家对创业企业从投入资本到退出企业的周期往往不是一次性完成的,而是一个多阶段的过程,即证券投资等以资本市场上投资工具为投资对象的投资方式,由于存在一个高度流动性的完备的外部市场,这种投资方式的投资者往往可以根据自身的财务状况、风险偏好以及各种投资工具的风险收益状况的变化,随时变换所持有的投资组合。这意味着,证券投资除了受到交易规则的限制外,可以在任意的时间内完成一个投资周期。

Deloitte & Touche(2001)调查了德国的创业投资情况,发现德国创业投资项目的投资周期平均在4~5年。Burgel(2000)则发现在英国创业投资项目的投资周期一般在5~8年。2002年美国创业投资报告在对全国1 000多家创业投资基金进行抽样调查后,证明美国创业投资项目的平均投资周期为5~6年。

中国2002年对全国803家创业投资机构的2 000多个投资项目的调查显示,中国创业投资项目的平均持有期是12.5个月,其中3年以上投资周期的项目仅占总体样本的5.88%。2003年对全国38家风险投资机构的64个退出项目的调查表明[①],投资周期在2~3年的情况最多,占到了全部退出项目的30%;其次是投资周期在1~2年的情况,

---

① 64个退出项目中有投资周期信息的只有63个项目。

占 29%;投资周期在 3~4 年的占 17%。从总体来看,项目的投资周期都主要集中在 1~4 年的区间,其比例之和占 79%。详细数据见表 4.1。

表 4.1 2003 年 63 个退出项目的投资周期分布

周期	1 年以下	1~2 年	2~3 年	3~4 年	4~5 年	5~6 年	6 年以上	总计
项目数	2	18	19	11	5	6	2	63
比例	3%	29%	30%	17%	8%	10%	3%	100%

资料来源:2003 中国风险投资年鉴. 北京:民主与建设出版社,2004.

三、投资组织形式不同

创业投资最初的组织形式是公司制的创业投资公司。第一家现代创业投资企业是 American Research and Development(美国研究发展)公司。它于 1946 年由麻省理工学院(MIT)校长、哈佛大学商学院教授以及当地企业领导人共同组建,目的是将二战后发展的技术,特别是将 MIT 的技术成果商品化。该公司的投资获得了广泛的成功。后来由于机构投资者不愿意继续向该公司投资,它被重组为一家公开上市的封闭式基金。在其后的十几年的时间里,美国组建的创业投资机构都采取了公开上市的封闭式基金的形式。1958 年,Draper,Gaither 和 Anderson 合伙组建了第一家以有限合伙制机构为组织形式的风险投资机构,随后模仿者纷纷出现。但在 20 世纪 60—70 年代,有限合伙企业只占创业投资机构的很小一部分,其余的创业投资企业要么是封闭式基金,要么是小企业投资公司。这一时期,流入创业投资行业的资金很少。

有限合伙制成为创业投资机构主要采取的组织形式始于 20 世纪 70 年代末开始,标志是 1979 年美国政府对约束养老基金投资的谨慎人规则的修正案的颁布,结果导致大量的养老基金流入风险投资行业。由于创业投资只是养老基金投资组合中的一部分,养老基金很少耗费精力对投资项目进行监控和评估,因此创业投资机构需要采取一种既能将基金管理者和投资者职能明确分开,又能对基金管理者起到有效激励和监督作用的组织形式。有限合伙的组织形式很好地满足了以上两方面的要求,因而受到了投资者的普遍青睐。有限合伙的运作机理将在第六章论述。

在创业投资有限合伙中,创业投资家是普通合伙人,负责管理基金的运营。投资者是有限合伙人,投资者监控基金的运行并参加基金的年会。但是,只要他们承担有限责任,他们就无权直接参与基金的日常管理活动。有限合伙风险投资机构的期限是预先确定的,是有限的。有限合伙协议条款明确规定了在 10~13 年的基金存续期中对创业投资家的报酬。创业投资家一般收取一定的年固定费用,再加上可变报酬。可变报酬来自对基金利润的一定提成。规定的报酬中固定构成部分一般按基金资本或净资产值的 1.5%~3% 收取,可变部分按基金投资利润的约 20% 收取。如图 4.4 所示,有限合伙基金占创业投资基金资本总额由 1980 年的 40% 上升至 1992 年的 81%。

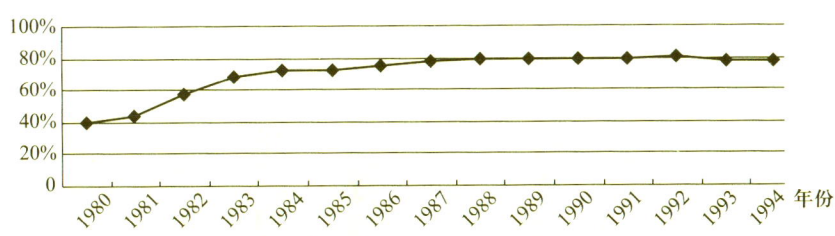

图 4.4 有限合伙风险投资基金的资本占风险资本总量的比重

资料来源:根据 Venture Economics 公司基金数据库和《风险投资杂志》整理.

四、投资方式不同

20 世纪 90 年代,美国一大批网络产业新兴公司的成功上市使得为这些公司提供启动资金的创业投资家们获利颇丰。人们对新兴企业成功上市的高度关注也导致了对创业投资机构功能的普遍误解。一种流行的看法是创业投资就是为那些短期内能够成功上市的公司们提供资金的投机商,它们本身并不会为企业带来任何附加价值。这种看法无疑忽视了创业投资的本质功能所在。

创业投资与传统的证券投资不同的是,创业投资家们不仅为创业企业们提供资金,而且通过各种方式监控企业、参与企业的经营管理和决策,从而为企业提升价值创造有利的条件。所以在发达的创业投资资本市场上,一个成功的创业投资家必须同时是一个成功的企业管理大师。表 4.2 列举了我国目前创业投资机构参与创业企业经营管理的主要方式。

表 4.2 创业投资机构参与创业企业经营管理的主要方式分析

项目管理	参加董事会	提供管理咨询	派驻高层管理人员	派驻财务人员	基本不提供服务	其他服务
家数	198	158	94	80	5	34
比例(%)	80.5	64.2	38.2	32.8	2.0	13.8

资料来源:中国创业投资发展报告 2002.

创业投资机构参与创业企业经营管理的主要方式构成在不同地区也有不同的表现。图 4.5 总结了 2002 年中国对全国 8 个主要地区的创业投资机构进行抽样调查得出的结果。

由图 4.5 可以看出,我国创业投资机构参与创业企业经营管理的主要方式表现为四种:参加董事会;提供管理咨询;派驻高层管理人员以及派驻财务人员。不为创业企业提供任何服务的创业机构只占总样本很小的比例。

创业投资家在投资过程中所面临的种种问题是促使他们采取以上种种参与方式的主要动因。创业企业无法通过传统融资渠道,如银行贷款或者公开发行股票来满足融资需求的主导因素,可以归结为四个关键因素:不确定性、信息不对称、企业资产的性质以及相关金融和产品市场的条件。在任何时候,这四个因素都决定着一个企业所面临的融资选择。然而,随着企业的逐渐发展,这些因素会发生迅速的、出乎意料的变化。其中,前两个因素解释了为什么创业投资家会采取各种方式对创业企业进行管理、监控。

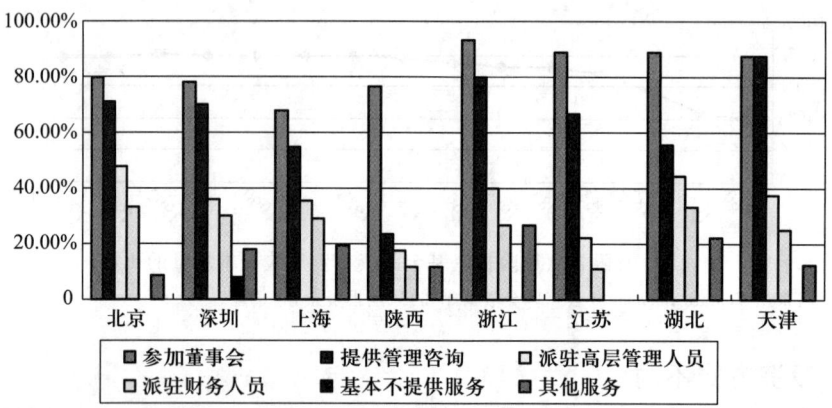

图 4.5　创业投资机构参与创业企业经营管理的主要方式:8 个主要地区

不确定性将会影响投资者提供资本的意愿、供应者给予信用的愿望以及企业管理者的决策。如果管理者不愿承担风险,那么就很难使他们作出正确决策。反言之,如果创业者过于乐观,投资者会设法限制他们的行动。不确定性还会影响投资的时机选择。投资者应在一开始便决定是提供全部资本还是分阶段逐渐投入资本。投资者需要知道信息收集活动是如何解决这些问题的,以及何时采取此类行动。

信息不对称,与不确定性有所区别。由于创业者负责企业的日常经营管理活动,因此,他比投资者、供应者或战略伙伴更了解企业的前途。信息不对称的存在导致了各种问题。例如,创业者可能采取某些投资者观察不到的有害行为:或许是采取比起初所建议的风险更大的策略,或者工作不如投资者所期望的那么努力。创业者也可能投资于某些为自己带来声誉而给投资者造成损失的项目。信息不对称还可能导致选择问题。创业者可能利用他们比投资者对项目或他们自身能力更为了解的有利条件。投资者会发现很难区别有能力和无能力的创业者。如果无法排除那些不可接受的项目或创业者,投资方就无法进行有效的、恰当的投资决策。

投资组合理论的主要结论就是:资产组合可以有效地减少风险和分散风险,但不能完全消除风险。随着资产组合中资产数目的增加,各资产本身风险状况对组合风险的影响逐渐减少,乃至最终消失。但各资产间相互作用、共同运动产生的风险并不能随 N 的增大而消失,它是始终存在的。那些只反映资产本身特性,可通过增加资产组合中资产数目而最终消除的风险称为非系统风险,又称个别风险。那些反映各资产共同运动,无法最终消除的风险称为系统风险,又称市场风险。

非系统风险是由个别资产本身的各种因素造成的收益的不稳定。比如,某公司股票收益的不稳定,可能来源于该公司内部管理不善、投资决策失误、职工素质不高等。个别资产所具有的非系统风险,由其收益率的方差表示。系统风险是指对所有资产的收益都会产生影响的因素造成的资产收益的不确定性。它是整个经济形势和政治形势变动的结果,是所有资产相互作用、相互影响后表现出的整体的收益不稳定性。

投资组合理论认为收益负相关程度高的不同资产的组合,可以有效减少整个资产组合的收益的不稳定性。这一判断建立在以下推断下:各种因素对组合中不同资产的收益的影响方向是相反的,从而可以抵消对整体组合收益率的影响。而当那些对所有资产的收益率都有影响的因素发挥作用时,整个资产组合的收益风险是不可避免的。由此看来,在对投资组合理论的应用中,投资者的努力程度和采取的种种人为的规避风险的方法是不起作用的。

通过以上分析我们得出以下结论:创业投资和投资组合理论所针对投资者对投资对象的参与程度是不一样的。应用投资组合理论的投资者对投资企业采取的是消极投资的方式,他们基本上不会参与企业的任何经营管理活动。而创业投资家则会采用各种各样的方式设法对创业投资过程中的各种风险进行规避。

五、风险收益特性不同

创业投资在各个国家内所获得的成功激起了经济学家们的巨大兴趣。自20世纪90年代以来,许多论文对创业投资这一领域中的风险收益关系进行了实证研究。

Cochrane(2003)分析了创业投资项目的风险和收益。他的数据来源是由 Venture One 数据库提供的1987—2000年7700多个投资项目的16600多轮融资。Cochrane 发现这些项目的收益率呈现出偏斜分布,其平均算术收益率为59%,标准差为100%,超额投资收益率为45%。Peng(2001),Quigley 和 Woodward(2002)试图编制一个创业投资的指数。他们采用了 Cochrane 所用的数据来源,结果 Peng 发现这些项目的几何平均收益率为55.18%,用来衡量项目系统风险的 β 值高于标准普尔指数($\beta=4.7$)和纳斯达克指数($\beta=2.4$)。他同时发现创业投资基金指数的预期收益和纳斯达克的预期收益之间的相关系数高达0.52。Quigley 和 Woodward 发现创业投资项目的算术平均收益率为4.06%,方差为14.6%,与纳斯达克市场的相关系数为0.30。Das,Jagannathan 和 Sarin (2002) 分析了1980—2000年对5600个项目的52000多轮投资。他们使用了由 Venture Economics 提供的创业基金和收购基金的数据库。通过统计分析,他们发现早期项目的系统风险值为5.12,扩张期项目的系统风险值为2.04,晚期(主要指成熟期)项目的系统风险值为1.12。

一些论文考察了创业基金的风险收益关系。Bygrave 和 Timmons(1992)分析了经营历史至少有5年的创业投资基金,结果发现在1974—1989年这些基金的平均内部收益率(IRR)为13.5%,但并未给出风险衡量指标。Burgel(2000)分析了134个英国的风险投资基金,结果发现样本的平均内部收益率为14.2%,收益率的标准方差很大。Ljungqvist 和 Richardson(2003)分析了1981—1993年成立的73个创业投资基金和收购基金的现金流。他们发现样本的相对于公开市场指数的超额收益率超过了5个百分点,平均内部收益率为19.81%,系统风险值高于1。Gompers 和 Lerner(1997)也考察了同一个私人权益投资机构的创业投资。他们发现这些创业投资的平均算术收益率为30.5%(包括费用在内),但并未说明标准方差。除此之外,他们发现收益率具有很强的时间上的一致性。Jones,Rhodes-Kropf (2003) 和 Kaplan,Schoar (2003)使用了由 VE 提供的1980—1998年的1245家创业基金和收购基金数据。Jones 和 Rhodes-Kropf 发现样本的平均内部收益率为19.25%,标准方差为51.37%。他们计算所得的系统风险值为1.11,超额收益率为正。他们同时发现在基金的规模和绩效之间不存在相关性。Kaplan 和 Schoar 计算所得的基金平均收益率与标准普尔500指数的收益率相当。Chen,Baierl 和 Kaplan(2002)使用 VE 的数据库分析了 1960—1999 年清算的 148 个创业基金。他们发现这些基金的平均内部收益率为 45%，标准方差为 116%，和标准普尔 500 指数之间的相关系数为 0.04%。Bauer，Bilo 和 Zimmermann（2001）考察了公开上市的私人权益基金。他们发现 1980—1999 年 124 个公开上市基金的平均夏普比率为 1.5。

这些实证研究为我们认识创业投资的风险收益关系提供了一定的依据。我们可以总结出创业投资具有以下的风险收益特征：

一是高风险，高收益。

二是不同阶段的创业投资项目具有明显不同的风险收益特征。处于创业企业不同阶段的创业投资所面临的风险特性各不相同，同传统的投资方式相比，创业投资所面临的风险具有复杂性、动态性和协同性的特点。图 4.6 所示，揭示出了不同阶段的创业投资所面临的主要风险形式。

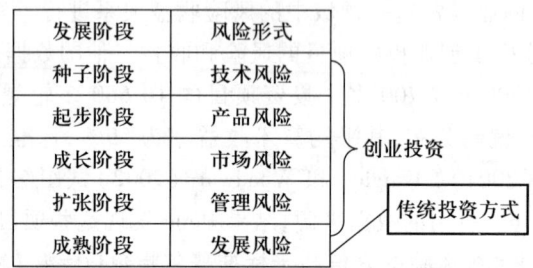

图 4.6　创业投资与传统投资方式面临的风险对比

三是创业投资项目的收益分布具有很高的偏斜性，从而使得其不满足正态分布的前提条件。

与此同时，我们看到，这些实证研究基本上都是在投资组合理论的分析框架中进行的。投资组合理论研究的对象是成熟证券市场上证券的收益和风险之间的相互关系。这些证券具有一个流动性相当高的外部市场，投资者可以随时在这个市场上转让旧的证券，购买新的证券，从而使得自己的证券组合随时满足最优投资组合的条件。这也构成了投资组合理论最基本的假设条件之一。然而，创业投资项目相对于证券投资项目，具有复杂得多的投资周期。而且在创业项目获得成功之前，外部并不存在一个完备的市场可供创业投资家合理定价项目继而调整自己的投资组合。

当然，对于有限合伙的风险投资基金来说，基金合伙人会定期对投资组合内的项目进行主观的评估。但是，从目前创业投资基金的实践来看，在创业投资基金退出某一项目之前，该项目的评估都建立在购入股权的成本基础上，除非有重大的变故发生对项目的价值产生影响。等到下一年对创业投资项目进行评估时，合伙人往往会参考前一年的评估价格，因此下一年的估价与前一年的价格具有很强的相关性。在统计学上，这种特性称为自相关性，这种特性会给预测下一期的估价造成很大的问题（实际上，在传统的投资组合理论中，最基本的假设就是各期的股票收益率不存在相关性）。更重要的是，因为没有市场价格对基金进行估价，因此价格在各个年度浮动性很小。如果我们用创业基金每年的估价作为创业投资项目的真实价格，则会低估项目投资收益率的风险程度。

从上面的分析中，我们可以得出以下结论：

（1）收益率的标准方差是评价资本市场,或者流动资产收益率的风险程度的传统指标。
（2）用年收益率的标准方差来衡量创业投资收益率的风险程度不恰当。
（3）创业投资的以下特性使得它不具备资本市场资产所具备的风险收益特性：
① 非流动投资(不能随时交易)；
② 需要长期的投资周期；
③ 缺乏市场价格；
④ 基于外部交易周期性地对投资项目进行重新评估,这些外部交易包括账面上的减少投资资产的价值或者售卖股权。

因此,用传统的投资组合理论中的风险收益指标来衡量创业投资的风险收益关系就站不住脚了。我们必须为创业投资建立起不同于传统的风险衡量指标。

六、投资组合理论运用于风险投资的局限性

通过以上对创业投资和传统资本市场投资之间在投资对象、投资周期、投资组织方式、投资方式以及风险收益特性五个方面存在的不同点的分析,我们可以看出,投资组合理论运用于创业投资的组合投资的局限性体现在以下方面(参见图4.7)。

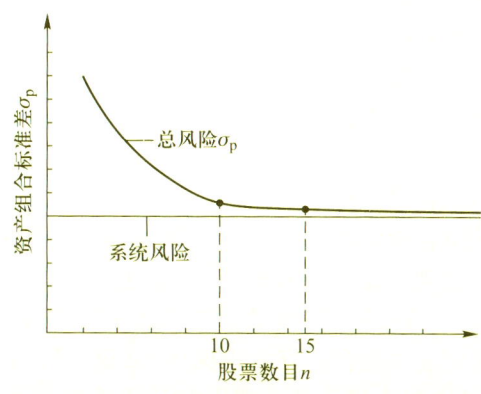

图4.7 投资组合的总风险与投资组合包含股票数量之间的关系
资料来源：彭燕燕．

一是传统投资组合理论中应用的主要风险衡量指标即标准方差,不适用于创业投资。这在上一节中已经做了详细的阐述。

二是投资组合理论指出,应用投资组合理论的方法构造出的投资组合,无论投资组合中包含多少数量的投资项目,投资组合的系统风险始终是存在的。在数量上,投资组合的系统风险就是构成投资组合的各个投资项目的系统风险的加权。图4.7指出了投资组合的总风险和投资组合中所包含的投资项目个数之间存在的关系。

三是系统风险的管理和控制成为现代投资组合理论的中心议题,而对投资项目自身具有的非系统风险则往往很少考虑。其原因在于,投资组合理论认为,在投资者能够最大限度地在不同投资项目之间进行分散化投资的前提条件下,投资项目独有的非系统风险可以降为零。这种理论成果对于以消极投资方式为主的资本市场投资者显然是非常有意义的。然而,对于积极参与到创业企业经营项目中的创业投资情况并非如此。

创业投资经济价值的最终实现不仅仅取决于单个阶段企业经济价值的实现,而是需要从种子期、初创期到企业进入平稳化运作整个过程的各个阶段的相互配合,这其中不仅涉及单个投资者在不同阶段的投资策略、投资工具的组合,同时也需要不同的投资者在不同阶段进行组合。因此,创业投资过程关注的不仅仅是影响项目外部环境的系统风险,而是如何管理、控制风险投资在不同阶段所涉及的不同非系统风险所组成的复杂系统。而这个领域的研究在目前投资组合理论的研究中还是一片空白。对创业投资项目的非系统风险在不同阶段的相互关系以及不同阶段的非系统风险与系统风险之间所存在的相互关系还有待进一步研究,进而构造出创业投资组合投资的模型。

第六节　创业—组合投资的理论框架

创业—组合投资理论,简而言之,是围绕着科技企业创业技术经济过程,采取的项目创业阶段之间组合、运用的金融工具之间组合、资金撤出方式之间组合、投资方向之间组合等的组合投资机制,以期获得最优金融经济价值回报的投资行为。

具体而言,即围绕着科技企业创业技术经济过程,风险投资者采取的投资行为:

(1) 投资项目创业阶段之间的组合投资;
(2) 投资工具之间的组合投资;
(3) 撤出方式之间的组合投资;
(4) 投资方向之间的组合投资;
(5) 专业化基金(投资者)之间的组合投资;
(6) 区域市场之间的组合投资;
(7) 其他方式之间的组合投资等。

为此,我们将其称为"创业—组合投资理论"。在上述组合中,(1)(2)(3)是风险投资者必须遵循的规律,而(4)(5)(6)(7)则是投资风险分散、资本集约的策略安排。

为了全面系统地论述创业—组合投资的理论体系,我们将创业技术经济过程划分为线性和并行过程,推导创业—组合投资的数理模型及其分析方法。读者有兴趣可以进一步阅读《创业—组合投资理论与实务研究》的专著。

(1) 线性过程的创业—组合投资风险分析方法。指针对科技企业创业技术经济过程线性模式风险的一种定量分析方法。即将科技企业创业技术经济过程分为种子期、创建期、成长期、扩张期、成熟期五个阶段,而且这五个阶段之间的关联关系,仅仅在前一个阶段完成之后,后一个阶段才能开始,即线性模式的关联关系。科技企业创业技术经济过程线性模式如图4.8所示。

图4.8　科技企业创业技术经济过程线性模式示意图

风险(创业)投资是专门针对新兴中小企业创业经济行为的权益性投资,涉及整个创业的系统过程。风险(创业)投资的金融经济行为兴起得较晚,目前还没有成熟的风险分析方法理论。在投资过程中对创业风险分析主要是凭借投资人的经验,来定性地判断项目的投资风险,是否投资往往没有定量分析的依据。

目前相关的技术,只能对投资项目的不确定性,即概率大小进行评估,而且前后阶段之间没有具体线性关联关系,不能够给出在前后阶段存在线性关联关系基础上的投资损失量化分析。

我们对于风险问题的研究主要是针对多阶段的系统投资风险量化分析。假设:

种子期的成功概率为 P_1,所需投资量为 C_1;

创建期的成功概率为 P_2,所需投资量为 C_2;

成长期的成功概率为 P_3,所需投资量为 C_3;

扩张期的成功概率为 P_4,所需投资量为 C_4;

成熟期的成功概率为 P_5,所需投资量为 C_5。

同时设 $i=1,2,3,4,5$。

第一个阶段自身的投资损失是:

$$(1-P_i)C_i \quad (i=1) \tag{4.1}$$

后一个阶段是在前一个阶段成功概率的基础上进行的,即是有条件下事件。那么,第二个阶段的投资损失则是:

$$P_{i-1}(1-P_i)(C_{i-1}+C_i)+(1-P_{i-1})C_{i-1} \quad (i=2) \tag{4.2}$$

以此类推,将整个创业技术经济过程的投资损失综合起来,就可以得到式4.4中的风险分析数学模型。

当是非耦合风险投资损失度计算时,实际该计算的投资段数为:

$$N=\sum_{j=1}^{n} m_j \tag{4.3}$$

式中:n 是整个投资过程的分段数目;

m_j 是每一段的投资子段数目;

N 是各个子段数的总和。

如果给定每一个投资阶段投资成功率或者投资成功率的概率分布,就可以写成矩阵形式,就构成了一个 $N \times N$ 的投资概率矩 $[a_{ij}]$,设资金投入矩阵为 $[C_{ij}]$,最后的投资损失为:

$$Loss=\sum_{j=1}^{N}\left[\left(\prod_{l=0}^{j-1} a_{ll}\right)(1-a_{jj})\left(\sum_{i=1}^{j} C_{ii}\right)\right] \tag{4.4}$$

令 $a_{00}=1$。

如果 $[S]$ 是投资矩阵的累计矩阵,如果考虑利率的影响,设 ζ 是利率,$r=1+\zeta$,这样投资累计矩阵的递推公式为:

$$S(:,j+1)=S(:,j) \times r, \quad j=1,2,\cdots,N$$

(2)并行过程的创业—组合风险投资风险分析方法。并行过程的创业技术经济过程,通过穷举法可以有16种之多。科技企业创业技术经济过程种子期与创建期并行模式如图4.9所示。

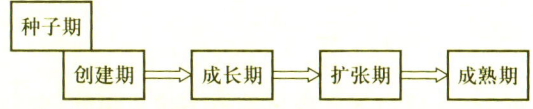

图4.9 科技企业创业技术经济过程并行模式示意图

即将科技企业创业技术经济过程分为种子期、创建期、成长期、扩张期、成熟期五个阶段,而且这五个阶段之间的关联关系,是在前一个阶段还没有完成,后一个阶段就已经开始,即并行模式的关联关系。

假设:种子期的成功概率为 P_1,所需投资量为 C_1。

其中: $P_1 = P_{11} P_{12}$ $C_1 = C_{11} + C_{12}$

创建期的成功概率为 P_2,所需投资量为 C_2。

其中: $P_2 = P_{21} P_{22}$ $C_2 = C_{21} + C_{22}$

而且, P_{12} 与 P_{21} 为并行交叉部分的概率, C_{12} 与 C_{21} 为并行交叉部分的投资量。即并行交叉部分的概率为 $P_{12} P_{21}$,并行交叉部分的投资量为 $C_{12} + C_{21}$。

成长期的成功概率为 P_3 ,所需投资量为 C_3。

扩张期的成功概率为 P_4 ,所需投资量为 C_4。

成熟期的成功概率为 P_5 ,所需投资量为 C_5。

同时设 $i = 1, 2, 3, 4, 5$。

第一个阶段自身的投资损失是:

$$(1 - P_i)C_i \quad (i = 1) \tag{4.5}$$

仅并行交叉部分的投资损失是:

$$(1 - P_{12} P_{21})(C_{12} + C_{21}) \tag{4.6}$$

后一个阶段是在前一个阶段成功概率的基础上进行的,即是有条件下事件。那么,第二个阶段的投资损失则是:

$$P_{i-1}(1 - P_i)(C_{i-1} + C_i) + (1 - P_{i-1})C_{i-1} \quad (i = 2) \tag{4.7}$$

运用该原理,能够推导出创业过程的其他两两并行模式的投资风险损失计算公式。如可以是创建期与成长期的并行,也可以是成长期与扩张期的并行,也可以是扩张期与成熟期的并行。综合起来,就可以得到式 4.10 中的风险分析数学模型。

该数学模型还可以应用到创业过程的三个阶段并行、四个阶段并行,甚至五个阶段并行的风险分析。

风险投资损失度计算如下:

当投资阶段有重叠时候,考虑到投资阶段的重合,那么实际该计算的投资段数为:

$$N = \sum_{j=1}^{n} m_j - \sum_{j=1}^{n-1} (m_j - k_j + 1) \tag{4.8}$$

式中: N 为总的投资子段数;

n 为投资的总的段数;

m_j 为第 j 段的子段数;

k_j 为第 j 段与上一阶段的开始重复段标号。

也可以简化计算:

$$N = \sum_{j=1}^{n-1} (k_j - 1) + m_n \tag{4.9}$$

我们把这些交叉与不交叉阶段的投资风险概率排成矩阵,它可以由给定的行业风险概率分布产生,也可以直接给出风险概率,从而构成了一个 $n \times N$ 的投资概率矩阵 $[a_{ij}]$,同时假设资金投入矩阵为 $[C_{ij}]$，最后的投资损失为：

$$Loss = \sum_{j=1}^{N} \left[\left(\prod_{l=0}^{j-1} \prod_{i=1}^{n} a_{il} \right) \left(1 - \prod_{i=1}^{n} a_{ij} \right) \left(\sum_{l=1}^{j} \sum_{i=1}^{n} C_{il} \right) \right] \quad (4.10)$$

或者：

$$Loss = \sum_{j=1}^{N} \left[\left(\prod_{l=0}^{j-1} \prod_{i=1}^{n} a_{il} \right) \left(1 - \prod_{i=1}^{n} a_{ij} \right) \left(\sum_{i=1}^{n} S_{ij} \right) \right] \quad (4.11)$$

式中：S 是投资矩阵的累计矩阵。

如果考虑利率的影响，设 ζ 是利率，$r = 1 + \zeta$，这样投资累计矩阵的递推公式为：

$$S(:,j+1) = S(:,j) \times r, \quad j = 1, 2, \cdots, N \quad (4.12)$$

有了对于创业—组合投资的风险分析数理模型，就能够计算出 49 种风险投资模式的相关风险及收益状况，帮助投资者实现理性风险决策、收益预期以及风险规避对策的预案设计。

第七节　创业—组合投资理论的论证概述

一个新的理论见解提出，需要从理论到实证的角度给以充分的论证。

第一，科技企业创业技术经济过程表现出来的经济学特性，不同于成熟型产业实业企业的经济学行为。科技企业创业表现出来的关联经济性、范围经济性、规模经济性、速度经济性以及虚拟经济性等客观的经济学特性，客观地要求投资必须实施创业阶段的组合、投资工具的组合、资本撤出方式的组合等组合的投资模式。根据科技企业创业技术经济过程的经济学特性，论证了创业—组合投资是由创业技术经济过程客观规律决定的。

第二，风险投资作为投资的金融经济行为，其自身的金融经济价值是什么？与传统的实业投资、证券投资以及衍生工具投资的金融经济价值之间是否有着本质的差异？我们从投资对象、投资风险、投资周期、投资流动性、投资回报等方面，与实业投资、证券投资、衍生工具投资进行了比较，说明创业—组合投资理论的确有着其金融学的价值与意义。

第三，在理论框架下，风险投资模型是高风险高回报，其核心问题就是如何进行投资风险的分析。由于科技企业创业技术经济过程的风险特性，在风险投资过程中既要分析风险的静态特性，又要分析风险的动态特性。创业的多阶段过程在静态风险上表现为开发风险、生产风险、市场风险、管理风险、战略风险等风险因素构成。而这五种静态风险贯穿于创业技术经济整个过程中，又表现出了风险多元动态特性、开放组合特性以及收益期权化的特性。这样的风险特性分析需要有专门的风险分析方法以支持创业—组合投资理论的价值，为此推导出了风险投资风险分析的数理模型。

第四，以风险分析方法的数理模型为基础，设计并编制了风险分析软件进行模拟仿真数量分析，证明了所创建的该风险分析方法的风险投资价值，进而论证了风险投资不能够简单套用其他投资行为的风险分析方法。从风险分析方法的角度论证了创业—组合投资理论的准确性。

为了确定笔者提出的命题及其研究价值，我们就 2004 年以前的国内外专家研究成果进行系统的查阅，以研究现状来佐证笔者研究的价值和意义。

第五,在有了理论研究以及风险分析方法的论证,是否有这样的实证,论证创业—组合投资理论的价值?就发达国家的经验进行考察研究,为了能够实证该理论的正确价值,2002年以来我们曾三次去美国考察求证。2002年第一次去考察,一共考察12个风险基金,在2005年和2006年的考察中,又考察了5家风险投资基金。美国在风险投资方面起步早,又是最先进和发达的国家,其在风险投资业发展上的成功经验以及运作模式,恰恰就是本理论研究的最好论证,丰富并深化了理论研究的价值。其间,我们也对国内的情况进行了调研,虽然国内的风险投资业还没有美国那样成熟,但是已经获得了很大的信心,国内的创新与探索的实践,也已经初步实证研究理论的价值。

创业投资的组合投资对于我国还处于快速发展时期的创业投资业而言,还算不上是一个十分熟悉的概念,尽管越来越多的中国创业投资家已经开始有意识地借鉴创业投资发达国家的经验,在日常实践中运用了多种形式的投资机制。分阶段投资、联合投资以及基金的组合等实践已经在我国的创业投资业中得到越来越多的重视,它们也是目前国际创业投资业中应用得最广泛的几种投资机制。然而,本书所提出的创业投资组合投资无论在内涵还是在外延上都不局限于在创业投资中的投资机制层面进行讨论。

创业投资由于贯穿企业发展的各个阶段,因此其最终的成功来源于创业企业经济价值与创业投资金融价值的双重实现。然而,单纯的创业投资是无法解决创业企业在企业生命周期的各个发展阶段所面临的种种风险的。因此,本书所研究的创业投资组合投资现象的重点在于,深入研究创业企业在各个不同发展阶段所面临的风险收益特性,发掘各个阶段的风险之间存在的关联性,利用现代金融理论的研究成果,通过各种要素之间的有效组合,实现创业投资也就是创业企业发展过程中所面临的系统风险最优化的目标。

构建创业投资组合投资理论的意义在于:

(1)通过对传统投资组合理论在各个发展阶段理论成果的详尽阐述,指出了投资组合理论在创业投资组合投资中的应用价值。

(2)通过比较创业投资与投资组合理论应用在投资对象、投资周期、投资方式、投资组织形式、风险收益特性五个方面存在的差异,指出了投资组合理论在创业投资组合投资中应用的局限性,从而提出了创业投资组合投资理论创新的必要性。

(3)以国内知名创业投资机构即上海创业投资有限公司的实践为案例,详细分析了创业投资组合投资在我国的应用。以国外论文对风险投资数据库中的创业投资基金的实证研究为案例,详细阐述了创业投资组合投资在成熟创业投资资本市场的应用。通过对案例的深入阐述和剖析,以直观的形式揭示了创业投资组合投资在目前实践中的种种表现形式,进一步指出了建立创业投资组合投资理论的深刻意义。

(4)在经过以上三个方面的分析后,提出了目前创业投资组合投资的研究重点在于创业投资中风险收益的衡量方法以及各个阶段不同风险的相关性问题。

按照推导出的创业—组合投资的风险分析数理模型编制软件,实施风险投资相关风险决策、收益预期、风险规避预案等分析,其操作步骤如下:

将线性和并行创业的技术经济过程,统一到一个组合投资风险分析方法之中。首先我们将线性技术经济过程与并行技术经济过程,特别是并行交叉的复杂情况,写成矩阵的形式。其中概论矩阵如下:

$$p = \begin{bmatrix} p_{11} & p_{12} & \cdots & p_{1m_1} & 1 & \cdots & & & & 1 \\ 1 & \cdots & p_{21} & p_{22} & \cdots & p_{2m_2} & 1 & \cdots & & 1 \\ 1 & \cdots & & 1 & p_{31} & \cdots & p_{3m_3} & 1 & \cdots & 1 \\ 1 & \cdots & & & 1 & p_{41} & \cdots & p_{4m_4} & 1 & 1 \\ 1 & \cdots & & & & 1 & p_{51} & \cdots & \cdots & p_{5m_5} \end{bmatrix} \quad (4.13)$$

投资额度矩阵如下：

$$C = \begin{bmatrix} c_{11} & c_{12} & \cdots & c_{1m_1} & 0 & \cdots & & & & 0 \\ 0 & \cdots & c_{21} & c_{22} & \cdots & c_{2m_2} & 0 & \cdots & & 0 \\ 0 & \cdots & & 0 & c_{31} & \cdots & c_{3m_3} & 0 & \cdots & 0 \\ 0 & \cdots & & & 0 & c_{41} & \cdots & c_{4m_4} & 0 & 0 \\ 0 & \cdots & & & & 0 & c_{51} & \cdots & \cdots & c_{5m_5} \end{bmatrix} \quad (4.14)$$

当概率矩阵中的所有概率之间没有相交的情况时，就是线性创业的技术经济过程；当所有概率之间有部分相交，或者多样相交时，则为并行创业的技术经济过程。同理，投资额度矩阵中，所有投资项没有相交的情况下，就是线性创业的技术经济过程；当有部分相交或者多样相交时，则是并行创业的技术经济过程。

那么，我们依据矩阵式 4.13 和式 4.14 表示的线性与并行的概论和投资额度关系，将本章第六节推导的数理分析模型，进行整合推导统一到如下的投资损失度的计算模型和数学公式中，即：

$$Loss_i = \left(\prod_{j=0}^{i-1} \prod_{k=1}^{n} p_{kj}\right) \left(1 - \prod_{k=1}^{n} p_{ki}\right) \left(\sum_{k=1}^{i} \sum_{j=1}^{n} V_{kj} - \sum_{j=1}^{i-1} Loss_j\right) \quad (4.15)$$

$$Loss = \sum_{i=1}^{N} Loss_i \quad (4.16)$$

根据本章的分析，以及依据式 4.8、式 4.9、式 4.10、式 4.11 给出的关系，我们编制出创业—组合投资风险分析软件，并以头脑风暴法方式，将创业的技术经济过程划分为 49 种模式，进行有关的投资风险分析。

具体过程如下：

(1) 给定各个阶段各个影响因素的概率分布。这有两种方法：一是给出特定的概率；二是给出这个随机变量所遵循的概率统计分布。这个一般由行业数据库提供。

(2) 确定阶段投资额度。整个投资如果看作一个系统工程，投资额度就是这个系统的输入变量。可以由投资方给出单方面的阶段投资额度，也可以由多方投资人给出多阶段的投资额度，从而构成开环控制系统。也可以根据最后损失度反馈追加和减少投资额度构成闭环控制系统。

(3) 利用本方法进行计算。如果给出的是单方面的概率和投资矩阵数据，直接代入本方法中可以计算出结果。如果给出的是概率统计分布，利用本计算模型，通过蒙特卡罗给出结果损失度的概率分布和其他统计特征。

(4) 根据行业标准，确定能否接受这样的风险项目。

（5）因为是分阶段的风险投资分析，因此可以分阶段投资，也可以分阶段中止。这为一个风险项目的决策带来了可靠的科学依据。

该计算效果分析如下：

在给出具体参数前提下，同时给出并行交叉部分的长度时，运用该方法以及分析软件，可以很快地求出投资风险损失的大小，以供投资人比较投资的机会经济关系，进行决策。

同时，变动其中的任何一个参数，可以得出该参数对投资风险损失的影响情况，为投资人提供了事先考察分析整个投资过程出现任何一种动态变化时的风险损失状态，使投资人能够事先考虑到多种动态情况下投资收益与损失的比较经济关系，确定投资方向的选择。

此外，还可以就并行交叉部分的长度进行变化，来分析投资风险损失的变化情况，以供投资者投资决策时参考。

当其中几个参数为常数时，即为状态变量时，本风险分析方法又可以作为单个阶段的风险分析之用。

以该风险分析数学模型编制出相关的风险分析计算软件，可以进行创业并行过程的动态风险计算，为投资者提供动态决策依据。软件计算框图如图4.10所示。

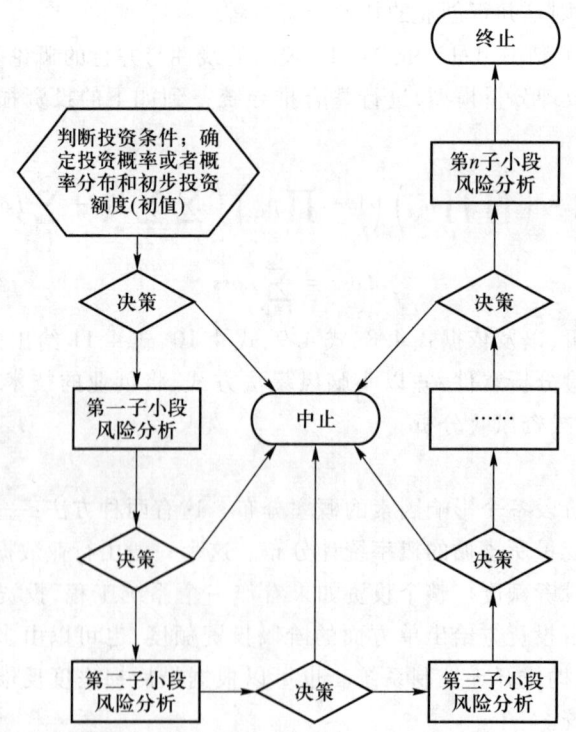

图4.10　创业并行过程的风险分析软件计算框图

运用软件动态计算风险的具体过程为：

按照本方法模型的操作和步骤，由使用者将确定种子期、创建期、成长期、扩张期、成熟期的投资概率以及所需要的投资量，直接输入方法软件中，就可以计算出具体的项目投资风险的损失值。

参数的确定如下:成功概率的数值是根据已有数据或者经验给出的,或者依据某个分布函数,或者由蒙特卡罗模拟出概率函数,代入方法软件中进行计算。如果输入的是具体数据,则计算出来的结果也是具体数据。如果是以概率分布函数的形式代入本方法软件中,计算结果也是函数分布形式。投资量的情况,一般根据投资需要直接给出。

并行交叉部分的长度一般分为10等份,将概率参数、投资量参数代入方法软件中来进行计算,即可以得出由并行交叉部分的变化导致的投资风险损失情况。

具体的软件计算分析详见《创业—组合投资理论与实务》专著。

第八节 典型案例分析

应美国 McCarter & English,LLP 的 Christopher Lane Davis 博士的邀请,我们前往美国考察有关风险投资的情况。其间,我们于 2005 年 11 月 3 日访问了位于美国普林斯顿市的 HealthCare Ventures LLC。该有限合伙基金是专门从事生物医药方面投资的风险投资基金,Christopher Lane Davis 博士从 1985 年起作为法律顾问,为其服务至今,我们得以造访。专门访问考察该风险投资基金,非常好地验证了笔者提出的基于科技企业创业的创业—组合投资理论。

HealthCare Ventures LLC 的医药风险投资基金,创建于 1985 年,20 余年共发起了 8 只基金,参见图 4.11。募集资金达 13 亿美元,一共投资于 72 个企业,其中投资于 45 个成长期项目。2005 年 11 月已经完成第八只医药风险投资基金的募集,第八只基金的规模是 3.75 亿美元,基金的组织形式仍然是有限合伙制。

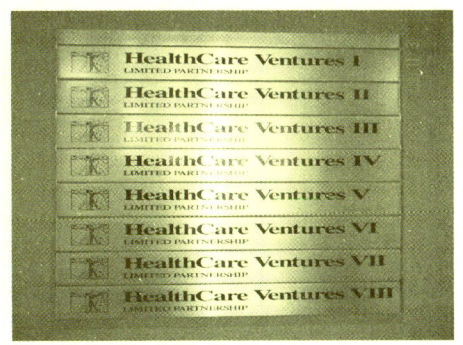

图 4.11 HealthCare Ventures LLC 运作的 8 只基金

资料来源:笔者调研所得.

其投资策略是投资于创新产品,而且每笔投资额度大,进行资本的有效配置,实施流动性管理。他们的投资理念是价值驱动要素。

HealthCare 基金从第一到第五只基金投资关系参见图 4.12。其专门投资于所有的药品领域,其中创建期的占 61%,成长期的占 32%,扩张期和上市期的各占 4% 和 3%。我们将其称为项目阶段之间的组合投资关系。

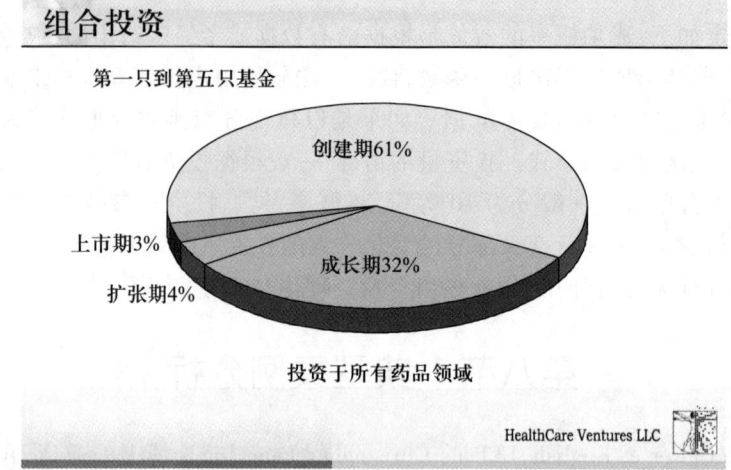

图4.12 第一只到第五只HealthCare基金组合投资关系示意图
资料来源:笔者调研所得.

HealthCare基金的第六只和第七只基金投资的产品链之间的关系如图4.13所示。

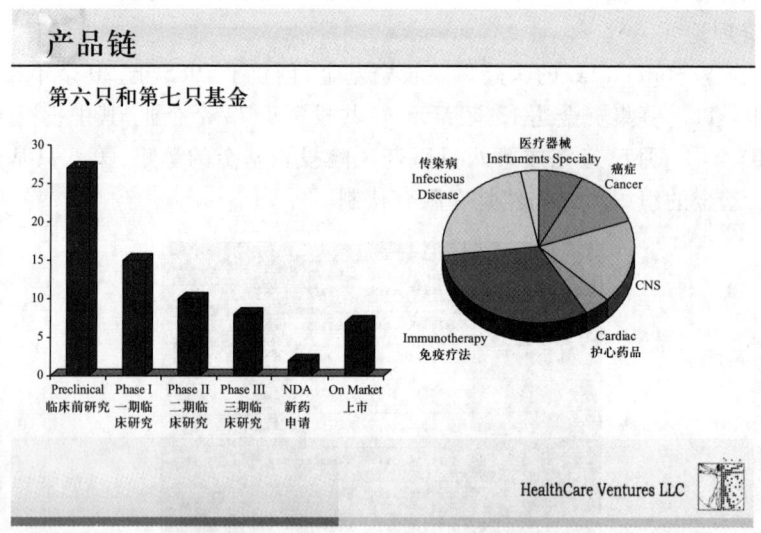

图4.13 第六只和第七只HealthCare基金组合投资的产品链关系示意图
资料来源:笔者调研所得.

HealthCare基金价值驱动要素,就是投资于具有高成长潜力的生命科学企业。对于生命科学企业投资的价值驱动主要来自:患者需求和创新疗法以及资本效率和基金的药品创投策略。根据美国经济研究局的研究,美国人的寿命延长对于新药的依赖权重从1988年的零上升到2000年的0.5%,对于其他相关因素的依赖权重从1988年的零上升到2000年1.5%,如图4.14所示。其中随着年龄的增长,人们对于5种及5种以上新药的依赖权重也在不断增加,当人们的寿命达到75岁和75岁以上时,依赖的权重高达20%,如图4.15所示。我们将这种具有市场潜在价值的投资称为发现价值的投资。

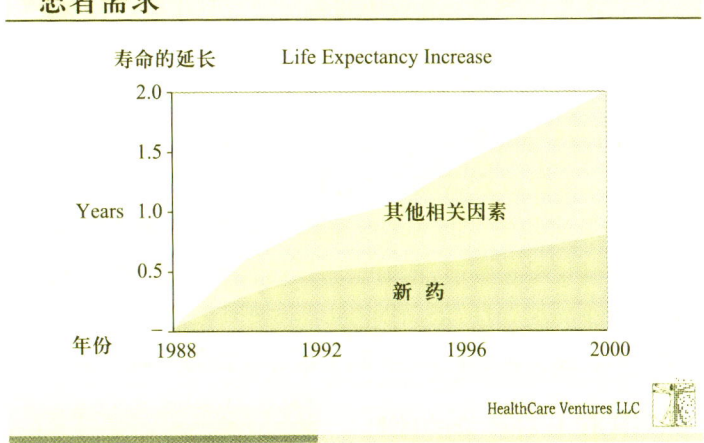

图 4.14　人们的寿命与新药和其他相关因素的关系

资料来源：美国经济研究局．

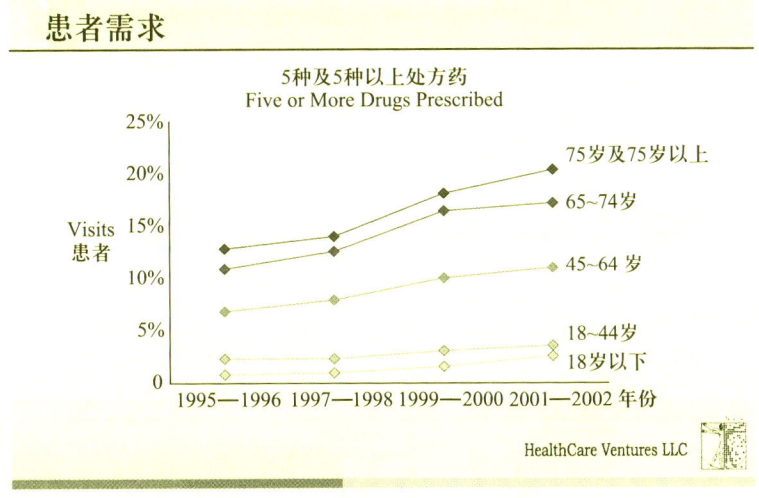

图 4.15　人的寿命与 5 种及 5 种以上新药相关的关系

资料来源：美国疾病防止与预防中心，美国健康统计中心，美国流动医疗调查报告，美国医院流动医疗服务调查报告．

　　人们的寿命在上述需求的情况下，要借助创新的疗法，才能够真正解决寿命延长的质量问题。创新疗法主要体现在：明确的治疗癌症的药品；个性化药品；创新的抗菌药；免疫疗法；疫苗；等等。HealthCare 基金围绕这几个方面进行现代生物医药的风险投资。为了保证资本的有效配置，实施流动性管理，其针对生物医药药品的风险投资策略是：创立公司；组建团队；密切关注；组合投资。即找到具有发现价值的投资项目，进行相应投资商业策划，组建创业型的公司，寻找合适的相关管理团队，时时关注创业企业的成长进展、风险规避、团队的尽责等问题，将创业技术经济过程涉及的各个阶段组合起来，动态考虑其投资问题。如图 4.13 所示,将临床前研究与一期临床研究、二期临床研究、三期临床研究、新药申请以及公司上市等阶段都组合在一个投资战略规划中进行投资。同时将治疗癌症的药品与个性化药品、创新的抗菌药品、免疫疗法、疫苗等方面的科学和技术密集组合起来考虑它们的组合投资策略。

HealthCare 基金自 1985 年开始专注于生物医药领域的风险投资,所投资的 72 个项目中至今失败的只有 6 个。总结发现其成功的原因为:首先是其具有一个经验丰富的管理团队(如图 4.16 所示);其次是强大的网络帮助其实现了依靠科学顾问(如图 4.17 所示)所带来的科学医药理论确定投资方向,依靠生物医药行业(如图 4.18 所示)的网络形成了对于创新性项目各个阶段的组合性,依靠投资银行(如图 4.19 所示)的网络完成了对于创新性项目的组合投资的快速实现;最后是实施了组合投资的策略。

图 4.16　HealthCare 基金的管理团队

资料来源:笔者调研所得。

图 4.17　HealthCare 基金的科学顾问

资料来源:笔者调研所得。

投资组合联盟

Abbott	Lilly
Baxter	MedImmune
Bristol-Myers Squibb	默克公司
Chiron	Merck KGaA
DuPont	Mitsubishi
Elan Corporation	Novartis
Genzyme	Pfizer
Genentech	Schering Plough
Glaxo SmithKline	Schering AG
Hoffmann-LaRoche	Sanofi
强生	Takeda
Kirin	Wyeth
Kyowa Hakko	

HealthCare Ventures LLC

图 4.18　HealthCare 基金的医药行业联盟

资料来源：笔者调研所得．

图 4.16 给出的 HealthCare 基金的管理团队成员都在该行业工作超过 30 年，而且管理团队的 6 个人之间的知识结构、经验结构、资源网络结构都是互补的。HealthCare 基金的科学顾问网络如图 4.17 给出的，他们都是美国顶级的科学家，以他们在现代生物医药方面所研究的最先进的科学成就，为 HealthCare 基金提供了投资新兴的医药方向的科学性；图 4.18 给出了 HealthCare 基金的医药行业联盟网络，HealthCare 基金与这些全美也是全世界最强大的医药企业建立的投资关系，保证了 HealthCare 基金所投资的新药或者创新性的疗法能够立即得到产业方面认同或否定，为 HealthCare 基金提供了投资新兴医药方向产品的可行性；图 4.19 给出的 HealthCare 基金的投资银行方面联盟网络，都是一流的投资银行，以它们在资本市场上的资源和经验以及创新，为 HealthCare 基金提供了新兴医药方面投资撤出的最佳安排，保证了风险投资交易流的最快实现。

投资银行关系

贝尔史登公司(美国)	美林
加拿大商业银行	摩根斯坦利
第一信贷波士顿 Equities	Pacific Growth
高盛	Piper Jaffray
JMP证券	S. G. Cowen & Company
JP摩根	Thomas Weisel
Lazard	UBS Warburg
雷曼兄弟	

HealthCare Ventures LLC

图 4.19　HealthCare 基金的投资银行方面关系

资料来源：笔者调研所得．

作为一个成功运作的生物医药风险投资基金，HealthCare 基金既是医药科学理论方面的知识密集，又是医药产业方面的知识密集，还是投资领域方面的知识密集，最重要的是将医药科学的知识密集与医药产业的知识密集以及投资领域的知识密集组合起来，服务于现代生物医药创业技术经济过程中。

HealthCare 基金为了将这样的知识密集组合到现代生物医药创业技术经济过程的投资中，每年召开一到二次的医药科学家的顾问会议，举行一到二次的医药行业企业家们的顾问会议，举办一到二次投资银行家们的顾问会议。医药科学家们的顾问会议，是以开放性的思维模式，就现代以及未来生物医药发展的科技问题，由科学家们自由发言，预测未来的可能性，设计相关的科技研究开发项目和计划，作为 HealthCare 基金对于生物医药临床前研究的科学理论指导，并作为发现价值的依据决定将来投资方向的选择。根据科学家的会议总结出相关问题，拿到举行医药行业企业家们的顾问会议上讨论，由企业家们根据他们企业在药品市场上的情况以及研究的未来趋势，就科学家们给出的科技方向进行产品市场方面的产业前景务虚论证，作为 HealthCare 基金在临床前研究投资的基础上，是否继续一期临床、二期临床研究开发投资决策的依据，也是作为是否需要引进医药行业的其他医药企业一同参与三期临床以及新药申请投资决策的依据。进而将所投资的医药创业企业能否获得资本市场投资的问题，交由投资银行家们研讨。结果是：当科学家、企业家、投资银行家们都认同医药项目时，作为首选的投资决策，组合大家共同投资，并以上市作为撤出的目标；当科学家与投资银行家意见不同，而与企业家意见一致时，则选择投资后由企业家来并购这个项目；当科学家与投资银行家意见一致，而与企业家意见不同时，则选择上市或者创业者回购撤出的投资策略；当企业家和银行家意见一致而与科学家意见不同时，则投资策略需要谨慎从事。

HealthCare 基金成功运作的案例，虽然是在生物医药领域的风险投资，但是蕴含着科技企业创业的风险投资理论，即创业—组合投资理论。

思 考 题

1. 简述风险投资金融学价值特性。
2. 比较风险投资与其他投资行为。
3. 简述风险投资的"创业—组合投资"模式。
4. 给出风险投资计量分析。

关 键 词

风险投资与产业投资比较　证券投资比较　衍生工具投资比较　证券投资的投资组合理论　创业—组合投资理论。

第五章
风险投资增值服务

美国风险投资定义仅仅给出了"权益性"的解说,何谓"权益性"没有解说。经合组织的风险投资定义,在美国定义的基础上,增加了"基本特点是:投资周期长,一般为3~7年;除资金投入之外,投资者还向投资对象提供企业管理等方面的咨询和帮助;投资者通过投资结束时的股权转让活动获得投资回报",向投资对象提供哪些企业管理等方面的咨询和帮助也没有解说。

笔者结合我们对于国内科技企业创新创业的实证研究以及多次国外考察,至少可以肯定,一个科技型的企业创业成功并具有竞争力,需要具备五个方面的能力:

科技创新的能力;

商务模式先进及扩张的能力;

公司治理构建及执行能力;

社会资本运用的能力;

获得政府支持的能力。

这就是风险投资增值服务的内容,是否做到了服务这个五个方面能力的形成,应该是检验真正风险投资核心价值的标准。

下面介绍围绕这五个方面的能力形成,风险投资者需要具备的服务体系。

第一节 科技创新的能力形成的服务体系

美国哈佛大学波特教授在《企业竞争优势》一书中给出了企业竞争力的五力模型。对于经典的私募股权投资而言,遵从该五力模型判断与评估企业的价值是完全可行的,因为此时的企业已经处于成熟阶段了,达到了五力模型需要的前提条件。而风险投资是难以按照五力模型判断与评估创业项目的。因为该企业充其量还是一个小小的企业,甚至就是一个专利或是一个想法,根本无法达到五力模型需要的前提。显然套用波特的竞争力五力模型来判断科技企业创业成长的价值,将是判断方法的误用带来判断价值的错位。

针对一项科技成果判断其创业经济价值,主要依据科技成果的先进性、成熟性、市场性。一项技术经济价值的评价与发现,需要考核技术的先进性、技术的成熟性、技术的市场性。最重要的是考察考核技术的市场性:市场需求的空间(潜在的市场规模);市场需求的强度(每一消费单元的购买力);市场需求的密度(消费单元的市场分布)。

笔者当年参加南开戈德的风险投资过程分析认为,对于科技企业而言,首先是要具备科技创新能力。笔者后来借助国家社科基金项目,分析了全国约1 000家科技企业问卷以及专访了近200家科技企业后,形成的规律性结论与南开戈德的结论一样,基于某个科技成果创业发展顺利的企业,基本属于这类型。

科技企业创新能力主要是指,该企业不论是基于自主研发的科技成果,还是做贸易赚了钱购买的科技成果或者做实业衍生出来的科技成果,都能够及时开发出适合市场需求的技术或产品或服务,进而研发出更新的科技成果来……以至往复不断向更高端循环。由于科技企业创业过程的速度经济性存在,没有这样的科技创新能力,该企业早期第一轮拥有领先的科技优势和市场需求,到了第二轮或第三四轮,就完全有可能被竞争者超越,这类科技企业失败的经济现象比比皆是。

以南开戈德为例(具体案例详述参阅复旦大学出版社出版的《风险投资导论》本科教材),参见图1.9。

那个时候南开戈德的创业成功,是将科技创新与产品创新和市场创新结合起来组合创新的成功。从单纯技术创新角度而言,这项防伪技术经历了从化学防伪到数字防伪再到防伪技术的衍生三个阶段。与其科技创新阶段相组合的产品创新和市场创新,是第一阶段的化学防伪技术即防伪的印章印油产品和相对应的防伪印章市场的需求。以第二阶段的数字防伪技术创新为基础的产品创新是自动售货机产品创新以及零售市场创新的组合。到了第三阶段,数字防伪技术衍生了,与之相应的产品创新是二维条码防伪产品和新版人民币的数字防伪产品,同时市场创新到货币防伪市场和海关报关单市场。就因为在每一个阶段科技创新成果都有相应的产品创新和市场创新组合起来,南开戈德才能够获得很好的竞争力。

笔者结合国家社科基金课题研究以及本书案例分析认为,我国大多数科技企业创业成功往往取决于该项能力的形成,这是风险投资者给科技创业者提供增值服务的第一项服务。

有的创业者过于强调科技本身的创新,忽视了与产品创新和市场创新的组合。没有产品创新和市场创新与之组合,再好的科技成果也仅仅是学术成果或者展品样品而已,这样的创业者只能在大学科研院所做研究者。有的创业者过于强调市场创新的力量,而忽视科技创新的价值,这样的创业者可以称为市场的贸易者,也只能够做做市场贸易,市场对路了赚些市场机遇的命运钱,或者只能够永远跟在市场后面做市场追随者,难以成为市场创新者,就更谈不上市场领先者。有的创业者过于强调产品创新,重视市场创新的组合,轻视附着在产品创新上的科技创新的进步,这样的创业者往往开始有市场创新竞争力,一旦竞争者有了突破性科技创新附着于产品创新之上,该创业者就将逐步退出市场了。有的创业者强调产品创新,更加重视与产品创新组合的科技创新,而往往轻视对于市场创新的组合,即好的产品创新好的科技创新没有得到应有的市场创新回报,一旦竞争者在市场创新盈利的支持下,大力突破科技创新和产品创新,该创业者就将逐步退出市场了。

作为风险投资者,第一项增值服务能力体现在:针对一个基于科技成果的创业者,如何服务其能够以已有科技成果结合产品创新后将市场创新组合起来,形成三者组合起来创新的科技创新能力的企业;针对基于市场创新起步的创业者,如何服务其能够以市场盈利成果结合产品创新和科技创新的组合创新,走向具备市场真正竞争力的高度化的转型发展,形成具有科技创新能力的企业;针对已有一个很好产品创新的创业者,如何服务其既要结合市场创新又要结合下一步科技创新的组合,使得其能够在最短的时间周期内形成以产品创新为基础的科技创新能力的企业。

如图5.1所示,在一个三到五年的商业周期里,如果创业型科技企业不能够形成科技创新与产品创新以及市场创新组合的创新能力,且该企业在下一个商业周期还不能够形成这种创新能力的话,那么该企业到了第三个商业周期,就必定会逐步被淘汰出局。科技企业创业在风险投资者第一项增值服务下,具备了科技创新能力,也是风险投资者获得高附加值回报的第一项能力。

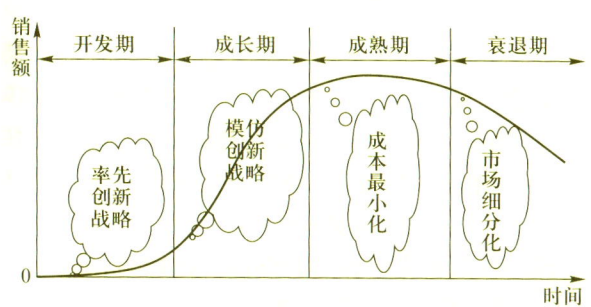

图5.1 产品商业周期与技术创新战略示意图

资料来源:尹义省.

在我们的研究中发现,我国大学校办企业科技本身创新能力很强,而产品创新能力以及市场创新能力相对较弱,往往大学校办企业的领导是研究者出身,过于强调科技的价值,将科技与产品以及市场三者组合起来创新就显得心有余力不足。导致了大学的校办企业开头很红火,随着市场的深化往往跟不上市场的步伐而被淘汰。

科技、产品、市场三者的组合创新是一个科技企业的最核心竞争力。我们调研的全国各地科技企业以及美国和以色列,还有我国台湾的科技企业,都证明了这是科技企业必须完成的一项修炼。参照图1.1和图5.1来一起理论分析,结合对于全国科技企业近1 000家的问卷和近200家的专访,我们看到,科技企业创业不论是基于科技成果起步,还是基于工业产品起步,抑或是基于市场贸易起步,一般在第二个三年左右的时间里,必须完成能够将科技创新与产品创新以及市场创新结合起来的组合创新能力的修炼。同时,还有一个规律性的现象:对于一个科技企业,如果它的研究开发经费占其销售额的1%左右,该企业基本上处于被动状态,谈不上有什么竞争力;如果它的研究开发经费占其销售额的2%左右,那么该企业就是一个模仿创新的企业,运气好的话能够跟随创新步伐不断进步,运气不好的话在下一个商业周期就可能被淘汰;如果它的研究开发经费占销售额的3%

左右，该企业一定是站在科技创新的第一方阵，加上产品创新和市场创新的组合，该企业一定有竞争力；如果它的研究开发经费占其销售额的4%以上，那么该企业一定是以科技创新领先的，如果它的产品创新和市场创新组合好的话，该企业一定是领导市场创新的企业，至少在两个商业周期里，是别的企业难以超越的。

这也是风险投资者为什么要选择科技创新第一方阵为首选对象的核心价值所在。有了第一方阵的科技创新，服务其将产品创新跟上，再服务其将市场创新开拓出来，那么该企业一定是行业里创新竞争力第一方阵的。投资了该企业即使它不能够上市，由于企业的竞争力所在，其投资股权出让也将获得其他投资者的青睐。

国际上自主创新型国家创新型企业大约有以美国硅谷为代表的新兴科技型企业，有以日本和德国为代表的基于传统产业形成的创新型企业，还有以以色列为代表的科技型企业以及以我国台湾新竹科技园为代表的科技型企业。

第二节　商务模式先进及扩张能力形成的服务体系（建立商业模式）

风险投资从发现价值开始，首先要对科技创新成果进行评估。基于"科技知识产权股份期权价值"的发现价值模式来看，技术经济价值取决于该项技术的先进性、成熟性、市场性，而该项技术的市场性取决于市场需求的空间（潜在的市场规模）、市场需求的强度（每一消费单元的购买力）、市场需求的密度（消费单元的市场分布），这仅仅是创业有价值的必要条件。创业有价值还需要有持续创新R&D的资源、生产能力及其整合的能力资源、市场开发和营销的能力资源、创业管理的能力资源、持续融资的能力资源、企业制度和机制创新的理念和思维等资源和要素的充分支持。

创业企业能否生存下去，在同样的科技创新和产品创新的前提下，关键是看其商业模式的先进性以及该商业模式的扩张能力，即如前面分析的市场创新能力。随着科技进步、社会发展，世界经济一体化的进程，市场唯一不变的定律就是市场天天在变。

市场创新能力是指：在获得最优的创业技术经济价值和获得最优的风险投资金融经济价值为目标的前提下，创业企业需要研究策划并构建好四个基本模型，即消费者利益机制模型、创业企业赢利机制模型、投资者利益机制模型、风险规避机制模型，使得创业的科技企业获得天天在变的市场接受和青睐，而且能够从适应市场需求到引领市场走向，创造新市场。市场创新能力受制于市场边界。

市场边界即市场消费的规模性、强度性、密度性，它们决定了创业企业当今乃至未来发展战略的市场命运。观察各类科技创新创业，可以清楚地看到，有的产品、技术、服务决定了该创新创业只能是小型化的市场，即只能是小型企业而已。具体而言，有的技术形成的产品仅仅是某个技术链条上的一个环节，它永远受制于该技术链条的上下游。比如某个钢板防锈技术产品仅仅为钢带生产商提供防锈处理而已；又如，某风险投资机构投资一个项目，花了近6 500万元人民币，结果该陶瓷基板在全国的市场仅有5 000万元大小，后来不得不将投资的设备转做他途；有的技术形成的产品服务于一个大市场产品项下的零部件，如山东潍坊的歌尔声学的产品，虽然是很小的手机用的声频产品，但是手机市场巨大,带来了它的巨大市场,尽管有次贷危机的影响,它的市场需求随着智能手机的市场扩张而增大,其订单是以大于100%的速度增长的。即有市场有一个巨大需求,而你投资的项目市场局限于一个小的区域或仅几个用户,你就满足了,那也是枉费了市场的青睐。

为了实现以这四个模型为基础的市场创新,风险投资者与创业者在共同的目标下,必须有互动规则、互动的结合点、互动的基本机制。

随着科技进步、社会发展,目前企业的商业模式可以有如下几类:做产品企业的商业模式;做品牌企业的商业模式;做文化企业的商业模式;做规则企业的商业模式;做宗教企业的商业模式等。

以苹果的创新为例,到了后期,也就是乔布斯重返苹果之后,推出的系列产品,既是产品,又是品牌,也是文化,更是规则,特别是一种文化。

iPod问世,一年(2004)间800多万部,几乎年轻人人手一部,占领全球数码音乐播放器市场的2/3份额,微软八成员工使用iPod。同期,苹果股价翻了3倍。实际上苹果从不占领市场,但它创造市场(They make it)。

Apple的成功是因为其设计了一种全新的生活体验,不管其是不是架构在所谓已经存在的数字娱乐产品或网络上,其成功地抢下了"数位娱乐生活模式的诠释权",并重新定位了这种体验的意义。

"That is the Apple lifestyle",没有Apple的产品不会影响你的生活,但是假如你身上没有Apple Product你就很可能被贴上"落伍、不懂生活"的标签。

苹果的设计其实是一种通过提升产品附加价值或提升产品的卖相获利的新型模式。

思维无界限,设计无极限。Experience Design(体验设计)在设计的流程中先定位出设计品与使用者互相的使用体验,再加上所有设计师能够想到的"美和艺术"的元素。传统意义上的去"完美"一个产品,典范:Nokia,BMW。

经济学家B. Joseph Pine II和James H. Gilmore在1999年提出了"体验经济"(Experience Economy)的概念:第一阶段是以农业为主的"农业经济";第二阶段是以商品为主的"工业经济";第三阶段是重视服务品质的"服务经济";第四阶段则是强调使用者感受的"体验经济"。在iMac的推广过程中,苹果利用体验设计原理获得了超额利润。设计才是王道,这完全是将产品、品牌、文化、规则、宗教组合起来大系统创新带来的意外收获。

在现实的创业过程中,做产品企业的商业模式,做品牌企业的商业模式,做文化企业的商业模式,做规则企业的商业模式,做宗教企业的商业模式等,依次递进,其商业模式关系越来越复杂。如图5.2所示的微笑曲线,一个产业链上的价值总和是一定的,分布在产业链的上游、中游、下游。在20世纪70年代附加价值差别不大,那时的制造业还是能够获得较高经济回报的。到了20世纪90年代,这个现象发生了巨大的变化,制造业者往往只能够获得血汗钱的回报,做产品的企业仅仅能够维持简单再生产的境地。制造业者赚的那么点血汗钱是没有办法投入更多资金进行深度研发的,也就是这类企业将永远地跟在创新型企业的后端,获得产业链上产品制造的利益。如今耐克,以其研发设计创新能力和材料采购控制能力,能够获得巨大的附加价值的回报。它没有一家制造产品的工厂,前些年由于其运动鞋的后跟刻有阿拉伯字符,大有亵渎伊斯兰教嫌疑,遭到阿拉伯国家反对，一次就销毁了十多万双鞋。同样，沃尔玛从来不制造一件产品，它掌握着品牌、市场渠道、物流控制权以及金融支持和服务手段，它的销售额已经连续多少年居世界500强的前列。

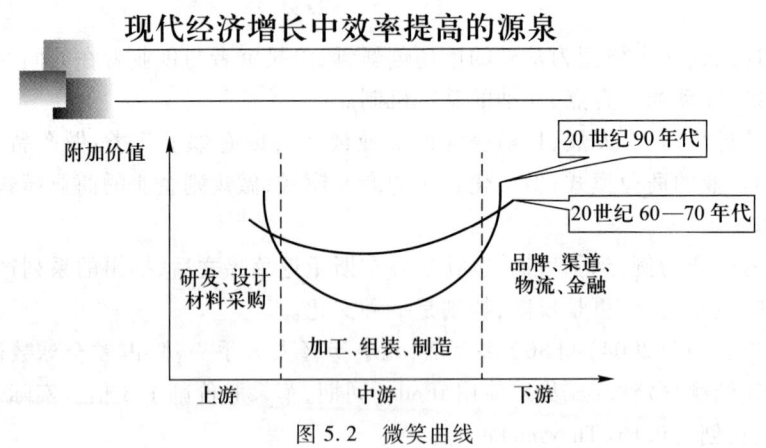

图 5.2　微笑曲线

资料来源：1996年台湾考察时听台积电总裁演讲所得．

　　可见，做产品的企业往往是最低一档的企业，它处于产品价值链中最低的位置；做品牌企业的创业相对于做产品而言，创业层次要高一档次；有产品、品牌基础的企业文化创业又高于产品、品牌阶段创业行为；能够就某一类产品、市场、服务等给出规则，并迫使大家接受的规则性创业，又是高于企业文化方面的创业行为；最高境界的创业，就是在该领域形成了类似于"宗教"的模式，让大家都按照这个模式从事经济行为，但是这样的现象实在非常罕见。

　　在现实经济生活中能够把企业从早期创业做到有产品、有品牌、有文化、有规则的火候，那已经很难得了，该企业能够号称"百年企业"了。怕就怕行政垄断下的企业，其产品是消费者必需的但无其他产品可替代，其品牌是借助行政保护形成的，其文化是行政文化与企业文化合一的，它定出的规则是反市场的，那消费者就痛苦了。比如我们的广电行业是国家垄断的，安装高清机顶盒是好事，可是你一打开电视，首先映入你眼帘的是广告，一天是这样，天天还是这样，我们都"被广告"了。

　　早期创业往往是做产品企业的创业，其商业模式相对简单，主要是基于市场的某个需求创造出了产品，其市场模式就是基于科特勒《市场营销》书中的3P—4P—5P的商业模式，只要做好了成本、市场体系、价格制定、服务经营等方面，即能够获得市场的认可，获得源于产品价值的回报。

　　做品牌企业的创业，其商业模式相对复杂了，增加了品牌的元素，即在产品基础上已经形成了产品品质、价格、服务、附加价值等影响力，企业提高到了一个经营水平的高度，努力使得企业更有创新竞争力，企业的创业某种意义上已经进入再造阶段的创业了。这类企业往往以专卖店和连锁经营的模式，管理经营发展。据我们观察，可以清楚地把科技类型的企业分为：有科技研发创新能力品牌；有管理创新能力品牌；有商业模式创新能力品牌；有资本运作能力品牌；有政府资源运作能力品牌。

做文化企业的创业，其商业模式就更复杂了。即在企业有了品牌之后，逐步形成了基于品牌之上的一种消费时尚文化，如我国茅台酒的高价现象，完全是基于官方招待用酒普遍性形成的"酒文化"现象。还有 iPod 的推出，逐渐形成了一种全新的消费时尚模式，左右着时尚的消费者们。这样企业所赚的钱，已经超越了品牌带来附加价值的阶段，而是一种时尚消费文化带来的附加价值回报。该类企业的发展是基于文化塑造的创业模式，这也恰恰是中国企业做到品牌阶段而难以为继的市场瓶颈。

做规则企业的创业，其商业模式除了通常制定各类标准的国家级机构之外，从企业创业的角度而言，当企业以产品起步创业，到有了品牌的创业，再到形成产品和品牌之上有一定文化影响力的创业，这个时机企业创业需要能够在市场上制定规则。这一类企业往往是一个全新科技创新带来的全新的产品和消费模式。在没有规则的前提下，该企业创造了全新的产品和消费，那么规则必定由它来定。一旦它制定了规则，那么这个产品和消费领域，必将以它的规则来创造盈利。有了规则就有了市场的话语权。苹果公司在中国为什么可以那么蔑视中国的消费者，就是因为这个领域的规则是由它制定的，在你没有与它对称的知识前提下，别说一般消费者，就是中国政府也没有办法找出一定要它对待中国消费者等同于美国消费者的法律规范，所以中国的"3·15"曝光苹果产品质量问题之后，苹果是那么傲慢。还有就是我国网络消费，早年由于阿里巴巴创业领先国内其他机构，B2B 也好，B2C 也好，都是阿里巴巴制定的商业规则，开始是免费的，随着市场规模的扩大和消费习惯的建立，阿里巴巴宣布要收费了，尽管大家都反对声一片，还是都要按照阿里巴巴的规则交易。

还有就是汽车领域，由于次贷危机以及美国制造业商务成本增加等因素影响，美国汽车业亏损，把气撒到外国汽车头上。日本丰田汽车正好赶上刹车失灵，这下让美国找到了借口，丰田不得不一把就召回几十万辆车。这就是美国人的规则。

做宗教企业的创业，其商业模式是以某个领域成就了巨大的成功，使得各路企业英雄纷纷前来"朝圣"。如当年的通用电气，在杰克·韦尔奇的领导下，创造了巨大的成功，全世界的企业都纷纷前去学习。不过对于创业型企业而言，达到做宗教的境界，还有着巨大的时间跨度。为此，该类企业的问题不是本专著的内容了。

从我们的研究中，就规律性总结而言，不论是以科技成果起步创业的科技企业，还是以某个工业品起步创业的科技企业，或是以贸易起步创业的科技企业，在前三年左右的时间，都要完成能够自我盈利机制。即再好的科技，再好的产品，再好的市场贸易都要以能否盈利来衡量该创业的基本价值。

创业如同我国的改革开放，有的创业是从摸着石头过河开始的，邓小平领导我国的改革开放，就是从摸着石头过河开始的。今天，改革已经进入深水区了，需要的不仅是摸着石头过河的勇气，更需要理性研究深水区的特性：是表面平静而深层次暗涌不断？是表面和深层次里都一样平静？是表面波涛汹涌深层次平静？是表面和深层次一样波浪翻滚？还有暗涌的程度是多强多大？波涛汹涌的程度是什么级别？是台风级的还是强台风级的？……这都需要深层次研究搞清楚其中规律性所在，以获得改革深化的更高成就，造福中国人民。为此，今天的创业，也是随着国家的宏观经济状况改变而变化的，单纯地依靠摸着石头过河的勇气，时间成本、人力成本、资金成本就会相当高，甚至创业以失败告终。

以旧金山大桥为例，那座红色的大桥，曾是中国若干年前家家户户挂历上的风景。殊不知，当年建筑这座桥时，多少人曾根据过去的经验认为肯定是不能够建桥的。而建该桥的工程师为了建好这座桥，前后对桥址周边的气候、风速、水流方向、水温差、水流速度等做了至少1年的实地考察，然后研究并给出以钢拉索结构建桥。1937年这座桥建成了，至今还是那么坚固。在20世纪70年代的大地震中，据说该桥的桥面振幅达到6米，由于是钢拉索的结构，弹性很好，桥并没有遭到破坏。

第三节　公司治理构建及执行能力形成的服务体系

公司治理是制度经济学范畴的内容。自20世纪70—80年代以来，公司治理在发达国家随着它们第一代创业者的退位，引进职业经理人代为管理经营企业以及上市公司经理人的调换，极其盛行，至今已经形成了规范化的模式，为其他国家所效仿学习。

责任制约与激励机制，即现代公司治理理论的两个方面内容，是一个统一事物的两个对称的面。一般仅仅以"激励机制"概括全部的内容。那么，什么是公司治理？其基本概念从狭义和广义两个角度分析。

狭义地看，它主要是指公司董事会的结构与功能、董事长与经理的权利与义务以及相应的聘选、激励与监督方面的制度安排等内容。

广义地看，它主要是指不仅包括狭义的公司治理的若干方面，还涵括了公司人力资源管理、收益分配激励制度、财务制度、企业战略发展决策管理系统、企业文化和一切与企业高层管理控制有关的其他制度。

世界经合组织（OECD），将公司治理机制内容归结为：公司内部治理；金融机构的内部和外部治理；金融市场对公司的外部治理；市场对公司的外部治理；破产机制的治理；竞争；等等。

公司内部治理，是关于管理层与股东的，或是公司内部人（管理层与控制性股东）与外部股东的关系的。

金融机构的内部和外部治理，金融机构内部治理的核心是恰当的风险管理和信用分析，金融机构外部治理的主要工具是确保机构独立和金融系统安全的谨慎性法则和监管。

金融市场对公司的外部治理，是关于公司与其他资金供应者（如债权人）关系的。

市场对公司的外部治理，是关于证券市场上企业与潜在投资者——企业家关系的。

破产机制的治理，涉及那些濒临破产的企业。它们会在股东和其他投资者间重新分配财产权利、改变所有权结构和管理层，从而影响那些企业的治理。

竞争，是完善公司治理的补充措施，二者相互促进。

在现代经济社会中，根据企业自身实际研究和实施公司治理有着极其重要的意义。理论意义在于：它是探讨通过诸如合约、组织设计和立法等制度结构如何使公司更有效运作的一个经济学领域。实践意义在于：① 有利于减少公司代理成本，增强市场信心；② 有利于金融体系的稳定；③ 有利于经济增长；④ 有利于资金在更大范围内优化配置等。

总之，公司治理不仅关系到单个公司与个人，而且关系到金融体系稳定、经济增长、全球资本配置，从而最终影响整个社会的财富与福利水平。

以公司治理的视角分析科技企业创业的过程,可以用一句话概括:"科技知识产权股份期权化过程"。说起来就是简单的一句话,其中涉及现有经济学、金融投资学、管理学、社会学、教育学等深层次的理论、方法、模式等的创新。在实际经济社会中,真正落实是非常难的。"科技知识产权股份期权化过程"是以"知识资本"或"智慧资本"为核心价值观的经济过程、金融投资过程、管理过程、社会过程、教育过程,如果仅有经济学的创新,没有其他方面的创新,或者只有其中几项创新,但缺少其他项的创新,科技企业创新创业过程也是难以实现的。

尽管现代公司治理理论和实务的研究都取得了巨大的成就,但是上述标准化的公司治理对于成熟型产业的企业行为以及上市公司的行为是有效的,而对于从三五人起步由小到大的创业型企业,即从合伙创业开始逐步走向有限责任制再到股份有限责任制的过程,往往是"高射炮打蚊子"效果极其有限。基于我们已有的研究,科技企业创业首先是要针对科技成果的知识产权价值给以激励,以更快更好地创造经济效应,企业组织有效性设计是从小到大的动态过程,是基于科技知识产权股份期权价值的激励机制的过程。为此,完全规范的现代企业制度在创业型企业中应用有着巨大的不适应性。

我们针对全国科技企业调研以及问卷,分析研究得出来的科技企业创业过程中遇到的边界,有市场边界、科技边界、资源边界、资金边界、管理边界、组织边界、环境边界等。一个科技创业企业,遇到这么多的边界限制,难以按照上市公司的公司治理结构要求实施管理。科技企业创业管理的过程,是一项面对创业过程的由市场范围、科技价值、资源条件、资金投融资、组织模式、环境状态等不确定性构成的风险多元动态性和开放组合性以及风险收益期权性的动态系统性管理过程。

管理边界是指在市场边界、科技边界、资源边界、资金边界的前提下,如何专业化管理市场、科技、资源、资金,同时将这些分割的专业化管理组合起来,管理经营好,使得创业企业尽快获利并能够高附加值地成长起来。

管理是否有效,受制于市场边界与科技边界和资源边界。

科技边界即科技成果的先进性、成熟性、市场性,决定了创业企业的竞争力如何。科技有先进和传统之分,有突破性与渐进性之分,有高端与低端之分,有专业性与普遍性之分,有学术性与应用性之分等。不论哪类分法,基于市场需求而言,科技本身带来的市场能量蕴含于科技本身,再好的高科技,纵然有历史的突破性,它却除了几个专家型的人会制造之外,没有普遍的成熟型工艺支撑其大批量服务市场需要,该科技的市场性则只能够赚点样品性的利益。有的科技产品市场纯是高端的,如卫星显然是高科技,而且市场服务面极其广泛,现在卫星技术绝对是很成熟的,但是这是一个集团消费的市场。作为民众消费者不可能一家一户去买个卫星,人们仅仅使用卫星带来的多元市场应用的某个或某几个部分而已。

资源边界即在市场边界和科技边界的前提下,能否有适当的资源优势支撑创业企业的发展。技术也罢,产品也罢,服务也罢,都需要非常丰富的资源支撑,只不过需要的资源不同而已。没有资源支撑,再好的科技也是"巧妇难为无米之炊"。比如上海和北京绝对是我国生物医药科技最发达的城市,如果它们研究出了很好的植物医药科技,但是它们需要植物资源的多样性,只能是在云、贵、川等省份去寻找,一旦能够批量制造了,它们也不可能在南京路或王府井大街种植稀有植物。这样植物医药研究者们就必须与云、贵、川等省份全面合作,将自身的科技创新优势与云、贵、川的资源优势组合起来,共同面对市场,实施基于经济发展目标下的创新能力提升。

管理能力的发挥,是与其适应的组织模式正相关的,管理能力的效应受制于企业组织的模式,即组织边界。

组织边界是基于管理好市场、科技、资源、资金的组织模式选择,随着创业进程的深化,如何能够使得企业组织模式演进,适应其面对的市场特性、科技能量、资源获得、投融资、管理与经营实现,以及该模式的形成路径,构成的对于创业企业的限制问题。一般而言,创业早期以合伙制的组织模式较好;当企业有一定的规模时,选择有限责任制的组织模式较好;到了能够上市的条件时,必然选择股份制的组织模式。对于创业早期而言,需要快速决策和立即执行的速度经济性要求,基本上是人合机制,往往合伙制更为有效。当发展到一定的规模时,企业需要专业化分工并协同起来以提高效率与效益。按照科技企业创业的经济学关联特性分析,这时恰恰是有限责任制的组织模式为优。特别是在信息技术发达的今天,如何使组织更加扁平化,企业内部效率更高,是每一个创业企业都必须渡过的组织管理的关口。

以南开戈德为案例分析(参见图1.10):

就南开戈德当年创业成功的管理因素而言,首先是企业制度与管理组织以及激励机制组合起来创新;其次是围绕着创业进程深化,企业组织模式从校办企业的教授专家型管理到风险资本进入后的有限责任制的管理,再到后来上市融资的股份制管理;最后是在创业的不同阶段,企业制度与管理以及激励机制之间耦合并进动态演进到股份制。即早先是校办企业与专家型管理和计划经济模式的激励机制组合的模式,到了600万元和3 000万元社会资本进入之后,改制为有限责任公司,此时是有限责任的组织与多元化管理以及业绩奖励的激励机制组合的模式,再到买壳上市时,改制为股份制企业与规范公司制管理与贯彻一定股权激励机制组合的模式。后来笔者离开了南开大学来到了复旦大学,从后来观察分析,由于后来国家加强了对于国有资产的管理,南开戈德的股份制也步入了国有资产管理的框架,实际上企业组织制度与管理以及激励机制组合关系是倒退了。

一个企业学习模仿实施制度创新是比较容易的,因为书店卖的管理百科全书,都有标准化的制度介绍,机械照搬是很容易的,要实施真正管理和激励机制与制度的耦合是相当难的。大量的国有企业改制为有限责任公司或股份制企业,可是至今仍然是老三会与新三会之间(党委会与董事会、股东大会与职工代表大会、监事会与纪检会)的矛盾无法突破,其中还有大量内部人控制问题,至今都没有解决,创造了"中国特色"的现代企业制度,好在人们已经习惯了。还有改革开放过程中发展起来的民营企业,到了需要转型换代的时候了,有的都改制了,可是家族控制的色彩仍然很浓,招聘来的职业经理们在高收入的约束下,根本没有办法实施现代企业制度下的公司治理。

改革开放40多年来,我国经济发展取得了巨大的成就,举世公认。但是我们看到的是凡是竞争性行业,国有企业随着改革开放的深化,是节节败退的,以至于有的破产不得,还在消耗着国家的财富。是国有企业没有人才?非也。在没有市场经济改革时,人才都聚集在国有企业。是国有企业没有技术?非也。在没有市场经济改革时,国家投资的技术都存留在国有企业中，包括今天国家的科技创新研发投入，仍然是以国有企业为主导的。是国有企业没有市场？非也。在没有市场经济改革时，市场以计划方式都掌控在国有企业手里。那么在同样改革开放的大环境下，为什么国有企业节节败退？其核心关键是基于制度体制的公司治理问题没有解决。如同笔者在《中国风险投资创新与探索研究》一书中所述，国有风险投资机构从业者们"做国有风险投资，是看门的狗，受气的牛，替罪的羊"，没有适合于风险投资规律要求的公司治理。国有风险投资早年开创并引导了中国的风险投资事业，现在已经逐渐被边缘化了，甚至有的企业只要有其他投资者进入，首要条件之一，就是将国有投资的资本清理出去。原因还是基于国有资产管理体制下的国有风险资本，已经不是在促进创业企业的发展，而是在阻碍创业企业的发展，也阻碍其他资本价值的最优实现。

如果说40多年前邓小平领导的中国改革开放，在经济发展上把劳动自主权还给了热爱劳动的人们，人们的受穷与否与该人的勤奋是正相关的，勤奋者肯定多得报酬，不勤奋者将少得报酬。40多年来中国人在党的正确领导下非常勤奋，创造了世界经济的一个个奇迹。可是我们必须看到，我们处于附加价值低端的制造组装环节，挣的仅仅是劳动的血汗钱，而且留下了大量的污染和环境的恶化。未来30年我们如何发展？如果不改变现今基于房地产为支柱的GDP模式，我国是难以走出困境的。我们必须走创新驱动经济创造GDP的模式，该模式不但有很高的附加价值还会带来国家竞争力的提升。未来30年改革的基点应该是：基于创新创业的财富效应，基于风险投资的财富效应，基于多层次资本市场创新的金融创新的财富效应，国家改革针对创新创业和风险投资交易流实现的法规政策创新的制度红利。

再以甲骨文公司创新创业成功为典型案例分析。我们曾考察甲骨文公司，甲骨文公司的首席财务官在回答我们关于高科技企业成长规律的疑问时说："甲骨文是1985年起步，为美国联邦调查局做数据库安全起家，发展到今天成功的经验有三条：一是商业模式创新与发展战略的前行；二是与风险投资的长期互动；三是公司内部良好的科技创新知识产权价值期权激励机制。"

即甲骨文拿到政府（联邦调查局）数据库安全订单，完成工作后，并没有将其当作一般的市场行为，而是将其作为一项全新的商业模式开端，实施基于数据库服务的全新的发展战略，走到今天，他们提出了"大数据"的概念，并研究实施相关的系统解决方案。在整个创业发展成长的过程中，他们始终与风险投资者们保持良好互动，风险投资者们为企业的技术升级、产品转型、产业化成长提供了很多资源并整合市场。以并购为例，因为并购的国际经验是80%的并购都以失败告终。而他们自1985年创业至今实施了100多次并购，都是成功的，原因就是与风险投资者们良好互动。作为基于数据库服务提供系统解决方案的软件企业的甲骨文，最大最有竞争力的资本是12万员工，这些员工凭什么为企业勤奋努力创造价值？甲骨文采取的给予科技知识产权期权的激励机制，一般是四年为一个周期，新进员工起点为500美元的期权激励，根据为公司创造创新价值的高低，公司最高给以100万美元的期权激励。实际上甲骨文公司员工的工资低于行业的平均水平，但甲骨文公司员工收入都高于行业的其他企业的水平。这样的激励机制，使得员工基于自己努力创新为企业带来更高的附加价值获得未来财富效应。这促成了甲骨文公司的快速成长。

甲骨文公司并购了100多次,为什么都成功了?除了与风险投资者们的互动之外,主要是遵循了高科技创造附加价值的并购规律:① 做好充分的尽职调查;② 并购后实施文化融合;③ 基于新技术产生效益来创造效益。

甲骨文公司的这个典型案例,对于我国相关科技企业创业成长有着很好的借鉴意义。

从上述案例分析可见,国际上现有的四种公司治理模式都难以直接运用到科技企业创新创业的过程中。国际上将世界各国公司治理的模式划分为四个模式:英美市场导向型(英美模式);日德银行导向型(日德模式);东亚、拉丁美洲家族控制型;转轨经济型(参见表5.1)。

英美市场导向型(股东公司主义):最大特点是所有权较为分散,而现代公司中所有权和管理权的分离使分散的股东不能有效地监控管理层的行为。

日德银行导向型(员工公司主义):特点是公司股权较为集中,银行在融资和公司治理方面发挥着巨大的作用。

东亚、拉丁美洲家族控制型:控制型家族普遍地参与公司的经营管理和投资决策。

转轨经济型:在法律体系缺乏和执行力度微弱的情况下,经理层利用计划经济解体后留下的真空对企业实行强有力的控制,在某种程度上成为实际企业的所有者(最大特点是内部人控制)。

表5.1 不同治理模式要解决的关键问题

治理模式	公司治理的关键问题
市场导向型	强管理层,弱股东
银行导向型	利益相关者的利益组合
家族控制型	强家族大股东/经理层,弱中小股东
转轨经济型	内部人控制

资料来源:上交所.

一般而言,公司治理结构主要包括董事会的结构和职能、如何行使控制权、经理人员和职工的关系、如何设计和实施激励机制等内容。

从公司存在的根本目标来分析,英美模式中,股东是公司的所有者和剩余利益索取者,公司存在的根本目标是为股东创造价值,股东价值最大化被潜在地视为社会利益的最大化。日德模式中,公司不仅仅是股东的工具,它应该对更广泛的利益相关者负起责任。日本的"年功序列制"对员工待遇及福利等事项的关注往往胜于对股东利益的重视;德国的企业职工通过选举职工代表参与监事会和职工委员会,来实现其参与企业管理的"共同决定权",这种公司内部的"劳资共决制"是德国公司治理的一个重要特点。

从公司控制的角度分析,美国主要是依靠自由的充满生机的股票市场来进行的;日本和德国的"主办银行制";东亚和拉丁美洲国家的股权高度集中在家族手中;过渡国家是国有股权"一股独大"(内部人控制)。

尽管各国公司治理模式不同,但是都有着符合其企业、国家经济、文化等多元化因素存在的特性。理想的公司治理模式仅是一种乌托邦式的幻想。

英美以股东利益为导向、以资本市场为基础的治理模式有利于培育活跃的商业氛围,通过"创造性的破坏"来加速生产要素的积聚和配置,并使管理层能追求较单一的盈利目标。日德模式中,大股东数目的稀少避免了集体行为问题,使股东对管理者的控制比较容易。

英美模式更适合于具有高技术和高风险特征的企业。日德模式则适合于具有标准化生产过程和广泛运用成熟技术的企业,这类企业的成功主要依赖于对管理者执行标准化任务时的质量评估。但是股权结构的过度分散也带来了三个方面的弊端:一是对管理层监督失控;二是容易导致管理层重视短期盈利;三是通过资本市场购并来解决代理问题的费用过于昂贵。所有权和治理模式应从根本上适应特定公司的特征和需要,以及特定的经济发展阶段,并随着企业自身的成长和外部经营环境的变化,不断地进行改进。

为此,世界各国纷纷效仿英美模式的公司治理机制。但是,亚洲金融危机爆发以后,内部治理模式的缺点得到了进一步的反思。政府支持特定产业部门的扩张,银行则将信贷导向目标产业,而不是对企业加强财务约束,从而导致生产能力大量过剩、企业过度负债和资本利用效率低下。

2007年美国次贷危机以来,虽然英美以股东利益为基础,以盈利为导向,重视资本市场作用的模式,更适应当今全球经济环境的急剧变革和信息技术创业的飞速发展,但是,因其过于依赖以利益激励为导向的模式,带来了整个经济危机的恶果,使得人们开始反思英美模式的弊端。

尽管各种公司治理都有着其自身优势和弊端,但是,建立有效的公司治理结构是现代市场经济体系有序、高效运行的微观基础。创造基于科技知识产权股份期权化的治理机制,更是一项伟大的创新。要不然,怎么有那么多的创新创业者以失败告终,怎么有那么多区域没有能够成为硅谷,怎么有那么多国家积极推动创新,却没有创造出应有的科技创新成果和科技产业的经济价值来?

从经济学和管理学的理论缘起来看,公司所有权与控制权的分离产生了股东和公司实际管理者之间委托代理关系,而且只要满足既存在代理问题和合约不完全两个条件,即不可避免地产生利益不对称和信息不对称,公司治理问题就必然会产生。这带来了监督成本和约束成本的增加,即产生了额外的代理成本,带来了股东(投资者)的净损失。

从历史起源来看,在17世纪以前,公司管理人员直接决定公司的全部事项,称之为"管理层中心主义";自19世纪中期开始,确立股东大会为股份公司最高意决机构,称之为"股东会议中心主义";20世纪以来,股权分散,支配公司的权限日益集中于公司经营者手中,公司经营者权力日益膨胀,称之为"董事会中心主义",从而强调公司治理。即产生了公司治理理论。

公司治理理论及其基础,站在法学家和经济学家角度,有如下派别。

(1)金融模式论(金融市场理论),认为股东拥有公司,公司应该按照股东利益进行管理。理论基础是有效市场论,即股票价格完全由金融市场决定并有效地反映公司的所有相关信息(这在世界上是美国的主流观点)。

(2)"市场短视"论,认为市场是短视和缺乏忍耐性的,股东们并不了解自身的长期利益,在公司为长期利益进行投资时,股东们通常会倾向于卖出股票或降低股票的价格。其理论基础是美国的制度是"流动的资本"制度,公司股票通常是由短期持有者持有。

（3）"相关利益"论，认为公司存在的目的不是单一地为股东提供回报（公司应是社会责任的组织，它必须服务于一个较大的社会目的；公司的存在是为社会创造财富）。所以，公司治理改革的要点在于：不应把更多的权利和控制权交给股东，而是交给其他利益相关者。

可见，公司治理是一个极其普遍的经济学问题、管理学问题，以及与法学结合的问题。不同企业的行业特性，不同企业的发展阶段特性，不同的国家经济环境，不同文化背景等，都会带来公司治理的复杂性。

这些理论都是假设在有形资产货币化资本化的基础上，研究所有权、控制权、利益分配权的关系，是适应工业经济发展模式的公司治理需要。而科技企业创新创业是真实的科技知识产权的货币化资本化的过程，科技创新具有无形资产特性，工业经济模式下的公司治理理论、模式是难以适应基于科技知识产权创新创业的过程需要的，有时甚至是阻碍科技知识产权价值发现、增值及其促进经济结构调整和经济增长方式转变的过程。

公司治理机制的形成是一个漫长的制度变迁过程。分析理论：法源—公司法—融资模式和所有权结构—公司治理—公司行为和业绩—经济增长。即每个国家的法源决定了《公司法》和《商法》的特点，而不同类型的《公司法》和《商法》对外部投资者特别是小投资者的保护程度有所差异，从而使不同国家形成了各异的融资模式和所有权结构，进而产生不同的公司治理模式，而不同的公司治理模式又对企业行为和业绩产生不同影响，最终影响一国的经济增长。

但是，近些年来英美模式日益为各国所仿效；机构投资发挥着日益积极的作用；银行在公司治理中的角色开始减弱；股东利益日益受到管理层的重视；董事会的独立性大大增强；管理层股票期权计划被越来越多的国家和公司采用。

在10多年以前，人们普遍认为和以市场为基础的外部模式相比，以企业集团、银行和控股公司为治理主体的内部模式能更好地解决代理问题。90年代以来，企业国际竞争加剧和信息技术产业发展，由于必须协调许多利益相关者的利益，内部控制型公司实际上很难制定长期目标，从而导致公司追求较分散且可能是矛盾的一系列目标，而忽略了盈利能力下降和竞争力衰弱。

公司治理趋同化的动因主要有三项因素：证券市场全球化；产品市场全球化；法律体系趋同化。以美国为代表的资本市场在世界各国都展开了服务，吸引了大量的非本国的企业去上市，我国台湾在美国有97家上市公司，以色列在美国有130多家上市公司，我国大陆在美国有56家上市公司等。证券市场的全球化，使大家纷纷学习美国的公司治理模式。20世纪50年代开始，产品的国际化程度越来越高，除了日本之外，涌现出了80年代的"亚洲四小龙"，它们都是在产品市场全球化背景下发展起来的。自90年代以来，全球经济一体化的步伐在加快。我国加入WTO之后，我国经济增长的70%来自国际贸易，可见今天的产品市场国际化，加速了出口国家学习发达国家公司治理的经验，纷纷效仿美国的模式。作为普通法系国家（美国、英国、加拿大）的英美国家，对债权人权利的法律保护最为完善。法国的大陆法系对债权人权利的保护相对较差，德国大陆法系则位于两者之间。根据一人一票制、委托投票制、累计投票制、优先认股权、召开股东大会所需要的最低股权比例、强制性股利分配等制度，比较不同法系对股东权利保护程度。其中普通法系对股东权利的法律保护程度最高;而德国法系为最低,对于投资者权利提供了更完善的保护,由此导致了金融市场的高度发达;而大陆法系则更多地依赖银行体系为企业融资。

不论是英美模式还是日德模式,都有自己的优势,适应其经济环境的需要。日德模式适应大企业的创新需要,也造就了日德作为创新型国家特性;英美模式适应了创造性破坏的创新创业的需要,也造就了硅谷的高科技及其产业发展的经济成就。它们都受到来自"基于科技知识产权股份期权化"的治理机制的挑战。

针对我国情况,以制度创新的视角,40多年的改革开放基本上建设了适应工业经济发展模式需要的公司治理机制,未来40年改革开放将是以适应"科技知识产权股份期权化"需要的制度创新带来制度改革的红利,摆脱依赖"人口红利"产业结构发展经济的模式,已经成为亟待解决的"创新型国家"的制度问题。

第四节 社会资本运用能力形成的服务体系
（建立投融资体系）

资金边界即在市场边界、科技边界、资源边界的前提下,资金的富余性、市场性、便捷性是否有效为创业企业提供资本性投入,来加大市场和科技与资源结合的力度,加快科技企业创新创业的速度。美国哈佛大学的研究认为,凡是受过风险投资的企业,其创新速度是没有风险投资企业的三倍,由于风险投资带来的增值服务,除了提升该企业自身科技创新速度之外,还大大加快了推进市场、获得资源支持的速度。我国经过40多年的改革开放,已经是一个资金大国了,但我国是一个资本稀缺的国家,对于科技创新创业的有效资本更是紧缺的。因为我们资金是富裕的,但是资金供给则不是市场性的,也更不便捷。即改革开放40多年我们解决了基于商品供给的市场经济问题,并没有解决资本供给的市场问题。为此,党的十八大提出加快多层次资本市场建设的战略蓝图是完全正确的,关键是要解决基于科技创新创业的金融支持体系的市场。

同样,以曾经参与的南开戈德为例,如图1.11所示,当时分三个阶段融资的:第一阶段是申报天津市科委项目,得到了10万元的科研经费,该笔经费的性质同天使投资意义的价值;第二阶段是经过调研形成的六份投资可行性报告(今天准确的称谓是商业计划书)融到的600万元、3000万元等,其中600万元如同风险投资意义的价值;第三阶段是买壳上市增发新股融资,这是标准的资本市场运作模式的融资。当时的六份投资可行性报告较好地分析了各类风险发生的可能,以及防范的对策,从而企业比较顺利地走完了整个创业的技术经济过程。

再讲一个曾经调研到的案例:某省风险投资公司给某地一个民营企业项目投资,约定资金总额为630万元,以股权方式进入,投资方派出财务总监监督资金使用,在被投资方董事长与财务总监共同签字下,资金方可使用。结果资金一次性到位了,第三天被投资方将300万元资金转走他用了,也就是说没有财务总监的签字,资金照样可动用。到了年底项目很好,产品出来后供不应求,采购商们的车子在企业门口排队,产品一出来就装上车运走,可是企业财务年报出来,企业亏损,不赚钱。实际上被投资企业搞了一个"两头在外"的把戏,即以董事长老婆的名义在外面注册了一个采购公司,它在市场上采购原材料后加价再供给该企业;产品制造出来后,以董事长的儿子的名义注册一个销售公司,它以较低的价格收得企业的产品,加价卖到需求市场上。这样一来,企业被采购加价和产品销售压价,成本核算下来,正好亏那么一点,而两头的采购公司和销售公司都是赚钱的。检讨分析这个案例,应该肯定项目是一个赚钱的好项目,但是投资方一是对于资金需求规模计划审慎调查不足,二是资金到位方式不是按照资金使用计划实施,而是一次性到位,三是项目过程的风险控制对策没有预案,导致了自己投资的钱打水漂。

第五节　获得政府支持能力及战略发展的服务体系

　　环境边界是指在同样的市场边界、科技边界、资源边界、资金边界、管理边界、组织边界的禀赋条件下,当地区域环境对于创新创业以及创业型企业的成长是否是友好型的、生态型的、服务型的,这决定了创新创业能否可持续下去。以马云的"阿里巴巴"创新创业为例,当年在有"天堂硅谷"之称的杭州、上海张江、北京中关村都没有人愿意提供投资与服务等环境,马云不得不回到杭州自己家中开始创业进程,等他创业成功了,上海提出"什么时候能够打造出马云"。再以美国硅谷为例,全世界都在学习、研究、模仿它创造的现代新兴高科技及其科技产业经济价值的模式,实际上美国人自己也在学习、研究、模仿。那为什么只有硅谷这个区域能够形成大家向往的高科技产业园区?美国 128 号公路在 20 世纪 70 年代之前,信息科技产业发展势头好于硅谷。经过若干年的演化,硅谷形成了一个"知识经济"的商业环境,对于科技创新创业是极其友好的、生态的、服务的,硅谷超越了 128 号公路(有关具体内容请参见即将出版的《创新、创业,投资与经济——财富创造》一书中的论述),成为全世界发展新兴科技产业学习、模仿的榜样。

　　政府对于新兴产业的扶持,应该着眼于环境的打造,而不是把手伸到企业层面的微观环节上。如图 1.13 所示,站在政府的视角看南开戈德的成功,当时市科委给的 10 万元科研经费,如同政府担当了天使投资的角色,规避了对于早期项目"市场失灵"的过程;第二阶段,完全是按照资本市场规律要求,透彻分析投资过程资金需求的规模、使用以及可能的风险不确定性及其风险控制对策,融得了社会的资本投入;第三阶段在当时上市或买卖上市都是计划模式的背景下,政府给出了支持的各项政策,原则就是只要不动用政府的一分钱财政资金,一切都给绿色通道的支持。这才使得南开戈德顺利实施从天使投资到社会资本融资再到买壳上市融资的过程。

　　可见,新兴产业的企业创业如果没有政府为其创造的环境也是困难重重甚至难以走通整个过程。科技企业创业自身的科技成果的先进性、成熟性、市场性是必要条件,政府打造的环境则是极其重要的充分条件之一。

　　必须看到另外的一种,即政府支持过头了,也必然有导致企业失败的风险。我国各地政府为了 GDP 的快速提升,一般只要能够立即带来 GDP 增长的,政府会给予强有力的支持。以上海为例,2008 年上半年由于国家调控政策,某个区的一块地拍卖,16 亿元没有拍出去。由于次贷危机的影响,我国政府政策一百八十度地调转,采取了 4 万亿元的刺激计划政策,上海该区的这块地在 2009 年上半年拍出了 72 亿元高价。可见这个区当年 GDP 指标应该是没有问题了。不过这样的价格飙升对于我国的经济竞争力而言,只能是伤害。

引诱各地领导都设法去卖地。这种卖地的溢出效应是：房价不断高升，推动当地的商务成本不断升高，迫使做实业者在当地难以为继，纷纷转移阵地。更重要的是，房价高企的同时，又有"刚性需求"的理论满天飞，民众的预期是房价还要涨，赶快买，而实际上工薪阶层又有多少人买得起那么高价的房子，只好把父母省吃俭用积攒的储蓄拿来买房，结果房地产作为支柱产业，是在掠夺民众的财富。

再以无锡尚德的资产重组为例，虽然有国际市场变化、产品价格低、过度竞争、产能过剩、商业模式等因素直接影响，但是当地政府支持过头或者称之为"过服务"，至少也是导致无锡尚德重组的原因，而且是主要原因之一。

笔者认为有以下几点因素共同铸就了今天尚德的命运：其一，在残酷的市场竞争中，企业的重组、破产都是市场的自然法则，没有什么大惊小怪的，国内对于无锡尚德重组反应过于强烈了。笔者在2011年前往美国考察天使投资发展政策问题，就得知当年奥巴马上任时专门去考察过的美国最大的太阳能企业于2010年10月破产了，美国人也没有如此反应强烈。其二，尚德本身科技创新模式问题。太阳能用的多晶硅，只有达到6个9（99.999 9%）的纯度，才能够有15%的光伏转换率，达到经济性使用太阳能，无锡尚德这么多年来并没有解决多晶硅纯度的技术问题（这个高纯度技术掌握在欧、美、日的七个企业手中）。其三，尚德发展的商业模式问题。大家看到的尚德是一个资产巨大的企业，除了冶炼技术和市场不在无锡之外，几乎什么都在这个企业里，而且制造太阳能需要的高端自动化的设备，这又增加了企业制造成本。拖着巨大资产做制造业，在今天世界经济一体化背景下显然是制造业者的大忌。发达国家都在采用OEM模式实施制造。为什么尚德不采取OEM模式进行制造呢？其四，市场的可持续问题。因为尚德的产品市场主要在欧美。美国最大的太阳能企业破产了，美国人把企业破产的原因归罪于中国，要对中国的太阳能企业进行"双反"调查。我国的太阳能企业在美国市场受阻背景下，把生产能力灌注到欧洲市场，欧洲赶上长期债权危机，取消了使用太阳能消费的补贴，用量少了，中国产品反而增加了，挤得欧洲本地太阳能企业难以为继时，欧洲企业也就启动了"双反"调查。市场一下子萎缩了，制造出来的太阳能产品流向何处？其五，当地政府过度支持或者"过服务"和支持方式错位问题以及全国各地政府之间无序竞争发展。施正荣从澳大利亚回国创业，到上海没有得到支持，到其他地方同样没有得到资金支持，还是回到无锡得到了第一笔资金支持，又于2005年登上纽约证券交易所上市，开创了中国太阳能产业的先河。在新能源市场趋势下以及国家大力发展新能源的战略产业政策催促下，当地政府怎么能够让出这光耀的产业，自然是加大力度支持，规模过度扩张，各地又纷纷上马类似产业低层次扩张，在价格每况愈下情势下，引爆资产负债过高。银行撑不住了，只有通过重组方式，以保银行资产的价值。这五个方面的因素共同促成了无锡尚德重组的必然结果。

如果政府支持没有那么大力度，或者在该力度下，政府支持新能源产业发展方式采取德国模式，即给予安装太阳能消费者们补贴，而不是简单地追加资金给企业扩大生产规模，即使是欧美市场萎缩了，我国太阳能消费市场还足以支撑的话，无锡尚德就不会沦落到破产重组的境地。

如果无锡尚德在创业发展的商业模式上能够适度扩张，保持理性心态，采取OEM模式而不是本身规模在不适当时机极速扩大的商业模式，成本和资产负债就会大大降低，完全能够"任凭风浪起,稳坐钓鱼船"。

如果无锡尚德在掘得第一桶金之后,能够及时完成科技创新与产品创新以及市场创新的组合创新发展战略,能够将低成本扩张商业模式贯彻其发展过程中,能够将政府追求GDP与企业规模理性扩张有机结合起来,能够运用好资本市场及其金融工具创新并与企业发展成长阶段特性组合起来,无锡尚德一定是中国最有价值的太阳能企业。

沿着这个话题继续深化一下,破产重组做太阳能的企业何止无锡尚德一家!在国家发展新兴能源产业的号召下,全国各地都极快地加入太阳能产业,生怕自己没有跟进去,有条件的在做,没有条件的也要做,纷纷上马太阳能企业。在次贷危机导致的经济危机下,无锡尚德尚不能够生存下来,那么还有多少企业死于这场博弈之中?因为在我国今天发展经济的模式中,早已经不是亚当·斯密的那个时代"看不见的手"的市场微观竞争机制,而是"看不见的地方政府"之间的竞争。这种竞争结果:一是能够很快形成一定的供给规模产业效应;二是这种"超越市场竞争"的力量,导致了今天太阳能企业大批倒闭破产的哀鸿遍野景象。

太阳能作为一个新兴能源产业,有着巨大的市场空间,如果这个时候掌有大量债权的银行能够缓释尚德债权期限,同时再加大支持力度,或者握有大量资金的私募投资者们接受尚德债务重组,支持尚德把多晶硅纯度冶炼技术突破,把尚德的商业模式修正,倒逼国家出台采购引导政策和有关电力部门尽快实施智能电网改造,把太阳能产生电能纳入电力供给的电网上,再过三到五年当市场重起时或者本国市场大规模启动时,尚德可完成再生,将真正变得强大。反观日本和德国银行与企业的交叉持股紧密关系,在危机时刻往往是银行大伸援助之手,帮助企业渡过难关,一旦难关渡过了,将是企业与银行共同盈利之时。这些年来大有批评日本和德国银行与企业关系的观点在我国流传,这次的次贷危机显示出了银行与实业企业间的紧密关系,恰恰是日本和德国保持金融支持实业,并能够可持续支持企业发展的内在机制,创造了辉煌成就所在。

我国发展经济形成了一种超越现代经济范畴的经济行为,即政府与市场共同作用,从一个产业的萌发到形成速度是极其快的。但是这种景象看似轰轰烈烈,往往伴随着低层次扩张以及依靠地方政府才能够活着的过度竞争格局,很多企业离开当地就不知道该如何管理经营企业了。这种现象在我国的高科技产业园区也比比皆是,发展信息产业所有园区都要做,没有要素禀赋就以极其优惠政策招企业进入;发展软件业,没有一个园区甘于落后都纷纷提出规划;搞创意产业,同样各个园区都在建设创意工厂……这种在政府旨意下的科技产业园区发展,几乎是同质化的,经过20多年发展,结果是:曾经上海张江科技园要成为中国的硅谷,北京中关村要成为中国的硅谷,武汉要成为中国的硅谷,杭州要成为中国的硅谷,深圳要成为中国的硅谷……至今都没有成为硅谷。为什么?

事后分析,我们需要从三个方面研究科技创新创业需要的支持:以风险投资为核心的科技金融支持体系;风险投资的增值服务能力与体系;基于科技知识产权股份化的经济理论、投资理论、管理理论、社会学理论、教育学理论的创新。这是以知识资本或智慧资本为核心的全新理论、方法、模式的创新问题,不作为本书的论述重点。

第六节　其他服务体系

前面论述增值服务主要还是业务层面的服务。对于风险投资者而言,除了资本的投融资服务之外,其增值服务的关键还是创业者的创业精神和企业家素质提升的服务和创业商业计划的发展战略服务。这两项服务做好了,整个风险投资过程的增值就基本实现了,投资过程基本上就是成功的了!

对于风险投资而言,其不变的法则就是:第一是人;第二是人;第三还是人。第一是人讲的是有知识的人;第二是人讲的是有创新能力的人;第三还是人讲的是有创业胸怀境界的人。

就创业精神企业家素质服务而言,如何将一个有知识的人,尽快转变成为一个有创新能力的人?又如何转变成为一个有企业家胸怀和境界的人?

如前所述,不论是理论还是实务都证明:创业的过程不单纯是科技的创新,不单纯是市场的创新,不单纯是组织模式的创新,不单纯是管理机制的创新,也不单纯是制造工艺过程的创新,而是这些创新的组合统一于创业过程之中。为此,不论是以哪个原点起步创业的,都必须面对如何将科技创新与市场创新、管理创新、组织创新、制造工艺创新组合起来,成就创业价值。

创业的原点不同带来了创业精神和企业家素质培育的起点的不同。基于市场创新起步的创业者、基于科技创新起步的创业者、基于组织模式创新起步的创业者、基于管理创新起步的创业者和基于工艺过程起步的创业者,他们的创业精神和企业家素质培育及形成的过程完全是不同的。风险投资者给予创业精神和企业家素质增值服务就是一个庞大的无形的复杂体系,优秀的风险投资家和优秀的风险投资机构,真正的竞争力就源自对于创业者的认知以及对于创业精神和企业家素质增值服务的实现。

创业精神和企业家素质的形成:一种是创业者自然成长为一个具有创业精神和企业家素质的人。这个过程是相当漫长而又有巨大反复的过程。以美国苹果的乔布斯为例,他是一个疯狂的科技创新狂人,但是他的创业者精神和企业家素质,是在被董事会踢出苹果,15年之后再回到苹果时逐渐成熟的。再说1938年惠普的两个斯坦福毕业博士,在车库干了两年,完成了惠普创业的"死亡之谷"阶段,成就了今天的惠普。另一种是在创业过程中与风险投资者互动,完成创业者精神和企业家素质的快速提升,带来创业成功快速实现。在今天速度经济性成为企业创业成败的一个要素时,对于创业者的创业精神和企业家素质的培育和快速达成,就显得更为重要了。

我们对国内近200家企业的实地调研以及近1 000家企业调查问卷的结论,就是大多数创业者能够从早期创业摸着石头过河到现在成就大企业,决定性的要素之一,是培育了创业精神和企业家素质。创业精神和企业家素质的培育和达成,从理论到实务都是一个相当大的话题。笔者也仅仅是根据自己的研究,给出了一点点分析。还有很多的理论和实务问题,有待进一步研究再给出深化的论述。

如前所述,如果一个科技企业创业成功是以其竞争力的形成为标的的话,科技企业创业成功具有竞争力,需要具备五个方面的能力:科技创新的能力;商务模式先进及扩张的能力;公司治理构建及执行能力;社会资本运用的能力;获得政府支持的能力。风险投资的责任,就是服务科技创新创业实现竞争力的快速形成。

就专业服务而言,如果科技创新创业缺乏科技创新能力,风险投资者就要为其提供科技创新能力形成的服务;如果科技创新创业缺乏商业模式及其扩张能力,风险投资者就要为其提供商业模式及其扩张能力形成的服务;如果科技创新创业缺乏公司治理能力,风险投资者就要为其提供公司治理能力形成的服务;如果科技创新创业缺乏社会资本运用的能力,风险投资者就要为其提供运用社会资本能力形成的服务;如果科技创新创业缺乏获得政府支持的能力,风险投资者就要为其提供获得政府支持能力形成的服务。实际上,科技创新创业是一个微观性的系统性的科技创新创业—投融资—经济效益效率的过程,风险投资者所要具备的服务能力,是要将科技创新创业的五个方面能力形成组合服务能力。显而易见,风险投资的服务能力有多强多大,风险投资的资本规模、项目选择能力、投资管理的风险规避能力、投资绩效产生能力等就有多强多大。为此,可以肯定地说,风险投资服务能力的最高境界是科技创新能力服务、商业模式创新及扩张能力服务、公司治理能力服务、社会资本运用能力服务、获得政府支持能力服务等方面组合的服务能力。

此外,对于风险投资者,还有一项重要的服务能力,是促进科技创新创业更好发展的商业模式发展战略的服务能力。

就创业的商业模式发展战略的服务而言,一个企业起步原点是基于一项科技创新来创业的,是基于某个商业机会的商业模式创新来创业的,是基于某项制造工艺技术或工程来专业化实施创业的,是基于某项产业链关系创新来创业的,是基于某项企业内部组织模式变革来创业的等。由于创业的创新基点差异,以及需要支持的资源不同,创业的发展战略也是具有本质差异的。

思 考 题

1. 简述风险投资增值服务与投资银行中介服务的区别。
2. 简述风险投资增值服务内容。
3. 解释说明增值服务能力是衡量风险投资的核心内容。

关 键 词

风险投资增值服务　增值服务与中介服务差异　增值服务内容体系

第六章
风险投资的组织形式
——有限合伙制

为了适应规避创业过程高风险特性(风险的动态多元性;风险的开放组合性;风险收益的期权性等)的需要,发达国家特别是美国在长达 70 多年的风险投资探索的历程中,自 1969 年第一家风险投资机构采用有限合伙制以来,目前风险投资机构的 80% 以上采用有限合伙制基金模式,而且进一步创新为有限责任合伙方式。不论是从创业技术经济过程的角度,还是从风险投资的角度来分析,相对于其他企业制度,有限合伙制适应了风险投资机构低成本组建的经济需要,适应了风险投资机构资金运用灵活性的需要,适应了风险投资组合投资的需要,适应了投资人资金有效使用的需要。本章以现有的企业法律制度为视角进行比较,分析有限合伙制的金融经济价值所在。

第一节 有限合伙制的风险投资价值

就企业制度而言,美国可供选择的有《独立企业法》《小企业法》《统一合伙法》《统一有限合伙法》《有限责任法》《公司法》等法律形态。也就是说,如果在美国设立和创办企业,你可以根据企业的实际状况和发展的需要,来选择这些企业法中的任何一项法律作为你的企业法律依据,获得一个最佳的企业制度带来的法律效应。

一、现代企业制度一般性分析

随着经济的发展,企业的法律形式越来越复杂,但由于企业经营管理需要涉及的法律基本形式,如图 6.1 所示,主要是独资(个体)、合伙、有限责任、股份制四个方面。因为小企业往往是个人的独立企业。作为有限责任公司的构成基本上与股份公司构成一致,仅仅是私募与公募的区别,为此我国将有限责任公司与股份有限公司写到统一的《公司法》中。有限合伙企业是对合伙制企业的创新,是将合伙制与有限责任制结合的一种企业形态,其核心是合伙制。为了方便说明问题,笔者将诸多企业的组成归结为独资(个人)业主制企业、合伙制企业、公司制(有限责任制和股份制)企业三种基本的法律形式。

个人业主制企业,又称个体企业或独资企业,它是由业主个人出资兴办,由业主自己直接经营的企业。业主享有企业的全部经营所得,同时对企业的债务负有完全的责任,当经营失败出现资不抵债时,业主要用自己的家财来抵偿。这种企业在法律上称作自然人企业,不具有法人资格。

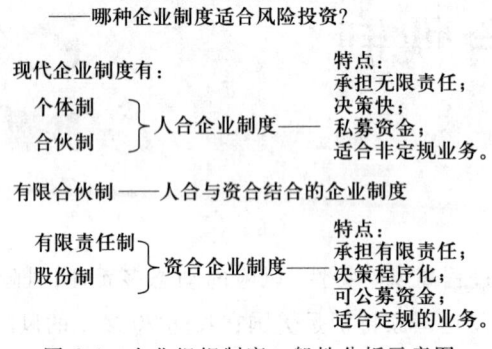

图6.1 企业组织制度一般性分析示意图

合伙制企业是由两个或两个以上的个人联合出资和经营的企业,合伙人共同分享企业经营所得,并对经营亏损共同承担责任。它可以由部分合伙人经营,其他合伙人仅出资并共负盈亏,也可以由所有合伙人共同经营。在英、美等国视合伙制企业为自然人企业,但在德、法、日等国家,以无限公司形式出现的合伙制企业则被承认为法人组织。

公司制企业一般是指由两个或两个以上自然人或法人集资组成的法人企业。公司与个人业主制企业、合伙制企业虽然都是法律承认的企业组织形式,但它不同于作为自然人的上述企业,与自然人企业的组建程序和责任形式都是有区别的。尤其是现代公司制企业,包括有限责任公司和股份有限公司,同合伙制企业相比较,由于公司拥有法人财产和出资者只对公司承担有限责任,以及资本的所有权与法人财产权和经营权相分离等特点,更便于大规模筹集资金和提高资本流动性,并有利于保证公司决策的及时性和正确性,从而更符合市场经济和社会化大生产的要求。

公司制企业虽然在数量上不是最多的,但它们占据着支配地位。如美国全国共有各类企业3 000多万家,其中个人业主制企业占美国企业总数的70%以上,但其销售额仅占全部企业总销售额的大约6%;合伙制企业占全部企业数的10%左右,在总销售额中仅占大约4%。公司制企业占全部企业总数的比例不及20%,但它们的销售额却占全部的90%以上。因为大中型企业通常都采用公司形式。在组织构造上,公司制企业比其他企业要复杂得多。

这里,我们从企业制度的优缺点、企业运营过程中涉及的要素、有关税收三个方面来分析它们之间的差异,作为我们判断有限合伙制的一般企业制度意义的定位所在,以此来说明有限合伙制的风险投资金融经济价值。

个人业主制企业、合伙制企业、公司制企业等企业制度也是社会经济实践中诞生的企业制度,它们为企业提供了可选择的范围。

这三种类型的基本企业制度,都自己的优点和缺点,如表6.1所示。合伙制企业,它的组织规模边界比个人业主制企业大,但是比公司制企业要小;其筹资能力比个人业主制企业大,但比公司制企业要小;所从事的工商业活动的规模比个人业主制企业大,但比公司制企业小;不能控制合伙制企业的合伙人面临的风险大于公司制企业的非管理层股东。而有限合伙制企业恰恰吸收了合伙制企业和公司制企业的优点。

表6.1 三种企业制度的主要优缺点

企业制度	基本特征	主要优点	主要弱点
个人业主制（个体制）	一般规模较小； 内部管理机构简单	产权可以自由转让,经营者与所有者合一,经营方式灵活,决策快速,精打细算	企业本身财力有限而且由于受到偿债能力的限制,取得贷款的能力较差,难以从事要大量投资的大规模工商业活动,而且企业经营的成败,完全依赖业主个人的素质
合伙制（人合制度）	根据合伙人之间的契约建立并按照协商一致原则共同经营企业 同股不同权	众多合伙人共筹资本,共负偿债及承担风险责任,其筹资能力较大。 合伙人以自己的全部家产共同为企业担保,有助于提高企业信誉。充分肯定人力资本	治理机制复杂 在接纳新的合伙人增加资本时,法律手续复杂,经营中易造成决策上的延误。 那些并不能控制企业的合伙人面临很大的风险
公司制（资合制度）	一般规模较大； 同股同权的利益机制	股权可以在资本市场中进行转让,经营方式和决策机制较为成熟,拥有良好的公司治理结构。 融资规模往往较大	公司必须有一定的规模,同股同权,小股东利益往往受损。 决策机制相对刚性

各种企业组织在具体形式上都有最佳适合的企业经济业务性质。三种企业构成的法律形式要素是不同的。如表6.2所示。从所有权关系、所有者责任、开业成本、公司连续性、权益可转让性、资金要求、管理控制、利润损失的分配、对资金的吸引力等角度,我们可以清楚地分析出,合伙制企业的权益可转让性是这些企业中难度最大的企业制度,同时其经营人员承担的风险连带责任又是比较大的,所以这样的企业制度对其他投资人的道德风险相对较小。开业成本对于独资企业和合伙制企业来说,都是比较小的,这为企业经营和发展奠定一个低成本的基础。在管理控制合伙制企业发展上,合伙人是平等的,往往易于实现贯彻创新的需要。在利润的分配上,合伙制企业是通过协议的方式实现的,即有着很好的灵活性。公司制企业由于有大量的外在投资人,往往都有着较强的投资人保护法律规定,没有合伙制那样的灵活性。而有限合伙制企业则是将有限责任公司优点和合伙制企业优点结合起来的企业制度。

表 6.2 三种企业法律形式的要素

比较因素	独资企业	合伙制企业	股份有限公司
所有权	个人	两个以上合伙人	人数不限的股东
所有者责任	个人承担企业的所有责任	每个合伙人都对企业负无限责任	股东的责任以所持股份为限
开业成本	只有注册费	合伙人协议,法律成本和较少的注册费	由法规引起。公司章程,注册费和税等
公司连续性	业主一旦死亡,企业的生命就完结	一个合伙人死亡或退出将结束合伙制企业,除非协议另有规定	有最大的连续性,一个或多个所有者的死亡或退出不会影响公司的合法存在
权益的可转让性	可完全自由地变卖或转让企业的任何部分	普通合伙制企业的合伙人只有在其他合伙人都同意时才能转让他的权益	最灵活,股东可随意买卖股票。一些股份的转让可能受协议的限制
资金要求	只能依靠业主追加投资或者贷款来增加资金	贷款或合伙人追加投资需要改动合伙制企业的协议	新资金的增加可通过卖股票、债券或以公司名义借钱(债)
管理控制	业主做所有的决策,行动迅速	每个合伙人都有平等的控制权和大部分的治理权	从法律角度看大部分股东拥有最大的控制权。日常控制权掌握在管理者手中,他们也可能不是大股东
利润与损失的分配	业主负责,他获得全部利润也承担所有的损失	取决于合伙制企业的协议和合伙人的投资	股东通过分红共享利润
对资金的吸引力	取决于所有者能力和生意上的成功	取决于合伙人的能力和生意上的成功	所有者负有限责任,因此更吸引他们的是这种投资机会

在美国,各种形式的企业在税收上的优缺点相差很大。表 6.3 概括出了这些企业形式在税收方面以及一些相关问题的主要特点。关于企业的税收负重,独资企业的最少,合伙制企业没有公司制企业那种双重征税的矛盾,仅仅以个人的资本利得为基础进行纳税。

合伙制企业在税收上的优缺点与独资企业类似,尤其是在收入分配、红利和资本收益与亏损这些方面,具有独特的税收优点,因为有限责任合伙能够分享利润而所承担的责任不超过投资额。特别是当将合伙制企业制度以一种契约的形式,来委托代理别人的资金进行风险投资时,其回报的方式,更是让投资人感受到其他企业所没有的税收优惠。

表 6.3 不同企业形式在税收方面的特点

特征	独资企业	合伙制企业	股份有限公司
应税年	通常是公历年	通常是公历年,其他日期也可以	开始时可以是任一年的年终
所有者利润分配	所有的收益都表现为业主的收入	合伙协议对收益作具体分配。即使收益没有立即被分配,但合伙人都按预定比例以个人所得名义纳税	收益不分配给股东
组织设立成本	不可摊提	可摊提 60 个月	可摊提 60 个月

续表

特征	独资企业	合伙制企业	股份有限公司
所得股利	100美元的股利交个人所得。200美元股利交共同所得	企业股利给个人	80%或更多的股利可免缴（1986年12月31日以后）
资本所得	按个人水平纳税。长期资本所得有减免	企业资本所得按合伙人资本所得纳税	按公司水平纳税。1987年7月1日后最大纳税率为34%
资本亏损	无限结转	资本亏损可冲销其他收入。无限结转	可回转3年，结转5年，短期资本亏损只能冲销资本所得
初始组织	企业开设不再对个人征税	对合伙企业的资产捐赠不用纳税	以现金收购股票不用立即纳税。用财产转让方式来换取股票，若股票价值超过出让财产，则应纳税
对所有者损失的减免优惠的限制	风险损失可减免，房地产业务除外	合伙制企业的投资和负连带责任的份额（如果有的话），可运用风险条款，房地产合伙制企业除外	除了出售公司股票或清算的损失外，其他亏损都没有减免
医疗福利	对医疗福利的减免比例超过调整后毛收益与个人收入之比。保险金不可减免	合伙人福利的成本不能作为企业的费用而减免。可能在合伙人水平有减免	雇员持股人的福利成本如果是为雇员福利而设置的话，可以减免税收
退休福利	对此的限制基本上与一般股份有限公司相同	同股份有限公司	对福利计划中福利限制——少于9万美元或100%的工资；对捐赠计划里的限制——少于3万美元或25%的工资（利润分享计划总额的15%）

从企业制度法律一般性意义分析，有限合伙制企业，虽然没有达到公司制企业的规模化，但是它拥有开业成本、税收特性、权益转让限制、业绩分配契约化和经济责任无限连带等优秀的制度设计，对风险投资业不仅是适合的，而且是最佳吻合于风险投资需要的企业制度之一。至少，目前国际上发达的风险投资业国家的经验证明了这一点。因为风险投资不是证券投资，也不是产业投资，不需要那么大的规模，所投资的创业对象往往都是中小型的长期性的项目，在现有的各类企业制度中，还没有哪一样企业制度设计能够超越有限合伙制企业制度的优越性。即不论是融资技术、投资技术、投资管理技术，以及撤出技术，还是该企业运作整个过程中的风险责任制约和业绩利益激励，都有着其他企业制度所无法比拟的优越性。

二、现代企业治理结构的分析

本节我们从法律与企业治理结构以及经济增长的角度，来分析有限合伙制的风险投资金融经济价值的问题。每个国家的法源决定了这个国家的企业方面法律(如《公司法》和《商法》)的特点,不同类型的企业法律对外部投资者的保护程度有所差异,从而使不同国家形成了各异的融资模式和所有权结构,进而产生了不同的公司治理模式,而不同的公司治理模式又对企业行为和业绩产生不同影响,最终影响一国的经济增长。发达国家的经济实践充分地证明了这一点。有限合伙制作为一种企业法律形式,在美国、欧洲都有,但贯彻得不一样,导致新经济产生和发展速度的巨大差异。日本的风险投资业起步比我国的台湾要早,但其风险投资机构基本上公司制的,而非有限合伙制的,到了1998年才制定这方面的法律。而我国台湾风险投资业起步于80年代,名义上是公司制的,但实际是彻底贯彻了有限合伙制的原理,显然,我国台湾的新经济发展的势头远远好于日本的情况。即法源—企业法律—融资模式和所有权结构—公司治理模式—公司行为和业绩—经济增长。

我们从企业融资特性、融资范围以及对投资者保护、业绩等公司治理机制的角度,来分析有限合伙制的风险投资的金融经济价值。

公司治理问题的产生,是与股份有限公司的存在紧密联系在一起的。股份有限公司的一个核心特点就是:股票的拥有和公司的管理决策相分离,大部分股东实际上不参与公司的日常经营管理。公司所有权和控制权的分离产生了股东和公司实际管理者之间的委托代理关系,而只要满足存在代理问题和合约不完全两个条件,公司治理问题就必然会产生。

公司治理机制的核心是委托代理关系。委托代理关系主要包括三个方面,即聘选、激励和监督。根据这种内在关系,公司治理模式划分为如下四种类型:英美市场导向模式;日德银行导向模式;东亚、拉丁美洲家族控制模式;内部人控制(转轨经济)模式。从公司治理的基本原理角度,合伙制企业是典型的内部人控制型的企业治理模式,公司制企业是典型的市场导向和银行导向的企业治理模式。由于银行导向的企业治理机制不适应风险投资的金融经济行为,在此不做更多的讨论。

美国属于普通法系国家,普通法系对投资者权利提供了更完善的保护,由此导致了金融市场的高度发达。在美国,银行的控股公司不得持有任何非金融企业5%以上有表决权的股份,并且法律限制了银行在全国范围的经营。因此,公司控制主要是依靠自由的、充满生机的资本市场来进行的。所以,英美市场导向模式更适合具有高技术和高风险特征的企业。这类企业的经营绩效主要取决于对不同投资方向未来前景的正确估计。这恰恰是风险投资的金融经济使命。

美国的实践证明,在英美市场导向模式中,外部融资较深的产业中的企业能够获得更快的发展。

科学的聘选机制是最佳治理结构形成的前提,合理的激励机制也是实现最佳治理结构的关键,有效的监督机制是实现企业最佳治理结构的保证。即企业治理结构所要解决的根本问题,简言之,就是如何设计企业的最优治理结构,使得有能力的经理人最大限度地为股东(投资人)的利益努力地工作。就这三个方面关系而言,有限合伙制企业几乎达到了完美境界。

在此,从风险投资的风险特性分析的角度,比较普通合伙制企业、有限合伙制企业、有限责任公司、股份公司等企业的治理机制,来说明有限合伙制企业的风险投资的金融经济学依据。

风险投资的金融经济价值的实现,是以科技产业创业的技术经济价值实现为前提的。按照风险投资的定义,风险投资在创业项目的投资过程中,只有实现从种子期到创建期,从创建期到成长期,从成长期到扩张期,从扩张期到成熟期的创业协同效应,才能最终实现风险投资的金融经济价值。

一个典型的科技产业创业的技术经济过程中,存在五种典型的风险,即科技研发的风险、生产的风险、市场的风险、管理的风险、发展的风险等。这些风险之间有着质的差异,是绝对没有共性可言的,即创业技术经济过程中的风险因素是多元性的。这些风险之间虽有着质的差异,但它们在时间序列上有先后顺序的紧密关联,即创业技术经济过程中的不同阶段有着不同的主导风险因素在起着主导的作用。这些风险之间有时间顺序先后关系的同时,还有并行的紧密关联关系,即创业技术经济过程中的风险是相互作用的。当这些风险都被较好地规避之后,风险投资才能获得较好的收益。这就是创业技术经济过程中的风险特性,即风险的多元动态性、风险的开放组合性、收益的期权性。

针对创业技术经济过程中的风险特性,风险投资机构的体系显然是不同于传统投资机构的体系。这样的机构体系既要保证风险资本的及时到位,又要保证风险资本的有效投入,还要保证风险资本的有效撤出,以实现真正意义上风险投资的金融经济价值。即风险投资机构体系的功能,必须有满足创业技术经济过程需要的融资、投资、撤出的基本功能。

为了保证风险投资金融经济价值的实现,风险投资机构的企业制度体系的选择和设计是至关重要的。在我们日常的经济生活中存在几种企业制度体系,它们经过社会经济实践的检验,证明了它们有着各自不同的适应对象,有着不同的风险制约和利益激励的内在机制。

站在制度经济学的角度,企业制度体系有着承担风险和利益机制的弹性范围。在该范围之内,企业制度推动企业有效发展;当风险和利益机制超越了该制度的弹性范围,该制度就会失去促进该企业有效发展的功能。本着这样的原理,就有限合伙制的风险投资机构的制度机制问题进行论述。

自从有了企业制度以来,除了个人独资企业之外,目前大约有以下几种类型的企业制度:

普通合伙制企业,简称普通合伙,是指两个或两个以上的自然人或法人作为共同所有人,为其共同经营的商业营利事业而实行的组合。其结构形态表现为:当事人有两个以上;合伙组织无法人资格,即不具有与公司相同的主体资格;合伙中的全体成员至少有一人对合伙债务负连带无限责任。普通合伙的内部关系,是指合伙人之间的权利义务关系,一般由合伙协议予以确立。普通合伙的外部关系,是普通合伙企业同第三人的关系,这主要受合伙人相互代理原则的制约。每一合伙人在执行普通合伙制企业经营活动中的作为和不作为,对普通合伙制企业整体和其他合伙人都具有拘束力。其中所有的合伙人都对合伙债务负有连带责任。

美国惠普公司(HP)的创始人戴维·帕卡德和比尔·休利特即采用了普通合伙制企

业的形式,在简陋矮小的汽车库房里开始了他们创业的壮举。他们在1939年1月1日签署了合伙协议。1947年8月HP才从普通合伙转为有限公司。

有限合伙制企业,简称有限合伙,是指由至少一名普通合伙人和至少一名有限合伙人组成的合伙制企业。前者享有控制权并负无限责任,后者享有有限经营权,仅负以其出资额为限的有限责任。但有限合伙人介入合伙控制,则失去有限责任性。有限合伙的信息对内、对外的公开,让当事人自主判断,并由此达到合伙经营监督、约束的目的。有限合伙人可以在许多方面参与合伙事务的管理和投票表决,并不构成实质意义上的管理行为,因而无须对有限合伙的债务负责。有限合伙人除了查阅账册文书以外,还享有一定的建议权和决策权。这既有利于保障有限合伙人的合法权益,又可增加对普通合伙人的监督。这种精细和灵活的法律设计,可以均衡权益和责任,产生有效的监控和激励作用,保持合伙制企业经营的独立性和稳定性,减少各项成本,对于风险投资的发展十分有利。

有限责任企业,其内部关系一般由有限责任的经营协议来决定。各成员的股份权益由有限责任企业中的个人财产来代表。在组织章程或经营协议中,关于有限责任企业管理所涉及的基本条款大致要遵循三种原则:其一,如果章程中没有把管理权授予经理,则管理权就授予成员。如果成员放弃管理权,他们将通过选举出的经理来对其加以控制。其二,除非章程作出相反规定,管理权就按出资比例授予成员。这与典型的合伙组织形态不同。在合伙组织形态中,所有的合伙人都拥有同等的投票权和管理权。其三,经理的职责来自经营协议中规定的成员的职责。从较窄的意义上说,有限责任企业相当于我国的"经济组织"一词,即为了执行和完成某项工商计划的联合体。它可以包括合伙制企业、公司、组织和合股公司等。

公司型企业,是我国《公司法》中明确规定的有限责任公司和股份有限公司的企业组织体系。有限责任公司和股份有限公司的核心是同股同权的资合型组织企业,充分体现了现代企业的所有权与经营管理权相分离的原则。这样的组织形态,适合于大型的规模化的企业。由于这类型的企业,在我国极其普遍,本书不做过多的论述。

比较这些企业组织形态可以清楚地看到,它们有各自适应的范围。有限合伙制企业的制度设计,适应了规避创业过程高风险特性的需要,即规避风险的动态多元性、风险的开放组合性、风险收益的期权性等需要;适应了风险投资机构低成本组建的经济需要;适应了风险投资机构资金运用灵活性的需要;适应了风险投资组合投资的需要;适应了投资人资金有效使用的需要。

三、有限合伙制基金的优势分析

前面主要是从企业制度的角度分析有限合伙制的问题。美国作为一个普通法系的国家,对投资行为有着系统的法规体系,即有1933年《证券法》,1934年《证券交易法》,1940年的《投资公司法》和《投资顾问法》,1988年《内部交易法》等法规体系,对投资人实施最有效的保护。风险投资作为一种新兴投资行为,虽然没有专门的立法,但经过美国70多年的探索,已经取得主导地位的机构组织形式是有限合伙制基金。它实际上是将基金的优势与有限合伙制的优势进行结合。

作为风险投资机构的企业形式,可以选择独资企业或者普通合伙制企业,或者有限合伙制企业,或者有限责任公司制企业,或者股份有限公司制企业等,但最终是以有限合伙制基金的形式作为风险投资业的企业制度,将风险投资的金融经济价值发挥到了极致的水平。

美国是新经济的发源地,是现代风险(创业)投资的发源地,也是现代科技企业创业风险投资运作最有效应的国家。美国经过70多年的探索,已经形成了专门支持风险投资机构创立和发展风险投资基金的组织体系,即基于《统一有限合伙法》有限合伙制的风险投资基金。

基金,又称投资基金,是由众多投资者直接参与并专门以实现投资者投资目的为根本宗旨的投资方式。它是人类金融史上的一大创新。基金按收益凭证是否赎回划分,可以分为封闭型投资基金和开放型投资基金;按组织形态划分,可以分为公司型投资基金和契约型投资基金;按投资对象划分,可以分为股票基金、债券基金、期货基金、期权基金、指数基金、认股权证基金、货币市场基金。在人们传统思维中,投资基金一般都是指证券投资基金。随着经济实践的深化,基金的概念已经广义化到风险(创业)投资基金和金融衍生产品的对冲基金等范畴。

基金的优势在于:专家管理可以有更多的投资机会;分散投资可以大大降低投资风险;规模优势可以赢得低成本的运作;服务专业化可以获得方便的操作;流动性好可以获得易变现的收益;等等。这些优势导致了现代投资机构大多数是基金形态的组织形式。

将基金投资形式的基本原理应用到风险投资上来,本身就是一大金融创新,该创新的意义不仅仅是为创业型科技企业提供了高效率的资本,更重要的是风险投资基金在发起、运作、撤出的过程中,所展现的风险制约与收益对称的现代新经济内涵的机理。这种机理以美国的经验最有价值。

美国在风险投资上成功的经验告诉我们:

风险投资一般要涉及风险投资家、创新企业家和其他投资者三个方面。风险投资的融资成本很高,一般又得投入高风险的高新技术上,成功率较低。如果在有限合伙制风险投资企业中不能恰当有效地均衡当事人的权利与责任,造成组织形态内部权利与责任的不合理、不协调或错位,必然会导致投资和经营决策中的失误,造成效益低下。有限合伙组织形态在法律设计上之所以将投资者区分为普通合伙人与有限合伙人,同时规定有限合伙人在转为承担无限责任并参与集中管理后又可转变为普通合伙人,主要是出于能合理有效地均衡合伙内部的权利与义务的考虑。

有限合伙人主要是资金提供者,以其所投资金负有限责任;由风险投资家和创新企业家组成的普通合伙人是风险投资企业的集中管理者和决策层。他们恪尽职守与否关系到风险投资企业的兴衰与存亡。为此,普通合伙人除了以个人资金投入外,还以个人承担无限连带责任来誓与企业共存亡,以示破釜沉舟的决心。美国风险投资企业之所以能以有限合伙组织形态成功地运作起来,其原因在于有限合伙中以普通合伙人个人对外承担着无限连带责任和对内经营决策承担着高风险职责所构成的均衡结构的合理性和有效性。由此可见,仅以公司制组织形态中的管理决策层个人的有限责任方式是难以把风险投资企业成功地运作起来的。

有限合伙人一般投入总投资额的99%(但一般只分得75%~85%的资本利润);余下

的1%要让普通合伙人来投入,并使之承担无限连带责任。有限合伙人还往往采用两种合约方式来解决与普通合伙人未来合作时的矛盾:其一是只签一个合同期的合同,以视未来成效决定是否继续合作;其二是设计出"无过错离婚"条款,即便普通合伙人无重大过错,只要有限合伙人丧失信心,就会停止追加投资,以此来有效地激励普通合伙人。其目的是更合理和更有效地保障风险投资企业经营与运作上的成功。

第二节　有限合伙制基金的内在机制分析

由于创业型科技企业面对的风险特性,如前所述,风险投资机构的最佳制度安排是有限合伙制,基于有限合伙制的风险投资基金,要完成风险投资系统的过程,必须具备融资、投资、撤出的基本功能。我们以一个标准的风险投资基金发起、运作的金融经济系统过程为例,图示于图6.2之中。

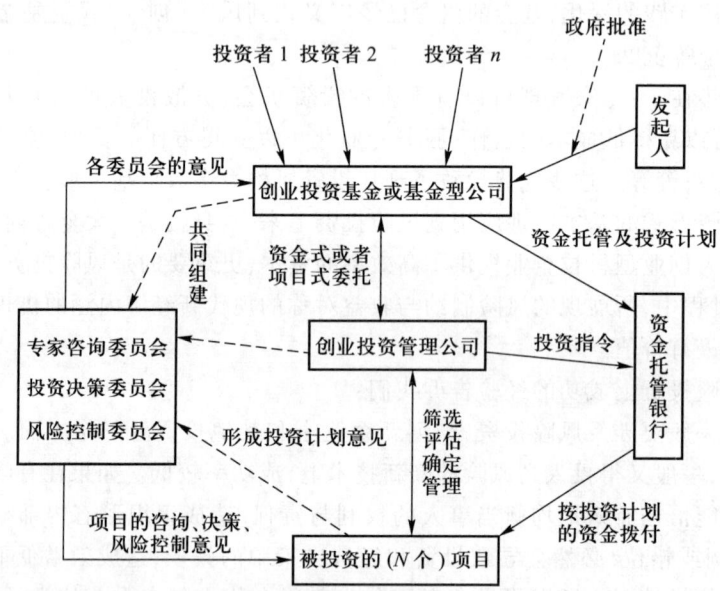

图6.2　创业投资基金(或基金型公司)的运作模式

分析图6.2可以清楚看到:

基金发起人作为普通合伙人发起风险投资基金,其他 n 个投资人作为一般合伙人,在政府的批准下,即法律规范的允许下,组建一定的资本额基金,该基金可以是契约型的,也可以是公司型的。

组建的风险投资基金,将资本金托管到一个银行,由该银行进行资本金的管理。同时基金将投资权委托给某一个或几个投资管理公司,委托的方式可以是资金式的,也可以是项目委托式的。由受托的投资管理公司进行科技产业创业的投资管理,投资管理公司对科技项目进行筛选、评估、确定,形成投资计划书,当获得正式决策后,进行项目的投资管理。

为了保证风险投资基金资本金投资运作的客观性、公正性和收益性,基金组织与其委托的投资管理公司共同组织三个委员会,即专家咨询委员会、投资决策委员会、风险控制委员会。

风险投资基金的良好运作,必须能够及时地融得风险投资需要的资本金,融到的资本金必须根据所选择的项目及时有效地投资出去,对投资的项目必须进行认真的资本增值性的经营管理,以保证风险资本的增值,在适当的时机将增值的风险资本通过有效的渠道撤出,保证投资资本的收益。为了完成风险投资的金融经济使命,有限合伙风险投资基金必须处理好如下的八大关系。

一、普通(一般)合伙人与有限合伙人的关系

一般合伙人与有限合伙人的关系,是风险投资基金发起和投资运作的第一层关系。在基金发起和投资运作的过程中,一般合伙人发起基金,并以承担无限连带责任为前提对基金实施控制。一般合伙人可以是法人,也可以是自然人。一般合伙人可以是一个,也可以是几个。

不论是契约型基金还是公司型基金,有限合伙人对一般合伙人的出资额比例和方式、权利、责任、义务,以及基金投资运作的程序、规则,还有收益的分配等都作了较明确的规定。如规定一般合伙人在控制基金的运作时,不得举债、不得替他人作担保、不得将资本金用于其他非允许的项目中。有限合伙人所出具的资金,以绝对的诚信为基础,必须在规定的年限内(一般是2~3年),承诺参与基金的资本金全部到位。同时规定基金的资本金一般以封闭性的方式进行运作,可以是一个基金同时投资运作几个项目,也可以是一个项目一个基金的运作。

在契约中或公司章程中,明确规定有限合伙人解除一般合伙人的条件,以及解除一般合伙人的运行程序和规则。

有限合伙人在基金发起和投资运作规则等事宜确定后,有限合伙人基本上不参与基金的投资运作的具体事项。但有限合伙人有权定期查阅基金的财务并改选基金的一般合伙人,并仍然对风险投资基金解散等事宜有着绝对的决策权。当有限合伙人愿意参与具体项目的投资运作事宜,或者他的行为构成了对投资运作过程中事实上一般合伙人的角色时,他自然由有限合伙人转型为一般合伙人,有着与一般合伙人同样的责任、义务和权利。

风险投资基金的发起和投资运作过程中,一般合伙人与有限合伙人之间的关系,决定着基金发起和投资运作的效率和效益。

二、基金与管理人的关系

基金与管理人的关系,是风险投资基金发起和投资运作的第二层关系。如图6.2所示,经典的基金理论和实践证明,基金本身不直接面对项目进行投资管理,而是委托给其他管理人进行项目的投资管理。

该管理人可以是发起基金的一般合伙人,也可以是其他有投资经验的投资管理公司。基金机构将基金的资本金以资金的形式或者是项目的形式,委托给管理人进行投资管理。资金式的委托,就是基金组织将一定数量的资本金委托给管理人,至于具体投资项目的选

择和投资运作管理等均由管理人自行决定的托管方式。项目式委托,就是基金组织以确定的投资方向领域或投资的具体项目委托给管理人,由管理人对所选定的投资领域或项目,进行投资运作管理的托管方式。

不论是哪种托管方式,基金组织按照所托管的资金量提取1%~3%的管理费给管理人,作为管理人运作管理该笔资金的费用。此外,就风险投资的风险特性而言,基金组织都要求管理人必须投入项目一定比例的资本金,该比例的资本金投入一般不超过项目投资总额的10%,同时,要求管理人所投入的资本金,必须在基金的资本金投入之前投入到位。当该项目投资的股本撤出后,所获得的报酬,在基金组织给予的管理费之外,还必须以高于管理人投入项目中资本金量的5%~10%的比例分配给管理人,以示对管理人成功运作管理的人力资本价值的承认。

基金与管理人之间的关系,同样也是贯彻了有限合伙制基本原理,充分体现了风险制约与利益激励对称的原则。在该基础上建立起来的基金与管理人的关系,才是真正符合风险投资金融经济价值的基本关系。

三、与项目选择的关系

如图6.2和图6.4所示,风险投资基金的投资运作是否有效益,取决于投资项目选择的正确性。所以基金组织的投资运作管理中,与项目的选择关系是基金运作中的第三层关系。

不论是资金式的还是项目式的委托,风险投资的项目选择过程,是一个具有科技经济价值与金融经济价值结合意义的价值判断的过程。通常基金如果是专业型基金,它只对某一个领域内的科技产业创业项目感兴趣。相对而言,它选择项目的经验比较丰富,对该领域内的科技进展情况、产业发展情况、市场未来趋势情况等都比较了解,对将要投资的项目价值的选择和判断正确率相对较高。而对于多元化投资的风险投资基金,由于跨领域、跨学科、跨产业,甚至跨区域地选择项目,特别是对不熟悉的领域,选择项目的成功性往往较低。所选择项目的成功率越高,投资成功的概率也就越高。

所选择项目是否具有风险投资的价值,完全由该项目的科技的先进性、科技的成熟性、科技的市场性决定。科技的先进性决定了该项目市场的高额垄断利润所在,科技的成熟性决定了该项目获得规模化发展的前提所在,科技的市场性决定了该项目收益的可能所在。就一个科技项目而言:仅有先进性而缺乏成熟性和市场性,该项目的投资只能获得单件的收益而已;仅有先进性和成熟性而缺乏市场性,该项目的投资难以获得广泛的市场回报;既有先进性、成熟性,又有市场性,该项目才真正具有风险投资的价值。然而,能够选择出具有先进性、成熟性、市场性的项目,是高智商、高经验、高判断的游戏,非一般人所能为。

美国在风险投资的项目选择上,基本的经验是:一个基金组织往往一年会收到要求给予投资的商业计划书600~1 000份,经过有关科技专家咨询和初选后,剩下5%~10%的项目进入可供尽职调查的范畴,在尽职调查的过程中,又将淘汰一大批项目,能够剩下的可供投资决策的项目总数占商业计划书总量的1%~2%,而最终能够被投资的只有5~10项。所以,一个好的基金运作必须有一个好的项目遴选机制。

四、与投资对象的关系

由于项目是与掌握项目的人紧密关联的,风险投资所投资的一切项目都是以创新企业家为对象的。因此,风险投资基金投资运作的第四层关系,就是与投资对象的关系。

风险投资与投资对象的关系可以表述为如图6.3所示的管理经济模型。在一个项目公司中,科技项目持有人以科技项目的知识产权入股,管理公司将自己的一笔资本金和风险投资基金的资本金投入项目公司中,该项目公司可以采用联合投资的方式,吸引其他的投资人一同投入。当投资获得成功时,大家都将获得投资的报酬。

由于人又是极其活跃的有思维的利益体,人的基本知识、基本能力、基本思维等,决定了该人能否将一个好的项目创业为一个具有收益增长性的企业。基本知识对创业而言是一个基本体系,其内容包括科技知识、管理知识、财务知识、金融知识、市场知识等,是创新企业家的基本条件。基本能力对创业而言是创新企业家运用基本知识体系进行创业的能力,该能力包括运用单一知识的能力和将这些单一知识进行协同运用的能力。基本思维就创业技术经济过程而言,是指创新企业家不仅要有科技研发的逻辑思维、产品生产的工程思维,还要有市场的思维、资本运营的思维,特别是将这些思维综合形成创业思维。即创新企业家不但要具有创业技术经济价值的思维理念,而且要有风险投资金融经济价值的思维理念。

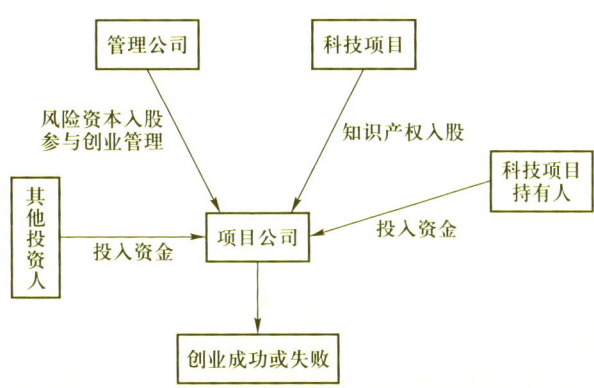

图6.3 与科技项目持有人的投资合作模式

如果创新企业家有较好的科技知识,则要看他们是否具有风险投资的金融经济价值的知识,特别是他们能否勇于承担创业技术经济过程和风险投资金融经济过程的风险责任,这往往决定了该投资的成功性。所以在这种情况下,创新企业家的基本思维往往决定了他能否有效地将其他社会创业资源整合到创业技术经济过程中。

创业和风险投资是一个事物的两个方面,风险投资基金与投资对象的关系融洽,则是将科技资源与金融资源有效结合于创业进程中的必要条件。能否将创业需要的基本知识与基本能力以及基本思维有机结合,是检验两者之间的关系好坏的基本标准。即风险投资的成功,就是创新企业家与风险投资家之间良好关系的回报。

五、投资过程中的内部管理关系

投资过程中的内部管理关系,是指风险投资过程中,项目过程的管理和管理公司内部管理的基本关系。这是风险投资过程中,促使创业技术经济价值实现以及风险资本增值的关系。可以说这是风险投资基金发起、投资运作过程中的第五层关系。

图 6.4 所示,是风险投资项目过程的经济学模型。整个风险投资过程的程序是:由项目的选择、尽职调查、投资决策、第一轮投资、第二轮投资……第 n 轮投资、资本金撤出等环节构成。完成整个过程,一般需 3~7 年的时间。对风险投资而言,投资收益的时间周期不但长,而且投资过程的环节多。所以风险投资收益的高和低,是由整个过程中每一个环节风险管理的水平决定的。为了能够使风险投资有高的收益,在选择项目上,充分发挥专家咨询委员会的作用;在投资决策上,充分发挥投资决策委员会的作用;在已经投资的项目中,充分利用风险控制委员会的作用。这些都是必需的。

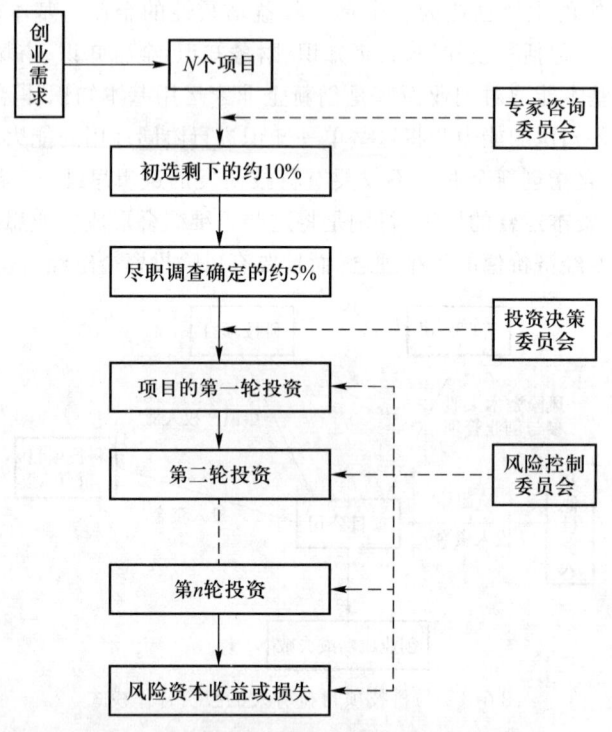

图 6.4　项目风险投资运作过程控制模式

一般而言,专家咨询委员会,是由科技专家为主导力量构成的,主要是就科技项目的先进性给出判断和咨询;投资决策委员会,是由投资专家、工程专家、市场专家、财务专家等构成的,主要就尽职调查的科技项目给出可否投资的决策咨询意见,工程专家给出该科技项目的成熟性的判断,市场专家给出该科技项目的市场前景分析,投资专家给出该科技项目投资方案的分析,财务专家给出该科技项目财务的基本分析;风险控制委员会,是由市场专家、财务专家、管理专家等构成的,他们主要就已投资的项目企业的进展情况进行跟踪分析,并给出是否继续进行下一轮投资的咨询意见,从而起到投资风险最小化的"止损机制"的作用。当然,三个专家委员会,可以合并为一个委员会,只要他们的功能充分发挥即可。

如图 6.5 所示的管理经济学模型,是管理公司受托管理投资项目过程中管理公司内部的管理关系。我们假设管理公司投资管理了 N 个项目,以第 N 个项目为例。按照委托投资管理的协议,该管理公司在对第 N 个项目进行投资管理的时候,该管理公司必须投入一定比例的资本金在该项目中。为了将责任贯彻到具体的每一个人,具体管理该项目的项目经理以及项目组成员,也是按照有限合伙制的基本原理,相应地在项目中投入一部分资金。如此这般,管理公司内部能够有将责任落实到每一个具体人头上的管理机制,风险投资基金将资本金的投资管理委托给这样的投资管理公司,至少是对风险投资资本金的安全性有了一定的保障。

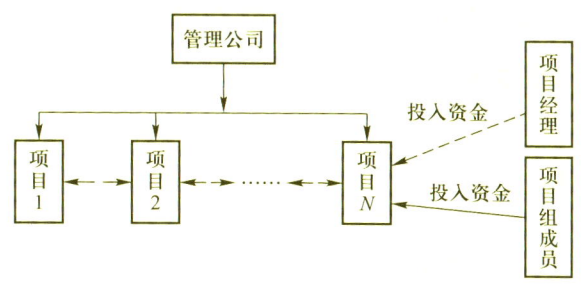

图 6.5 项目组之间关系示意图

管理公司为了提高自身的规模经济性,可以同时发起几个基金,并接受这几个基金的投资管理委托,也可以在发起一个基金后,除了接受该基金的投资管理委托之外,还可以接受其他投资基金的投资管理委托。

良好的投资项目过程管理的机制,良好的管理公司内部的管理机制,是保证风险投资基金资本金安全性的两道保险机制。

六、投资过程中风险止损的关系

风险投资对象远远不同于传统投资理论中的投资行为。它除了涉及创业技术经济过程的技术风险、生产风险、管理风险、市场风险、发展风险等典型的风险之外,还涉及这些典型风险之间的协同风险;它除了涉及风险投资金融经济过程的融资风险、选项风险、投资决策风险、投资管理风险、撤出风险等典型的风险之外,还涉及这些风险之间的协同风险。因此,风险投资过程中产生风险资本金的损失是正常的,也是必然的。这就是风险投资基金发起和投资运作的第六层关系,即投资过程中风险止损的关系。

由于传统的经典的马柯维茨投资组合理论揭示了证券市场投资的风险与收益的理论关系,因而马柯维茨获得了 1990 年的诺贝尔经济学奖。金融工程和金融创新理论是针对金融衍生产品而言,在金融衍生市场上使得金融资产保值增值的金融理论。这些理论所讨论对象的风险性与创业技术经济过程中的风险性以及风险投资金融经济过程中的风险性,有着质的区别。因此,这些金融学理论既不能解释也难以应用到风险投资的风险规避上。我们研究的"风险(创业)投资的组合投资理论与实务问题的研究"课题,就是以风险投资为对象的投资理论体系。

图 6.4 基本上给出了风险投资过程中风险止损的关系,项目的选择、尽职调查、投资决策、第一轮投资、第二轮投资……第 n 轮投资、资本金撤出等环节,形成了一个良好的风

险止损的关系。以项目投资决策之后的过程为例,由于一切投资按照投资计划进行,风险控制委员会随时跟踪项目投资的进展情况,当一笔资本金投入后,风险控制委员会根据该阶段的投资目标、财务情况、管理情况、市场情况等进行综合,给出该阶段投资的风险判断,当其与投资目标相距甚远时,即可给出是否考虑暂缓或是停止下一轮投资的意见。经过论证,下一轮投资需要暂缓或是停止,如此这般运作的风险控制机制,使得风险投资基金的资本金损失降到最小的范围。

风险投资过程中的风险是不可避免的,但是有效的风险止损机制,能够将由风险带来的损失降到最低限度。这是风险投资基金建立风险止损机制的根本所在。

七、资本金管理的关系

风险投资基金一旦发起后,它不直接面对项目进行投资,资本金管理的关系,是风险投资基金发起运作的第七层关系。

如图6.2所示,风险投资基金发起组成后,首先将这些资本金托管到一家银行,而不是将资本金放在哪个合伙人的账户上。当投资项目确定,所形成的投资计划得到批准后,该投资计划书由基金组织传给托管银行,银行在持有投资计划书的基础上,当得到管理公司发来的投资指令时,将投资指令与投资计划书对照,如果一致,则银行将资本金按照投资指令的要求,拨付到项目公司账户上;当指令与投资计划书不一致时,银行就有权拒绝将资本金拨付到项目公司的账户上;即使是指令与投资计划书一致,由于风险控制委员会的意见,基金组织希望暂缓或者停止下一轮投资时,银行得到该意见,银行就有权暂缓或者停止这一笔资本金的拨付。当然,根据风险控制委员会的暂缓或者停止下一轮投资的意见,最终的暂缓或者停止下一轮投资的决策,需要基金组织与受托的管理公司共同研究做出。

这样将资本金的管理与使用管理的渠道相分离的方式,以及资本金投资过程中使风险降到最小范围的止损机制,既有效地保证了闲置资本金的安全性,也保证了已经投资项目的资本金的有效性。

八、与各类有关专家的关系

在风险投资中,需要将科技知识、生产知识、市场知识、管理知识、金融知识等知识体系集中于创业技术经济过程中和风险投资的金融经济过程中,需要各类专家知识的咨询和决策支持。所以风险投资基金的发起和投资运作的进程中,与各类有关专家的关系也是至关重要的。可以说,与各类专家的关系是风险投资的第八层关系。

如图6.4所示,各类专家在风险投资过程中的作用是有分工的,专家咨询委员会主要就项目的科技性进行咨询,投资决策委员会就项目投资与否进行决策咨询,风险控制委员会就项目进展的风险情况进行止损的咨询。为了显示专家们工作的公正性、公平性,风险投资基金组织与管理公司对聘请各类专家要达成共同的意见。为了保证专家们工作的客观性、容错性、综合性,各类专家的意见只是风险投资过程中的一个侧面,只有将他们的意见系统集成之后,才能够有比较科学的判断。

风险投资基金以及投资管理公司与各类专家之间的关系,是聘用与被聘用的关系,他们只是对所给的题目,进行知识性的客观服务,而不参与最终的决策和具体的各项事务。为了保证所聘专家对项目判断的知识性服务的价值所在,对专家们也要实行淘汰的制约和知识增值服务的激励措施(对专家们的制约和激励机制将在下面的内容中论述)。

专家们的良好服务,是风险投资基金发起和投资运作成功的一个具体表现。专家们的服务,主要是知识增值服务,只有这样的服务才能保证风险投资过程中的知识性和智慧性所在。

第三节 风险投资的利益激励机制

风险投资的利益激励机制与风险制约机制相对称,构成了风险投资过程系统的两个方面。所以在制约机制的前提下,必须有相应的激励机制,以真正保证风险投资的收益可靠性。

一、有限合伙制的激励机制

有限合伙制的激励机制,从根本上讲,是对人力资本价值的肯定。普通合伙人出资1%的资金,代理99%的资金,在面对创业风险信息不对称和风险信息潜在不确定的情况下,如何以发现价值的中介服务来确定项目的可投资性,还要在投资后实施参与式的增值服务管理,将创业项目的科技经济价值发掘出来,客观上是对新经济的贡献,微观上是创建好一个企业。这样的过程,对创业者而言是科技知识产权股份期权化的艰难创业历程,对风险投资而言是风险资本股份期权化的艰难历程。如何激励风险(创业)投资的直接实施人,不仅关系到创业技术经济价值是否很好地实现,而且关系到风险资本的金融经济价值是否有效地实现。

有限合伙制风险投资基金,针对前面论述涉及的多项关系,其激励机制也是从这几个方面展开的。

(一) 基金与管理人的激励机制

基金作为公司型或者契约型(参见图6.2),它们将资金委托给管理公司(管理人)进行管理时,在前面分析的制约机制前提下,当投资有了收益时,基金就要给予管理人高于其投资份额5%~20%的利益报酬分配,以示对管理人人力资本价值的肯定。

具体的分配比例,由基金与管理人之间协商确定,并以委托协议的方式进行约定,作为以后收益实现时的分配依据。

(二) 项目遴选的激励机制

由于风险投资的收益高低与否,首先取决于项目选择的正确与否,所以对项目遴选的激励机制,体现于经理人、专家咨询、投资决策等环节的科学性和规则性。对于选择项目,将来投资获得成功时,就应该拿出一定的比例来奖励经理人、有关专家和有关投资决策的人员。

(三) 项目经理人的激励机制

项目经理人在制约机制的条件下将项目运作成功时,公司就将所获收益以多于项目经理人投入项目中5%～15%的比例,分配给该项目经理人。这是项目经理人的激励机制。

(四)投资对象的激励机制

投资对象的激励机制,就是给予他们知识产权股份,当项目投资成功获得收益时,他们将获得知识产权股份的分红。

对于知识产权入股并使知识产权拥有者获得创业的收益,其中最难的就是对知识产权技术经济价值的评估。而现有的评估方法充其量只能解决技术成果转让的难题,但是难以适应创业技术经济过程的知识产权技术经济价值的评估问题。

知识产权在创业技术经济过程中的价值评估,应该对动态的、分阶段的市场经济价值实现的情况进行评估。并且,该知识产权所在的股权比例,与以固定投资所占比重大小成反比。即该项目固定投资比例越大,知识产权的股权比例就越小。反之,知识产权的股权比例就可以较大。

(五)有关专家的激励机制

有关专家的激励机制主要体现在:专家们给出的咨询意见质量高,对于项目遴选、投资、运营管理成功的概率就能提高,甚至可以避免盲目性。为此,有关专家的激励机制,就是充分肯定他们知识性劳动的价值,给予除了常规性劳动之外的知识性劳动的报酬。

这样的激励机制的贯彻,是将风险激励机制落实到了每一个人的身上,使得大家都在努力去创新工作。这样的工作不仅仅是勤奋,更重要的是在勤奋的基础上,还要发挥知识和智慧的价值。

二、风险投资的风险控制机制

风险投资基金的必要机制,就是基金发起与投资运作过程中的风险控制(制约)机制。正如前面所述,涉及风险投资基金发起和投资运作的各种关系,都必须有相应的风险制约机制,这是风险投资企业制度设计上的创新。这种创新为风险投资基金发起和投资运作过程中,设计了一套完整的系统的风险控制机制,该机制保护了投资人的权益,保证了在投资过程中实现损失最小、整体效益最高的目标。在风险投资过程中实施风险制约机制,并不仅仅是为了保护投资人的权益,更主要的是将风险资本的金融经济价值真正发挥出来。在美国风险投资出资人往往都是富裕的人,他们有着对科技项目创业投资的偏好,他们看重的是该资本项下的股份期权化的收益价值的实现。所以在面对风险信息不对称和潜在不可知的条件下,风险制约机制应该是更宽松下的严格。

下面围绕这个主题详细论述。

(一)基金与管理人的制约机制

在风险投资基金投资过程中经典的基金做法,就是将资本金以项目的形式或者是定额资本金的形式,委托给有资格的投资管理公司。基金与管理人的关系,是委托与被委托关系。但这种委托与被委托关系同传统证券基金的委托与被委托关系,有着本质的差异。

这些差异体现在以下几个方面:

传统的证券投资基金将资本金委托给管理人,管理人收取的是佣金,加上一些利益的分成,管理人既不承担投资的风险,也不承担投资风险的连带经济责任;风险投资基金将资本金委托给管理人,管理人以资本金额的一定比例提取托管费,对投资的项目,管理人必须以一定比例的资金配套投入到项目公司中,该比例一般为 1%～10%。具体的比例大小,视项目投资额的大小而定,大约是投资额越大,管理人投入资本金的比例可以越小;项目投资额越小,管理人投入资本金的比例可以越大。

传统的证券投资基金将资金委托之后,一般是以委托指令的方式指示管理人进行证券的投资。而风险投资基金将资金委托后,一般不参与项目公司的经营与管理的事务,否则,将视为普通合伙人的权责。

传统的证券投资基金与管理人之间往往没有资本金的关联关系。而风险投资基金与管理人之间往往有资本金的关联关系,因为只有这样,其他有限合伙人才有保障的安全感,其他有限合伙人才敢于将自有的资本金放到风险投资基金中,并委托给管理人进行风险投资。

风险投资基金与管理人之间的关系,既是委托与被委托的关系,又是资本金的关联,更重要的是投资风险之间制约机制的关联关系。基金组织要求管理人必须以一定比例的资本金投入到项目公司中,基金不参与对项目公司的投资管理,项目公司的投资管理均由管理人的专家们执行。当项目公司的投资出现风险时,首先要"风险"掉管理人投入的资本金,其次才能"风险"基金的资本金,当风险大于或超出该项目的投资额时,这些无限责任由管理人承担。这种对管理人风险的制约机制制度设计创新,大大地防范了管理人的道德风险,同时提高了有限合伙基金的出资人的安全感。

(二) 项目遴选的制约机制

基金与管理人之间的风险制约机制,防范了管理人的道德风险,并不能彻底地规避风险投资过程中的投资风险,还必须有一套合乎风险投资规律的规程或系统的游戏规则。

风险投资的游戏规则,第一项就是项目遴选的制约机制。项目遴选一般必须经过以下几个环节:其一是项目的初选,初选项目的淘汰率最高,大约 90%要被淘汰。初选的过程,大多为管理人与专家咨询委员会共同参与,主要是考察科技项目的先进性问题。其二是项目的尽职调查性筛选,确定项目投资的可行性。尽职调查的过程,大多为工程专家和市场专家以及投资专家共同参与,主要是考察科技项目的成熟性和市场性,这个过程在剩下大约 10%的项目中又有 80%左右被淘汰。其三是对项目投资与否进行决策性筛选,确定项目的投资。投资决策的过程,多为投资专家和财务专家以及投资者参与讨论,这个过程之后能够被投资的项目只占受理项目的千分之几的比例。

项目遴选的制约机制很重要的一个文件,是项目投资的商业计划书。一个好的商业计划书,不但要揭示科技项目的先进性、成熟性和市场性,还要揭示创业规划及其经济学模型,揭示投资收益的经济学模型,揭示该创业给消费者带来收益的经济学模型,与此同时,还要揭示这些经济学过程的风险因素以及规避这些风险的基本策略。

(三) 项目经理人的制约机制

项目经理人的制约机制,主要体现在促使经理人勤勉,防范其道德风险,提高其离职成本,从而保障投资项目经营管理的可靠性。从国际成功的经验看,基于有限合伙制原理,要求项目经理对所经营管理的项目进行一定比例的跟踪投资。比如,就决策投资并由该经理人经营管理的项目,要求该经理人投入公司对该项目投资额1%~10%的资金,当该项目出现风险时,基本原则是该经理人首先承担风险,并要承担公司投资额损失之外可能的无限风险连带责任。这种制约机制,以所投资资金额的大小、经理人的收入、可能产生风险(对公司、对项目、对经理人等)大小等几个因素综合起来考虑,由公司与该经理人以公司内部契约的方式进行约定。

如图6.5所示,这种制约机制是以良好的激励为前提的,是以良好的宏观经济环境为基础背景的,是以正常运营的创业规划和执行投资计划为条件的。当宏观经济环境发生变化,创业规划运营和投资计划执行出现非正常的干扰时,对项目经理人的制约机制贯彻,需要公司与经理人进行新的协商。

(四)投资对象的制约机制

投资对象是指掌握着科技成果的科技人员。由于科技成果作为一种知识产权,它有着使用的无限性,以及科技人员往往没有脱离学校进行创业,他们在创业的过程中,基本上是"两栖"角色,所以对投资对象实施制约机制是十分必要的。如图6.3所示,该机制的目的在于促使创业能够早日有成就,防范由"两栖"角色以及知识产权无限使用带来的资金财政化使用的风险。在投资过程中,要求投资对象按有限合伙制的原理投入项目资金额1%的资本金。当由于科技人员的勤勉尽责不够,或者由于科技人员的道德风险等因素导致项目投资出现风险时,投资公司与科技人员达成投资协议时,契约约定要由科技人员优先承担风险,当出现的风险性质恶劣时,还要加大对科技人员的处罚力度,比如,将科技知识产权部分或者全部赔偿给投资人。

(五)有关专家的制约机制

在整个风险投资的过程中,始终都有各类专家的参与,专家的知识服务的价值在于他们是否说真话,取决于他们是否用心在为项目工作。对专家的制约的基本原理,在于将专家的劳动分成常规性劳动和知识性劳动,对他们劳动的报酬据此也分成常规性的和知识性的。由于创业技术经济过程有一个周期性,专家们的劳动结果也有一个周期性时滞。所以,有关专家的制约机制主要表现在两个方面:其一是对他们的劳动,先付给他们常规性劳动的报酬,他们知识性劳动的报酬在项目投资基本获得成功后再支付给他们。其二是对所聘请的专家给予较高的报酬,为了能够有效地鞭策他们认真用心地工作,对这些专家实行三年淘汰1/3的做法,即对三年来各种出错率高的1/3者进行淘汰。由于给的是较高的报酬,这种淘汰机制对专家们的工作质量是有效的激励。

当然,贯彻这样的专家制约机制是比较困难的。特别是在我国视专家为权威的环境中,甚至有的专家将他们知识或者职称权力化的环境下,贯彻这样的制约机制就显得更有难度。为了保证专家意见的正确率,至少可以实行三年淘汰1/3的做法,这是极其必要的。

关于专家们的报酬分为常规性和知识性的做法,尤其是对知识性报酬实现滞后支付的做法,可以探索性地试行。

思 考 题

1. 简述现代企业制度的基本类型。

2. 简述有限合伙制的组织架构。
3. 简述有限合伙制的内部几大关系。
4. 简述有限合伙制的止损机制。
5. 简述有限合伙制与风险投资吻合机制。

关　键　词

现代企业组织的五大类形式　有限合伙制原理　有限合伙制的责任制约机制　有限合伙制的利益激励机制

国际经验篇

　　本篇内容,以美国风险投资发展历史过程为脉络,以硅谷为例讨论技术集聚到风险投资集聚规律,论述政府支持风险投资发展模式,总结美国风险投资发展的成功经验所在。并论述了有限合伙制的制度和机制对于风险投资发展的制度吻合性,这恰恰是美国风险投资创造经济竞争力超越其他国家的法宝所在。

第七章
美国风险投资发展经验及国际经验的总结

美国的风险投资起源于1946年,至今有70多年的历史,已经形成了一套完善的、成熟的运行模式,也造就了美国发达的信息科技及其产业,带动美国经济从传统工业经济时代进入了知识经济时代,赢得了90年代十年的经济高速增长,启发了各个国家重新审视自己发展经济的模式,使其纷纷学习美国积极发展风险投资,以期获得本国经济更快更好的增长。

那么,70多年来美国风险投资业的发展,取得了哪些可供借鉴的经验?又经历了哪些曲折和教训,需要我们借鉴?例如:

风险投资到底是一个什么样的金融产业?

风险投资运行过程是一个体系?还是一个简单的投资行为?

风险投资业需要什么样的法规政策环境?

风险投资业发展需要什么样的资本市场环境?

政府在风险投资业发展过程中的作用是什么?

这些问题都是有待于我们深入研究和理性认知的。

本部分将根据赴美考察的内容进行论述。其中,我们专访了20多家风险投资机构、十多家科技型企业,以及美国小企业管理局(SBA)、美国科学基金会、哈佛大学、斯坦福大学、纽约大学、克莱姆大学、全美风险投资协会、小企业风险投资协会、专门提供风险投资法律服务的律师事务所、纳斯达克资本市场国际总裁、纽约证券交易所总裁、美国私募股权协会主席、美国商务部常务副部长等机构和专家。为了搞清楚和求证内在的规律性,我们曾多次去美国考察,其中五次在硅谷,三次去斯坦福大学,三次去哈佛大学,四次去小企业管理局,一次去美国科学基金会,三次去全美风险投资协会,一次去小企业风险投资协会,一次去纽约大学,一次去硅谷金融集团,一次去黑石基金等。这些考察的内容,一部分论述在本书之中,还有一部分将论述在《美国风险投资经济政策研究》的专著之中。

本章从以下几个方面来论述:第一节是美国风险投资业发展历史概述;第二节是美国

硅谷内在技术密集规律的考察;第三节是美国风险投资业发展聚集规律实证研究;第四节是风险投资与技术创新的经济关系研究;第五节是美国政府促进风险投资业发展的基本模式;第六节是风险投资发展国际经验的总结;第七节是美国大学科技成果转移模式借鉴研究。

第一节　美国风险投资业发展历史概述

全世界都将美国的硅谷视为高科技产业的核心。总结硅谷的历史经验,主要是硅谷有着创业的必要条件和充分条件。

创业的必要条件表现在:很高的知识密集度——以斯坦福大学、伯克利大学等为核心的现代科技的发源地。有知识的员工具有高素质和流动性,在他们敢于冒险的精神和宽容失败的氛围中,很快将学到的和掌握的科技知识转化为生产力。由于开放的经营环境和高素质的中介服务,他们的创业有专业化的商业基础设施,以及与工业界密切结合的研究和开发。更重要的是,创业者本着科技知识产权股份期权化和风险投资者本着风险资本期权化的创业游戏规则,进行知识经济的创造。

另外,硅谷是一个高质量的生活地区。

创业的充分条件表现在:发达的金融市场和完善的机制(融资、投资和撤出),即美国除了有纽约证券交易所这样全球最发达的主板市场之外,还有以纳斯达克为代表的创业板市场为创业型企业提供广泛的资本支持。还有私募权益资本市场为创业者提供前端投融资服务的资本市场体系。

另外,硅谷拥有创业的宏观经济环境,也就是美国成就风险投资业发展的宏观环境。例如,从法律体系看,美国在 20 世纪 40 年代就已经出台了《投资法》等规范相关的投资行为的法律,1953 年出台了专门支持小企业发展的《小企业法》,1958 年又正式出台了《小企业投资法》等专门规范小企业投资行为的法律。依据《小企业投资法》,美国专门创立了中小企业管理局(SBA)承担政府扶持创业及其有关投资政策的制定。

当然还有文化方面的背景因素等,由于离本教材讨论的主题太远,在此仅仅提一句而已,不做其他论述。

美国风险投资业的发展历程,大约经历了如下几个时期:

初创,是以 1946 年美国研究发展公司创立为标志的。

60 年代的成长期,以 1958 年国会通过《小企业投资法》为契机,以政府创立的中小企业管理局(SBA)为开端,以研究发展公司早期投资获得的超高回报为诱导,大量社会资本纷纷介入风险投资行列。

70 年代的萎缩期,由于资本收益税的提高,由 25% 提高到 35% 再提高到 49.5%,只有长期投资才能够有回报的风险资本几乎无利可得甚至亏本,导致风险投资业萎缩。

70 年代末 80 年代初的政策调整和复苏期,由于里根入主白宫,奉行创新的经济政策,降低资本所得税,并修改养老基金法,允许养老基金进入高风险投资领域等一系列为风险投资机构重新定位的政策,特别是将资本收益税由 49.5% 降到 25%,促使风险投资业在 80 年代开始复苏。

90年代高速发展期,1971年纳斯达克资本市场创建,完成了风险资本市场体系的建设,以及20世纪80年代的经济政策调整,纳斯达克股票指数在1998年时上升到5 300多点,让人们看到高科技及其经济发展的魅力。

但是在20世纪90年代后期到2002年前后,由于"网络泡沫"破灭遭受巨大打击,纳斯达克股票指数从5 300多点跌到了2 300多点,促使人们开始理性思考高科技产业的发展。

美国风险投资业步入了一个新的发展时期,根据我们2002年、2005年和2006年、2008年以及2010年对美国风险投资业的实地考察,对其基本现状分析如下:

总体分析,区域特性:硅谷地区是"冲浪式"的;128号公路地区是"经典式"的;纽约地区是"资本运作式"的。集中特性:前五个州拥有全美80%的风险资本,其中硅谷地区集中了全美65%的早期风险资本,纽约地区集中了逾65%的后期风险资本;高科技产业与传统工业制造中心保持一定的距离;风险投资的行业集中由IT转向生物医药行业;政府的作用表现为经济哲学观创新,即政府认为中小企业的创业,特别科技型中小企业创业带来了一个国家经济发展的活力,由于创业的技术经济过程中存在"死亡之谷",需要政府推动和拉动创业营造投资市场,同时政府还要利用市场机制促进风险投资业发展。

根据全美风险投资协会的研究有:

风险投资对于美国经济总体作用:投资对经济贡献之比大约为1∶11;

美国对于风险投资业的管理体系:政府支持加上行业协会的模式;

美国风险投资机构的投资策略:专业化与组合投资结合的策略;

美国风险投资机构的组织形式:有限合伙基金为主导(80%以上);

美国风险投资业未来发展特性:稳健型将成为风险投资的主流;

美国风险投资业在网络泡沫之后遇到困难:用10倍的努力才能实现以前1倍努力达到的功效;

美国经验证明需要比较成熟的基金经理人:平均15年以上的风险投资经历;

美国风险投资基金的战略:筹资—投资—管理—撤出系统战略。

美国风险投资基金中基于有限合伙制的风险投资基金,占风险投资机构的80%以上,其资本金为1 000万~3亿美元。有限合伙制基金在20年前要求普通合伙人承担优先以及无限连带风险责任,而20年后的今天,要求普通合伙人只承担有限风险责任,其原因是经理人的成熟与诚信的建立以及美国资本的富裕。在美国,有限责任或股份责任公司型的风险投资机构一般为大型财团发起组建的风险投资机构,资本金在5亿美元以上。

所有风险投资机构采取组合投资策略:① 区域市场之间的组合投资;② 专业化基金(投资者)之间的组合投资;③ 投资项目创业阶段之间的组合投资;④ 投资方向之间的组合投资;⑤ 撤出方式之间的组合投资;⑥ 投资工具之间的组合投资;⑦ 其他方式之间的组合投资,如跨国风险投资策略之间的组合等。

在我们考察过程中,美国有关专家对我们的建议为:

美国哈佛大学教授Josh Lerner据其对美国风险投资业发展15年的研究和总结,认为美国风险投资业的发展有三个经验或教训:

其一是政府在风险投资发展中的重要角色是任何市场力量不可替代的,主要体现在

两个方面,即直接调动民间资本的机制和调动创业的积极性;

其二是创业是一个长期的过程,不可急功近利;

其三是做风险投资是一个集中性的金融经济行为。

他对中国发展风险投资业的宏观建议有两条:

其一是对国外的经验要多总结,并进行比较。以开放的心态去做风险投资,避免日本做风险投资那种向内的心态。

其二是促进好的创业与风险投资的链接。创造好的环境,让有钱的人愿意来搞风险投资和优秀的人愿意来管理风险投资。

另外,哈佛大学行政学院前副院长 Jamsa Salfifld 教授根据他参与从事某个风险投资基金 17 年的实践经验和对风险投资的有关研究,对中国风险投资机构实际操作提出如下两点建议:其一是风险投资机构的投资要有主题;其二是遵从风险投资的操作规律,即被投资项目一定要有优势,被投资项目的市场潜力达到 10% 以上的成长率,所投资项目不是资金密集型的产业,投入风险资本要有明确的退出战略。

总结如下:通过考察,我们看到了美国风险投资业经过几十年发展形成的先进经验和运作模式;通过考察,我们看到了美国政府经济哲学观的变化,以及政府推动经济发展的创新模式;通过考察,我们看到了我国风险投资业与美国风险投资业之间的差距,但我国的风险投资业已经迈出了正确的一步,并且已经取得了探索的成就,只要认真学习和努力,我国的风险投资业一定能够发展得更好。

那么,作为一个资本密集型的新兴金融产业,美国风险投资的资本密集特性体现出了什么样的规律,对于我国有些什么样的启示?

第二节 美国硅谷内在技术密集规律的考察

本节特别基于在硅谷考察,从斯坦福大学教授的理论研究和 PTI 风险投资公司总裁自 70 年代以来在硅谷的亲身经历两个角度,论述由系统科技、半导体科技、软件科技、生物医药科技四大科技集群构成的内在科技关联互动的内生的技术密集集成规律,促成了硅谷高科技产业的发展。比较我国高科技产业园区发展情况,讨论我国在高科技产业园区发展取得成绩的背景下存在的一定误区,并用市场经济的原理分析高科技产业发展过程中的市场机制内化的问题。

一、硅谷考察

应斯坦福大学 Dasher 教授的邀请,笔者于 2005 年 11 月 9 日至 15 日访问了斯坦福大学,与 Dasher 教授交流了斯坦福大学科技成果转化及其在硅谷高科技产业发展过程中的作用。其间,笔者还访问了国际著名的风险投资机构 Venture One 公司和 PTI 风险投资机构。

在与 Dasher 教授交流的过程中,从他自己研究科技成果转化规律的角度分析,斯坦福大学已经形成了一套既能够促进大学学术水平提高,又能够快速将研究成果转化出去,服务于高科技产业发展的高效的科技成果转化模式。他特别强调硅谷能够成为世界各国效仿的高科技产业园区,其根本并不像有些国家理解得那样简单,即半导体的带动。实际上是存在四大科技集群,即系统科技集群、半导体科技集群、软件科技集群和生物医药科技集群。半导体在其中仅仅是一部分而已,即使如大家宣传的那样,半导体产业在硅谷高科技产业产值中的贡献,也仅仅占硅谷高科技产业总量的20%左右。

为了求证Dasher教授的理论研究成果,在访问PTI风险投资公司的王自立总裁时,除了与他交流风险投资之外,还就我们提出的问题进行了交流。他自70年代就从台湾去了硅谷,在硅谷工作了30多年。他就我们的问题,增加了半天的时间,专门与我们交流。他以所观察到的硅谷形成的实证过程,证实了Dasher教授的理论研究的结论是正确的。

二、四大科技集群的共生关系规律分析

Dasher教授所讲的系统科技,是以IBM、惠普、朗讯、DELL、苹果、思科等一系列计算机系统科技为代表的产业,这些科技及其产业的发展带动了半导体的科技及其产业的发展,同时带动了软件科技及其产业的发展。只是因为半导体科技在这些科技系统中以及在这些产业市场地位中,处于一个极其关键的核心地位,引得大家将注意力集中到了半导体科技及其产业上。另外由于生物医药科技及其产业的发展,对系统科技与产业产生了巨大的需求,带动了系统科技和产业的发展。反过来这些系统科技和产业的发展又有力地促进了生物医药科技和产业的快速发展。这四大科技及其产业之间形成了一个巨大的共生的科技集群和产业集群。这是硅谷能够形成高科技产业的内在科技集群规律。

外界来考察硅谷时,往往注意力集中在半导体上,特别是英特尔公司,这就容易产生认识上的误区。即主导的意识是,硅谷的成功在于有了半导体科技及其产业的发展,从而推动了硅谷高科技产业的发展。如果仅仅从当今高科技产业集群中的关键作用或者是核心作用来分析这个问题,这样的认识无疑是正确的。但是在具体发展高科技产业的过程中,如果仅仅将注意力集中在半导体科技和产业上,势必产生一种非市场经济过程的投资。

在20世纪80年代以前,美国的128号公路在高科技产业发展上的成就高于硅谷,而到了80年代至90年代,硅谷超过了128号公路。实际上在此期间,硅谷的商务成本要高于128号公路,比如房地产成本、工资成本、税率上的成本等都高于128号公路。按照传统经济学的解释,128号公路拥有高于硅谷的比较优势,那为什么硅谷能够快速发展起来呢?除了斯坦福大学高效的、低价格的科技成果转化之外,四大科技系统之间的紧密结合形成的聚集效应,由此所构建的创新、创业速度弥补了商务成本的劣势。有一份研究报告得出这样的结论:80年代在硅谷建立的半导体公司比美国其他地方的公司开发新产品的速度快60%,交运产品的速度快40%。具体而言,就是硅谷地区的硬件和软件制造商结成了紧密的联盟,能最大限度地降低从出点子到制造出产品有关过程的成本。即以技术密集关联为基础的动态创业联盟,降低了创业成本,大大弥补了静态的商务成本劣势。

从表面上看,生物医药科技与系统科技、半导体、软件之间本身没有什么关联关系,实际上,是系统科技的发展大大支持了现代生物医药高科技及其产业的发展,生物医药高科技及其产业的发展,形成对系统科技、半导体科技、软件科技等科技的需求。且不说系统科技、半导体科技、软件科技本身就是极其复杂的系统,现代生物医药科技本身也是一个

结构极其复杂多元的系统,它们的发展又构成了对于系统、半导体、软件的多元化要求,这四大科技系统构成之间的相互依存关联关系,通过创新或创业技术经济过程链上的市场深化,实现着它们之间的互动共生的高科技产业机体的生态关系。

比较我国高科技产业的发展和印度软件业的发展,印度能否在高科技产业发展方面超过中国?他们的回答是不可能。因为,印度软件业的发展得益于他们的语言表述比我们中国人更让美国人易懂,以及他们在软件业的逻辑思维和悟性,而且美国对于转包给他们的软件工程往往是没有政治壁垒的,所以印度软件业发展得比较迅速。但是,参照美国硅谷的成功,印度由于缺乏系统技术对于软件的需求拉动,所以印度的软件只能是挂在美国产业的战车上,一旦美国停止了对他们的转包,他们将陷入困境。我国软件业的发展难处在于自己的系统技术发展还没有形成对于软件业的需求拉动,在国际上也受到发达国家政治壁垒的影响,所以现在发展受到的限制和遇到的困难要大于印度。但是,我国的经济环境好于印度,高科技产业发展的水平高于印度,而且中国高科技产业的发展正处在一个关键突破阶段,一旦这个阶段度过,中国的软件业发展,将会大大超过印度的水平。所以,他们建议不要刻意地关注软件业的发展状况,而是要将注意力集中在系统技术集群以及四大技术集群密集和关联机制上。

硅谷的四大科技系统之间的集约共生集群关系,以及由此产生的四大高科技产业形成的共生产业机体,告诉我们这样一个事实:技术密集以及集群关系是以市场机制关联,还是以政府行为主导关联,哪种行为更为有效,只有市场本身机制深化到创新和创业的技术经济过程中才能够显现出来。

三、与国内高科技产业园区的比较

我国为了发展高科技产业,于80年代末期开始到90年代中期,在全国范围内创建了53个国家级的高科技产业开发园区、58个省级的高科技产业开发园区,还有难以计数的县级、乡镇级各类开发区。这些开发园区有的是综合性的,有的是专业性的。如生物医药园区、软件园区、中医药开发园区等。十多年下来,有的开发园区已经沦为了房地产开发园区,有的成了传统产业招商引资的开发园区。真正的高科技产业发展的成效往往并不如人所愿。且不从条块分割、高科技产业发展的宏观环境等角度分析,仅仅从高科技产业发展内在的科技密集以及与其他紧密关联科技的支持互动的角度进行分析,就会发现问题所在。

如前所述,斯坦福大学、伯克利大学等科技成果的低价快速转化,科技企业创业过程中的技术密集互动,造就了硅谷的高科技产业领先于世的地位。我国似乎对于高科技产业园区的发展,往往注重园区的规模、花样等,但是对于园区内在技术密集互动规律的问题涉及得较少,或者说是研究得不够。所以在高科技产业园区招商引资上,往往是盲目招商,谈不上理性招商,更谈不上科学招商了。这恐怕就是很多科技企业即使有很好的成长空间也难以做强做大的内在原因所在。

我在与斯坦福大学教授交流时,曾请教他技术密集或者四大技术集群关联的密度达到什么样的程度时,才能够有硅谷的成功,以及技术密集程度的加强速度与硅谷高科技产业发展速度之间定量分析的关系。他说这是一个非常好的问题,只是到目前还没有人专门研究这个问题。所以我们往往注意了所谓的技术密集或者知识密集,目前来看也仅仅是停留在宏观概念上,而对于技术密集的内涵以及它们之间关联互动机制的深入研究还不够。已有的经济学相关理论,不论是产业经济学的角度还是区域经济学的角度,或是金融学的角度或是技术创新理论角度等,对于这样的问题,似乎都有无法说透的地方,或者引起我们在认识上的一定误区。所以需要我们换个角度来思考我国高科技产业园区的发展问题,即要从技术密集内涵和各类技术集群之间互动的内在机制问题,来规划高科技产业园区的发展问题。

四、结论与建议

通过对硅谷的考察,以及与我国情况的比较得知,硅谷成功的技术密集以及系统技术、半导体技术、软件技术、生物医药技术四大类技术密集之间的互动机制规律,是已经被实证证明检验的。在我国高科技产业发展进程中,需要对硅谷的内在技术密集规律问题重新认识。在理论上以及在实务上都需要我们认真检讨一下所走过的路径。

综上所述,结合长江三角区域的情况分析,长江三角区域可以说是全国知识和技术最密集的区域,集中有全国最优秀的前十所大学中的四所,而且有着强大的产业基础和民营经济活力。长江三角区域内的高科技产业发展虽然有了很大的成绩,但是至今还没有形成高科技产业的聚集效应,也还没有形成几大技术集群之间的共生效应。

为此,有如下建议:

(1)从高科技产业发展的技术结构出发,研究高科技产业发展的基本的技术密集与技术结构的关系,作为园区创业或招商引资的基本出发点;

(2)从技术结构的角度,研究技术的上游和下游之间的关联关系,研究技术上下游之间的互动关系,作为园区产业规划发展的基本点;

(3)从不同技术密集及其之间的互动机制角度,进行投融资的组合和机制的研究和构建,从而加速高科技产业发展步伐。

第三节 美国风险投资业发展聚集规律实证研究

为了实证性地研究风险投资的理论和实务问题,自2002年以来,先后组织了国内风险投资机构五次前往美国考察。在这五次考察中,访问了美国商务部、小企业管理局、全美风险投资协会、小企业风险投资协会、私募投资协会;多次与美国哈佛大学、斯坦福大学、霍普金斯大学、Claremont大学、纽约大学等的十多位教授进行交流;考察了30多家风险投资基金机构、10多家高科技企业以及三家律师事务所等。通过前四次考察,我们清楚地看到了美国风险投资业的发展对于科技创新的直接促进作用,以及对于国家宏观经济发展的溢出效应。就这种风险投资的金融经济特性进行分析我们认为,这得益于风险投资本身的金融投资特性及其聚集特性。本节就得出的有关结论进行论述。

一、风险投资聚集特性

在我们考察中,从宏观经济的角度,不论是美国的小企业管理局、美国商务部,还是美

国的风险投资协会,都肯定地讲到美国风险投资的聚集情况。基本结论是:

法律上的聚集,90%以上的风险投资机构注册在特拉华州;

投资上的聚集,早期投资65%以上集中在硅谷,后期投资65%集中在纽约;

时段上的聚集,90年代集中在IT业,21世纪开始集中在生物医药业;

政府引导的聚集,政府引导的风险投资集中在早期(1958年至今已经投资9万多家早期创业项目)的项目占美国早期项目的65%以上;

资本聚集的特点,80%的风险资本集中在五个州;

规模上的聚集,80%的风险投资为中小型风险投资机构,并集中在大学附近。

这些风险投资聚集特性,给我们的明确结论是:风险投资是一个资本密集的新兴金融投资产业。这与几所大学的教授研究的结论是一样的。

二、高新技术企业聚集特性

在所考察的风险投资基金机构以及高科技企业中,从微观经济的角度,相关人员都明确地表述了风险投资与高科技企业创业成长息息相关。高科技企业聚集特性是:

高科技产业发展聚集,90%注册在特拉华州;

信息产业的创业、成长聚集在128号公路和硅谷等地;

生物医药产业的创业成长聚集在硅谷、洛杉矶和波士顿等区域;

金融服务业聚集在华尔街。

通过这些风险投资与高科技企业之间的微观机制考察,我们的结论是风险投资的金融经济价值的实现,必须以高科技企业创业成长的价值为前提。为此,风险投资的金融经济行为是一项与证券投资、产业投资、衍生工具投资不同的"发现价值型"投资。

三、聚集规律

将前两个方面的论述结合起来,我们看到美国风险投资的聚集规律显示出的特性为:

首先,在高科技企业创业聚集区域中形成聚集;

其次,在风险投资过程中产生领袖级的风险投资家或风险投资机构;

最后,在风险投资过程中开放组合形成聚集。

正是风险投资这样的聚集规律,哈佛大学勒纳教授通过十多年研究认为,风险投资的直接创新效应,是风险投资对于科技创新有着三倍的加速效应;全美风险投资协会经过三年多的研究认为,20世纪70年代到2000年的30年间所创业的高科技企业,凡是还存活下来的所创造的GDP效应,占全美国GDP总量的11%之多,而同期的风险投资总量仅仅是全美投资总量的1%,即风险投资创造1:11的投入产出的宏观经济效应。同期,风险投资所投资的高科技企业发展成为强大的高科技产业,构筑了美国今天国家经济竞争力所在,而且美国每年75%就业增量来自风险投资的投资企业及其引导效应。就此结论,我们在与美国商务部副部长的交流过程中得到了印证。

四、为什么会这样

大家公认,美国的风险投资业是全球发展最优的风险投资业。那么,美国是怎样成就了这样的风险投资业发展业绩的呢？美国商务部副部长告诉我们，是因为美国政府在不断努力创造知识经济的商业经济环境。总结几十年来政府所做的工作，即创造知识经济的商业环境包括有四个方面：

（1）创业者创业的财富效应，即在美国科技工作者的创业获得了超出传统产业就业者的高收入财富效应，如盖茨、杨志远等一大批掌握了现代高科技知识的人员，他们积极创业，在30年间成了世界模仿学习的榜样。

（2）风险投资者的投资财富效应。哈佛大学勒纳教授的研究告诉我们，长期财务数据分析，在全美的3 000多只各类投资基金中，风险投资的收益率相对于其他基金收益率平均高出3~10个百分点，其中大学的校办风险投资基金如哈佛大学、耶鲁大学等的校办风险投资基金收益率为各类基金中收益率最高，30年来平均收益率为35%。显然，这些高收益是基于高科技企业创业成长价值上的风险投资者们获得的财富效应。

（3）风险投资交易流的效应。风险投资作为一个新兴的金融投资产业，投资的是科技企业的创业具有"死亡之谷"的技术经济行为，面临的是高风险特性，没有创业板资本市场作为后期交易撤出其投资资本，是极难获得高回报的。美国政府积极推动创业板资本市场的建设，从这个意义分析，美国风险投资业从1946年第一家风险投资机构在波士顿创建到1971年纳斯达克市场建立，用了26年的时间才建成了风险投资交易流的体系。美国高科技企业创业成长在风险投资的促进下，从创业开始到上市平均是5年左右的时间。美国商务部副部长明确告知我们，这样的风险投资交易流机制不仅满足风险投资的交易需要，完成风险资本高回报的效应，同时，也成就了高科技企业创业者和就业者知识产权股份期权化实现财富效应。

（4）法律政策创新的环境效应。自1953年美国小企业法颁布以来，美国虽然没有设立专门的风险投资法律，但是涉及促进风险投资发展的相关法律政策达15部之多。其中的知识产权保护法律，保证了创业者的财富效应；政府小企业管理局的小企业投资计划（SBIC计划）引导了有钱人愿意来做风险投资；美国的资本利得税法律的修订，吸引了大量的资金进入风险投资行业；美国修订的银行法和保险法，在风险控制审慎原则的前提下，允许富裕的银行资金和保险资金大量进入风险投资行业，大大扩张风险投资的资本量。有限合伙制的制度安排，符合了风险投资金融经济规律的需要，造就了风险投资的财富效应，从市场机制的角度大量地吸引了有钱人从事风险投资。即使是小布什政府执政的8年也不支持小企业管理局的有关计划实施，但是在这些法律保护下，美国风险投资至今仍然保有1 000亿美元的风险投资资本余额。

第四节　风险投资与技术创新的经济关系研究

风险投资产生于美国，成功于美国。美国的风险投资促进了技术创新，为美国新经济的繁荣做出了巨大贡献。长期以来，世界各国纷纷仿效美国的做法，制订一系列推动本国风险投资业发展的政策，其基本出发点是认为在美国所出现的风险投资对技术创新的推动作用，同样也会在其他国家出现。为什么风险投资能够促进技术创新？什么样的组织方式更有利于技术创新？与作为技术创新主要组织形式的大企业R&D投入相比，风险投资是否更有效率？回答这些问题有助于正确认识风险投资发展的重要意义。

一、风险投资：一种资助技术创新的金融工具

按照全美风险投资协会的定义，风险投资是指由职业金融家对新兴的、迅速发展的、蕴藏着巨大竞争潜力的企业的一种权益性投资。通过风险投资的支持，创意能够实现商业化。从风险投资的性质看，它主要投资于年轻的创新企业。具有创意和灵活结构的新企业比老的在位企业能够更有效地对消费者做出反应。但许多新的创新企业的创办需要一定数量的资金，创业者往往自身没有足够的资金，必须寻找外部资金的支持。另外，这些新企业不仅需要资金，而且需要给予管理、市场营销等其他方面的支持。

由于年轻的创新企业的未来前景具有极大的不确定性，以及企业没有可用于抵押的足够的有形资产，因此银行部门既不会冒与年轻创新企业相关的高风险，也不可能发挥管理咨询的作用。这就使私人资本投入成为最适当的方式。风险投资就是为年轻的、创新的、高风险和潜在高回报的企业设计的一种私人资本群体。风险投资机构作为专业金融中介，采用各种机制减少委托代理中的冲突问题。它为被投资企业提供资金，同时也提供管理经验，而且通常为了企业的发展与咨询者、律师、投资银行家、有经验的管理者建立必要的联系。

风险投资以其特有的投资方式，开发出几种机制使其对高风险的创意的投资成为可能。概括起来，有以下几种机制：① 选择。在美国风险投资机构对其所考察的创新项目进行极为慎重的选择，仅仅大约5%的项目得到投资。不仅对项目的投资非常慎重，而且在投资方式上大约90%的项目采用几家投资机构联合投资。② 控制。风险投资机构提供了资金，便承担了部分风险，也获得了部分投资利润。这就涉及创业者的激励问题。为了避免可能出现的道德风险问题，控制是必要的。由于控制是有成本的，而且是不可能完备的，因此在风险投资合同中安排一些激励条款，如创业者有自己的资源参与、阶段投资、特殊的安全设计(可转换优先股、可转换债券等)、风险投资家的决策权和控制权等。③ 咨询。风险投资机构利用自己的网络帮助被投资企业寻找适当的员工、供应商、消费者或合作伙伴。并且提供管理经验，参与组织、财务、战略等决策。④ 证明。这种机制或功能是隐含性的。由于年轻的创新企业缺乏企业发展的历史，具有高不确定性、信息不对称和不透明性，与具有同样质量的在位企业相比，具有较低的可信性。风险投资的介入可以被解释为一种成功的标志，增强了企业的可信性。正是风险投资具有以上几种机制，使风险投资成为一种适合于资助技术创新的金融工具系统，也使高风险的创意实现商业化成为可能。

二、技术创新何处来？是大企业还是小企业

风险投资所资助的是新兴的、迅速发展的、蕴藏着巨大竞争潜力的创新企业，从规模上它们都是一些小型企业，创新是这类企业生存和发展的基础。如果这类企业与大企业相比更具创新性，那么风险投资与技术创新就建立了必然的联系，发展风险投资就成为推动技术创新的手段或工具。作为技术创新的投入，风险投资也比大企业的 R&D 支出的投资效率更高。

关于大企业和小企业谁更具创新性，以及小企业或大企业从事技术创新有哪些优势，

几十年来一直是经济学家以理论或实证方式讨论的问题。讨论的焦点是什么样的组织形式更有利于技术创新。

从事技术创新的一种普遍的组织形式是大公司内部的 R&D 组织。以这种组织形式进行技术创新,如果创新成功,即创造出新的产品或新的技术,创新的成果属于企业。创新者是企业的雇员,企业则是资金的提供者、管理者和所有者。企业的 R&D 支出是创新的投入。另一种是以小企业作为组织形式的 R&D 组织。这种小企业的唯一目标是创造出新产品或新技术。在这种情况下,小企业是管理者、创新者,通常也是所有者。但是,这种小企业通常缺乏资金,必须通过外部的资金支持创新。然而,R&D 组织形式的两种类型的划分不可能是完备的,因为还有介于两者之间的组织形式。就这两种形式而言,一般认为哪种形式对于技术创新更为有效取决于技术创新的类型。

在过去的 30 年对企业规模与技术创新关系的认识和证据发生了变化。从熊彼特(1942)开始,在相当长的时间内人们普遍认为大企业比小企业更具创新性。在 60 年代到 70 年代后期,一些研究证实了熊彼特关于大企业更有创新性的假设。然而,70 年代后期以来,日益增多的实证研究证据,尤其是近些年来对美国的实证研究,表明熊彼特过分夸大了大企业进行技术创新的优势。根据 Scherer(1992)对美国进行实证研究的成果,在 80 年代 500 名雇员以下的小企业平均每年每百万人产生 322 项技术创新,而大企业只有 225 项。Acs 和 Audretsch(1991)的研究得出的结论是小企业比大企业每百万美元的 R&D 支出获得更多的技术创新。Bleicher 和 Paul 的研究表明,美国 1953—1976 年技术创新的主要份额来自小企业,但就 R&D 支出而言,大企业却是小企业的 4 倍。与此同时,一些学者(如 Cohen 和 Klepper(1992))指出,虽然每百万美元 R&D 支出大企业产生的技术创新比较少,但是单项技术创新的质量却是比较高的。正是大企业和基础研究机构建立了技术创新所必需的科学技术基础,才使许多技术创新的机会被小型的创新企业开发和商业化。

大企业和小企业在技术创新方面具有各自的优势和劣势。Anand 和 Galetovic(1998)提出大企业的 R&D 活动具有规模经济和范围经济。另外,从管理角度看,大企业的 R&D 可以减少信息不对称的问题,并有助于改善创新者和生产与市场部门之间的协调(Armour 和 Teece(1979),Lampel、Miller 和 Florical(1996))。但是,由于种种原因,大企业从事高风险的创新项目是非常困难的。一方面是在大企业中创新者缺乏有效的激励,如创新团队在创新成功后得不到高回报。另一方面大企业在技术创新上相对保守。根据 Qian 和 Xu(1998)的研究,大企业有一个保持他们的 R&D 组织稳定性的倾向,R&D 支出的预算也不基于单个创新项目。比较起来,大企业更倾向于具有较少不确定性和较大型创新项目的研究。

在小型的创新企业,创新团队直接参与成功,同时也直接参与利润分配和损失分担,创新成功受益,创新失败受损,具有有效的激励机制。比较而言,小型的创新企业在进行不确定性的创新项目上具有优势。这样的项目具有较少的既有知识,或具有较高的失败可能性,或者需要较少的初始投资。由于小企业通常面临资金限制,因此不能从事成本高的创新项目。Aghion 和 Tirole(1994)的研究得出的结论是由于小企业的资金约束,如果创新项目本身资金的投入比智力投入更重要,这种项目的研究更有可能在一个大企业进行。而在智力投入占绝对优势的项目(如软件、生物技术)中,研究通常由独立的小企业来完成,因为对于这种研究,激励问题显得更为重要。往往更有价值的创新项目是由独立的研究企业完成的。正因为在技术创新上大企业和小企业具有各自优势,所以它们进行技术创新的类型也有所不同。

总的来说,作为外部资金,风险投资资助的创新项目不同于那些由大企业的研究实验室从事的创新项目。大企业的保守特性,使它们不可能热衷于进行具有高风险和高不确定性的创新。更多的具有高失败可能性、需要较高的智力投资和较少的初始投资的高不确定性创新工程,将在风险投资家的资助下由小型创新企业去完成。这是风险投资与技术创新之间所存在的必然联系,也是风险投资具有生命力的原因。

三、风险投资与公司 R&D 投入的创新效率比较

无论风险投资还是公司 R&D 投入都是促进技术创新的资金投入,它们资助不同的技术创新类型,但是哪个更有效率呢？Kortum 和 Lerner(1998)对美国风险投资促进技术创新的效率进行了非常有价值的实证研究。

该实证研究对 20 个行业 1965—1992 年的行业技术创新进行分析研究。采用了三组数据:① 国内发明者专利申请数量(以专利申请数量作为技术创新的指标);② 风险投资额(以投资数量反映风险投资对技术创新资助程度);③ 行业中公司 R&D 投入(以支出额反映公司 R&D 对技术创新资助程度)。通过这三组数据建立了专利生产函数,其方程表达形式如下:

$$P_{it} = (R_{it}^{\rho} + bV_{it}^{\rho})^{\alpha/\rho} u_{it} \tag{7.1}$$

式中:P 表示专利申请数量;

R 表示公司 R&D 投入资金量;

V 表示风险投资额;

u 表示误差项;

i 表示行业($i=1,2,\cdots,20$);

t 表示年份;

b 表示单位风险投资额相对于公司 R&D 投入资金量对专利申请数量的影响,若 $b>1$,表示风险投资比公司 R&D 投入对技术创新的影响更大,更有效率;

ρ 表示风险投资与公司 R&D 投入资金量之间的替代程度(ρ 在[0,1]区间内取值);

α 表示随着风险投资额和公司 R&D 投入资金额的规模变化,专利申请数量变化的比例。

采用上述专利生产函数对 20 个行业进行了 1965—1992 年时间区段的回归分析,分别确定了各系数的值,建立了旨在说明风险投资对技术创新影响的经验模型,得出了非常有价值的研究结论:

(1) 表示风险投资与公司 R&D 投入对技术创新相对影响的 b 值在所有行业的估值都是有意义的,而且总是正值。所有行业专利生产函数方程中 b 值平均为 6.2,表明同样金额的风险投资对技术创新的影响远远超过公司 R&D 投入。

(2) 在样本中最新十年的数据表明,平均而言,风险投资额仅相当于公司 R&D 投入资金量的 2.92%。将 b 值的平均值和风险投资相当于 R&D 投入的平均比例值代入方程计算,得出了在最新十年内风险投资占据了约 15% 的行业技术创新,反映了风险投资促进技术创新的效率相当于公司 R&D 投入约 5 倍。

(3) 从上述两个结论得出的总结论是：在美国经济的增量中，风险投资对技术创新有相当大的实质性影响，而且对于技术创新来说风险投资的投入远比公司 R&D 投入的投资效率高得多。从表面上也可以看出，发生在 20 世纪 90 年代创新潮与风险投资额的急剧上升是相对应的。

四、若干启示和结论

通过对美国风险投资和技术创新内在的经济联系的考察，可以得到以下启示和结论：

（1）风险投资以其独特的投资运作机制成为资助技术创新的有效方式，比较而言，比银行部门和公司 R&D 投入更具优势；

（2）风险投资促进技术创新的较高效率，从一个侧面反映了公司 R&D 的低效率，必须研究提高公司 R&D 促进技术创新的效率途径问题；

（3）我国应鼓励促进风险投资业的发展，改善风险投资业的发展环境，美国风险投资促进技术创新的成功也会在中国出现；

（4）小型创新企业的技术创新要和大企业 R&D、基础研究机构研究相结合，促进不同类型技术创新的发展，理顺不同类型的投资与不同类型技术创新的关系，激发技术创新潮流的形成。

风险投资与 R&D 投资相比，之所以能有更好的资助技术创新的优势和较高的促进技术创新的效率，最重要的是风险投资作为一项金融行为有着较强的服务于技术创新的系统功能和完善的投入—收益机制。

第五节 美国政府促进风险投资业发展的基本模式

美国经济连续近十年的强劲、高速增长，其原因何在？各国政府和学者还有企业家们在研究和学习它的成就。虽然，2000 年年初因"网络经济"泡沫的破灭而大大影响了美国经济的增长，但美国经济内在的活力和新的经济增长点却是依然强劲。应美国政府的邀请，通过对美国小企业管理局的访问，我们感受到了这一点。

一、小企业在美国经济中的地位和美国中小企业管理局（SBA）

按照美国的规定，一般来说，人数不到 500 人的企业就称为小企业。当然，根据雇员人数和销售额，不同行业有不同的标准。小企业是指同行业所有企业比较后的相对小规模型的企业。

小企业在美国经济中起着举足轻重的作用。据统计，美国现有小企业 2 500 万家，平均每 10 个人就有一个小企业，其中 1 770 万家是个人独资企业。小企业数占企业总数的 99%，创造了 75% 的净增就业，雇用了私营企业 52% 的员工，雇用了私营企业 38% 的高科技员工，创造了占私营企业总产出的 51% 的产出。可见小企业是美国经济活力和增长所在。

由于小企业强大的经济活力和新的经济增长所在，美国政府支持经济发展的一个经济哲学理念是扶持小企业的发展，以保持现有经济发展的活力和促进经济发展产生新的增长点。所以美国小企业能有今天的规模，是美国政府多年扶持的结果。

为了加快小企业的发展，1953 年美国政府制定了《小企业法》，并根据颁布的《小企业法》，于 1958 年建立了美国中小企业管理局（U. S. Small Business Administration，SBA）。

该局为美国独立的联邦政府机构,直接向总统报告工作,预算由国会拨款,2002年的财政年度预算约7.65亿美元,占联邦预算总额的0.06%,但却是美国五大联邦信贷机构之一。

该局的使命是:为小企业的创业发展提供技术援助;为小企业提供担保贷款融资服务,解决小企业发展过程中的资金短缺问题;为小企业投资基金(公司)提供资金和人才方面的支持,对符合国家产业、经济政策的方向进行风险投资,加速小企业的成长;为了使小企业能够规避市场的风险,以政府项目承包(政府采购政策)来拉动小企业的发展;为了维护市场公平的竞争环境,对小企业的利益进行宣传和维权,从而维护市场自由竞争,保持并促进国民经济的全面发展。

二、SBA的总体服务功能

如图7.1所示,该局有四项基本职责:① 融资渠道。② 技术援助(教育、信息、培训)。③ 政府项目承包(联邦政府采购)。④ 宣传和维权。这四项职责形成了一个有效的促进小企业创业发展的动力体系。这样的动力体系就是在新的经济环境下,政府服务于经济发展的一种极其有效的供给。

由图7.1可知,美国政府支持和服务于小企业创业发展的动力系统构成为:第一是以《小企业法》为核心的政策系统,构成地对创业的推动力,给创业者以合法的资格和相关的经济政策支持,即以政策法规手段推动人们积极地去创业;第二是政府以项目承包为核心的采购政策,解决创业型小企业的市场切入问题,以及解决其收入现金流的利益启动问题,即以市场手段拉动创业者努力地去创业;第三是政府提供的各种贷款项目,解决小企业创业启动资金和流动资金的短缺问题,即以货币市场的手段促进创业者敢于去创业;第四是政府支持的小企业投资公司,对创业型企业进行长期性的投资,来加速小企业的市场成长速度,即以资本市场的手段促使创业者去长期性地创业;第五是政府通过对创业者们的信息、教育、培训等服务,提高创业的质量素质,即以现代化的服务促进创业者高水平、高素质地去创业;第六是政府专门聘请了一批法律和经济等方面的专家,当小企业在市场中受到不公正、不公平待遇时,这些专家就直接到国会去宣传,促使国会敦促司法系统进行调查,以达到对小企业的权益进行维护,即以保护小企业成长的权益国家管理体系,来保障创业者们创业进程中的合法权益,促使创业者们放心地去创业。

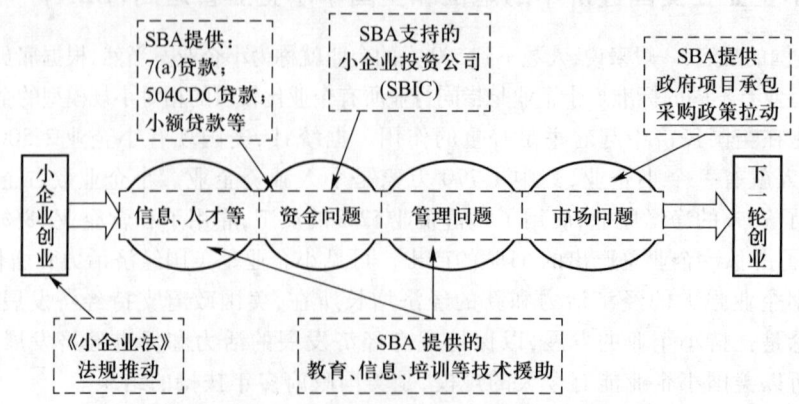

图7.1 美国中小企业管理局促进小企业创业动力系统示意图

资料来源:美国小企业管理局调研所得.

可见,这样的政府提供的服务系统,系统性地支持、促进小企业的发展,增强经济发展的活力,并形成新的经济增长点的做法,彻底打破了传统经济学中的一个核心性原理:市场是只"看不见的手",市场维护着企业间的公平竞争,政府不应干预企业发展。

这样的服务系统将政府发展经济、促进就业等经济目标与企业发展的经济利益目标有效有机地结合起来,充分体现了政府与市场、政府与经济发展、政府与企业的多重关系的一致性。即政府既积极推动了经济发展,又没有干预经济的市场运作,政府既高超而充分地利用了现代促进经济发展的手段,又保证了经济的市场规律过程完整性。这样的现代政府促进经济发展的运作模式,值得我们认真研究和借鉴。

三、SBA 的融资渠道服务功能

SBA 通过两种方式向小企业提供资金:一是贷款;二是风险投资。

SBA 是美国联邦五大信贷机构之一。2001 财政年度向小企业贷款总额近 165 亿美元。SBA 是美国小企业最强大的创业资金支柱。

贷款有三种方式:第一是 7(a)贷款,即为小企业从商业借贷机构获得最高不超过 100 万美元的短期和长期贷款,担保约 75%。该贷款的运作模式是:约有 7 000 家商业银行通过 SBA 地区办公室协调,可提供由 SBA 担保的 7(a)贷款。向小企业提供贷款利率不得超过主导利率的 2.75%。目前为止,SBA 提供贷款金额平均为 24 万美元。第二是 504CDC 贷款,即 SBA 通过非营利的注册开发公司(CDC)向成长企业提供诸如土地、厂房等主要固定资产投资的长期融资。该贷款项目旨在支持小企业在 CDC 所在的社区创造和保持就业。504CDC 贷款现在的运作模式是约有 270 家 CDC 通过银行及 SBA 的合作提供固定利率的长期融资。第三是小额贷款,即通过社区的民间借贷中介机构网络向小企业提供最多 3.5 万美元的小额贷款。为实现这种小额贷款,SBA 先向小额贷款中介机构提供资金,中介机构再贷给小企业。该贷款的运作模式是:160 家中介机构负责发放 SBA 提供的小额贷款。为了保证借贷资金的有效使用,小企业在借贷的同时必须提供用于技术援助(培训)的专项资助。

以上贷款方式的共同特点为:由 SBA 制定规则,向中介机构提供部分担保或贷款,中介机构审理小企业的贷款申请,向符合条件的小企业贷款并负责收回。实践表明,这种运作方式能够较好地保证政府贷款的有效使用。

SBA 向小企业提供的第二种融资渠道是风险投资。即促进小企业投资公司对小企业的创业进行投资,其运作过程如图 7.2 所示。

SBA 通过受托机构在公开市场上募集资金,并向这些受托机构提供政府信用担保。通过小企业投资公司(SBIC)向小企业提供风险投资。SBIC 是经 SBA 审核的、由职业投资人组建的投资管理公司,目前有 428 家。SBIC 向投资人募集投资基金,组建有限合伙制的基金公司,并按管理的资金量的 2%~3% 提取管理费。SBIC 按风险投资的做法选择投资项目。一旦决定投资,SBA 将向 SBIC 提供最多达投资额 2/3 的贷款或投资。项目成功,SBIC 向 SBA 支付利润;项目失败,则由 SBIC 和 SBA 承担相应的损失。

美国政府认为,向小企业投资的风险很大,一般私人资本不愿介入。为此,应由政府向投资人提供优惠的条件,降低私人投资风险。除了较低的投资收益税之外,还向 SBIC

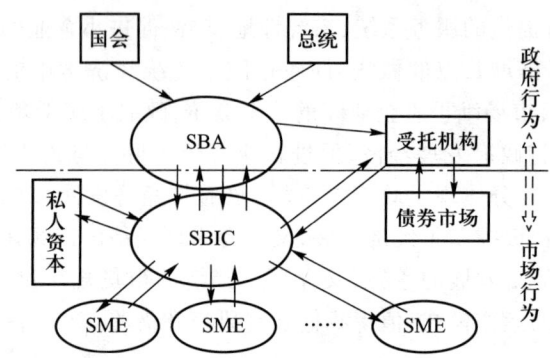

图 7.2 美国中小企业管理局支持风险投资事业发展示意图

注：图中 SBIC 为小企业投资公司．

SME 为小企业．

资料来源：美国小企业管理局调研所得．

提供资金，并承诺在成功时让利于投资人。按照现在的安排，SBIC 应向 SBA 缴纳按基准利率计算的利息，之后再缴纳总利润的 10%。其余利润在投资人和投资管理人之间按 8∶2 分配。

据 SBA 提供的数据，2000 年 SBA 用 2 700 万美元的担保，在公开市场上得到 23 亿美元的贷款，连同私人投资的 12 亿美元，SBIC 共得到 35 亿美元的资金用于投资。由于有了这批投资，小企业又可以得到 15 亿美元的银行贷款。这样，总共 50 亿美元流向了小企业。政府 2 700 万美元的担保，带动了 50 亿美元的投资。细究起来，这 50 亿美元都来自民间，只不过政府要为其中的 23 亿美元承担还本付息的责任，政府每投入 1 美元，预计损失 8 美分，这个损失由国会的预算提供。但是，由于 SBA 在选择投资管理人这个关键问题上积累了丰富的经验，保证了运作的成功。累计到 2001 年底，政府的初始投资收回后，仍有盈余 6 亿美元。

如图 7.2 所示，该运作过程融入了四个基本模型：政府出资杠杆融资的模型；激励私人资本投资的模型；投资收益分配的模型；政府促进小企业投资公司发展的管理模型。SBA 的成功经验现在澳大利亚、以色列等国推广，并取得了不同程度的成功。这是很值得我们学习和借鉴的经验。

政府出资杠杆融资的过程是，SBA 以往年风险投资失败损失的金额比例（%）为基础，例如损失了 8%，拟订来年的财政拨款计划，以 8% 的金额要求拨款。当总统批准后，该 8% 的金额资金作为政府将承担的损失。以此拨款来的 8% 的资金，以政府信用为担保，委托给某个发行债券的机构，由它们到公开市场上去，发行余下 92% 金额的债券，所融得资金被充分放大了。再用这些发行债券融来的资金支持小企业投资公司进行风险投资。即政府出资杠杆融资的模型就是：政府财政拨款以承担损失带来的风险，以此作为杠杆的一端，杠杆的另一端是以政府的信用为担保去发行债券，融得较财政拨款放大约 10 倍的资金，去支持小企业投资公司的风险投资行为。

激励私人资本投资的过程是：政府将从债券市场融来的资本金，以 2/3 的比例为限，鼓励私人出资 1/3 的资本金，来组建小企业投资公司，小企业投资公司交由合格的职业经理人进行风险投资。该模型的意义在于,私人只出了 1/3 的资本,就可以去经营一个完整的投资公司。对拥有大量富余资本金的私人而言,有着巨大的诱惑力。

投资收益分配的过程是:当小企业投资公司进行风险投资获得收益时,政府虽然出了 2/3 的资金,但政府只收利润的 10%。而私人出资 1/3 的资本可以获得 90% 的利润。这种投资收益模型大大提高了私人资本参与风险投资的积极性。激励私人资本投资的模型与投资收益分配模型的结合产生的合力,将社会大量私人资本引向了风险投资业。

政府促进小企业投资公司发展的管理模型,如图 7.2 所示,SBA 的功能是向总统和国会负责,申请财政拨款,以政府信用担保,委托机构发行债券杠杆融资,培训和选拔风险投资的职业经理人,通过利益机制吸引私人资本创办小企业投资公司进行风险投资。而私人资本在政府利益机制的吸引下,解决从事风险投资的业务活动,完全按照市场机制运作。显然这样的管理模型,是将政府发展经济的目标与私人资本投资收益的目标进行充分、有机结合的模型。

四、SBA 的技术援助服务功能

SBA 通过技术援助项目向创业人士提供免费面对面的咨询服务,开办各种主题广泛、收费低廉的培训班。同时通过退休经理人服务团(SCORE)、小企业开发中心(SBDCs)、企业信息中心(BICs)、妇女创业中心(WBCs)、美国出口援助中心(USEACs)等,利用志愿者、大学、企业、银行等社会力量向小企业提供各方面的信息和服务,帮助小企业成长。

SCORE 就是由退休经理人作为志愿者组成的服务团,就策划市场营销、拟订商业计划等创业过程中遇到的问题,提供专家见解,并对愿意创业的人士提供创业前期培训。技术援助的运行模式是通过的 389 个 SCORE 服务网点和 SCORE 网上服务点,对全国创业者们提供技术服务。目前一共有 10 500 名志愿者在 389 个服务点为大家提供技术服务,并通过电子邮件平均每月解答 1 万件的案例。

SBDCs 就是 SBA 与各地大专院校、私营企业、各州和地方政府通力合作,向任何有意创办小企业的人士,提供管理和技术方面及贷款申请方面的援助。其运作模式是通过大量遍布在全国大专院校的 1 000 多家小企业开发中心来操作。

BICs 是在 SBA 的指导下,就详细的研究和市场信息,运用最先进的计算机硬件和最新的软件库,进行网上的 SCORE 咨询服务。其运作模式是通过建立在全国各地 78 个 BIC 提供信息服务。

由于美国妇女创办企业的速度是男性创业速度的两倍,而且妇女拥有的企业所雇用的员工总数超过财富 500 强的雇员总数,美国政府专门为全国妇女创业提供导师计划的咨询和培训机构,即 WBCs。该中心的运作模式是通过遍布全国 46 个州的 83 个 WBCs 为妇女创业提供服务。

USEACs 是由美国政府的 SBA、美国商务部(DOC)、美国进出口银行(EXIM Bank)共同努力创建的,目前在全国共有 19 家 USEACs 为小企业提供出口援助方面的支持。SBA 的作用主要是 EWCP 预先资格认定,并进行有关国际贸易贷款和 EWCP 贷款操作。

通过上述各种技术援助,帮助小企业解决在发展过程中遇到的力所难及的各种问题,促进小企业的创业快速发展。

五、SBA 的政府采购服务功能

美国政府采购预算年均约 2 000 亿美元,是全球最大的采购者。为帮助小企业得到政府采购合同,SBA 设有专门机构——政府采购办公室,推行实力认证、主承包和分包协助计划,协助小企业获得相当于联邦采购预算 23% 的合同,小企业通过分包还能获得更大的份额。

SBA 通过主承包和分承包协助计划,或者通过少数族裔创业开发办公室实施 8a 创业开发项目和师徒计划等手段来贯彻政府的采购计划。

SBA 还通过技术办公室推进联邦高新科技计划,提升小型研发企业的竞争实力;通过鼓励紧跟市场的技术交流和培训,来推广联邦科技计划;通过调动私营和共有资源,实现联邦科研成果转化,从而提高小企业的科技竞争力。

政府的这些采购计划,从市场的角度拉动着小企业的市场进程和科技竞争力的提高。

六、SBA 的宣传和维权的服务功能

小企业是市场中的弱者,在市场经济的竞争中往往处于不利的地位。为了维护它们在市场竞争中公平、公正、合法的权益,SBA 根据国会立法,1976 年设立宣传和维权办公室。办公室首席顾问由美国总统任命并直接向总统和国会负责。办公室的使命是在联邦政府的立法和决策过程中保护、加强并有效代表全国小企业利益。

宣传和维权办公室,在国会代表所有 2 500 万家小企业的利益,进行有关小企业的经济研究、数据统计,并出版相关报告和数据。其首席顾问在国会作证时维护小企业权益,支持有利于小企业发展的监管、立法和其他政策措施。

SBA 以设在全国的 10 个宣传和维权办公室,作为全美小企业的耳目。SBA 有权监督其他法案是否遵循《弹性监管和公平执法法案》(SBRFA)。此法规定,SBA 的宣传和维权办公室可审查所有国会尚未通过的法案,以确保其对小企业无消极影响。

总之,美国政府支持风险投资事业发展是全方位的,不论是法规政策上,还是具体管理机构设置上,或是实务工作的运作上,都是促进着风险投资业的健康发展。第一是推动和拉动创业,为风险投资业发展提供了巨大的投资市场;第二是以政府的信用,为风险投资业在资本市场上提供了杠杆融资的条件,保证了风险投资业融资机制的通达;第三是通过各种技术援助手段,帮助创业小企业快速成长,缩短了投资收益产出周期,为风险投资业加速获得收益创造了条件;第四是通过投资收益分配的利益机制,提高了从事风险投资者的收益获得,为风险投资业的发展开创了高收益的新方式;第五是通过对小企业的宣传和维权,保障了创业者的市场经济地位,为风险投资业的收益提供了可靠的法律保障。几十年来的经验证明,美国政府的做法是成功的。

显然,美国政府的这些做法,将政府作为服务人的概念,介入中小企业的创业过程中以及促进风险投资业的发展过程中,彻底打破了传统经济学中政府不得干预经济的基本原则,巧妙规避了 WTO 规则的约束。这告诫我们在发展新经济的过程中,不能简单地套用传统经济学的理论来指导,而要在传统经济学原理的基础上与时俱进,积极创新经济学的理论,来指导我们新经济发展的实践。

在80年代中期曾有一段时间美国国会要关闭SBA，当然这与SBA早期运作和探索过程中的有些问题直接相关。但这并不是主要的理由，而是理论学界经济哲学的变化以及未受到SBA资助小企业的政治势力的反对。在80年代一批强调政府不应干预经济的传统经济学家，在美国政坛上占了上风，加之SBA的运作也出现了一些问题，同时，几千万个小企业，诸如小商埠、维修站、理发店、书店等小企业，不可能获得SBA的资金支持，它们形成的政治势力在国会反对SBA的做法。这一系列事件，导致了国会曾动议要关闭SBA。好在一些明智之人，在国会力谏保留SBA的意义及其对发展经济和保障经济活力的价值所在，国会通过投票，最终保留SBA。实践证明保留SBA是美国政府的明智之举。不然的话，美国新经济的发展就不可能有今天的规模和活力，美国的经济也不会有这样强劲的动力。

美国政府作为促进中小企业创业和风险投资事业发展的最大服务人，其成功的经验和做法是值得我们系统地借鉴和学习的。

研究和总结美国风险投资业发展的经验，可以有多个视角，从而也会有不同的分析结果告知社会。我们没有简单地统计一些数据而后进行分析，也没有找几篇文章作以分析给出结论，而是通过真实的考察，并结合一些数据以及文献进行分析。我们的视角主要是：美国为什么有这么发达的风险投资业？它创造了什么样的科技经济以及金融经济的成效？

我们在研究中发现：仅仅查找一些统计性数据，这往往是后验的结局，难以解说其中为什么的问题。仅仅从文献来分析，带来一个因作者视野的局限，可能在某些方面给出了解说，而忽略了另外一些方面的问题。实际上，社会的进步更重要的则往往是一个系统化的演进过程。那么在这个过程中，哪些因素为关键的？哪些因素起到了主要的作用？哪些因素是受到传递效应的影响才发挥作用的？这最终形成了我们看到的现在的状况。我们试图探究其中的本源，虽然经过五次考察，仍然觉得还有许多内容需要再深入地考察和研究。

第六节　风险投资发展国际经验的总结

通过对美国、以色列、日本、欧洲等风险投资业发展的经验研究和分析，可以有如下结论：

这些国家都是以优先发展高科技作为立国之本，高科技的创新构成了风险投资业发展的基础，随之便是专门针对风险投资业发展的法律政策的安排。凡是对于风险投资本质规律把握准确的国家，出台的政策以及政府的行为就更加贴近风险投资业发展的需要，风险投资业发展就显得比较发达。

具体结论是：

结论一，政府在风险投资业发展过程中的重要角色是任何市场力量不可替代的，主要从两个方面体现，即直接调动民间资本的机制和调动创业的积极性；由于创业是一个长期的过程，政府不可急功近利；做风险投资是一个集中性的金融经济行为。

风险投资作为创造新经济过程的投资行为是一个长期的过程；没有创业的积极性，没有民间资本的积极参与,将没有创造新经济的可能性;如果仅有好的创业,没有风险投资的金融创新支持,该创业是不可能成功的;如果仅有风险投资参与,没有好的创业为载体,该风险投资是不可能创造新经济的。在本专著研究的范畴里,所研究的对象中都是高科技领域创新发达的国家和地区,美国还是风险投资业发展最发达的国家,其关键是不但有好的创业,也有民间资本的参与,更重要的是政府将好的创业与好风险投资进行连接。为此,美国创造了基于新经济创造的自主创新国家。

结论二,政府对于风险投资业发展的促进作用,主要是解决风险投资的"市场失灵"机制问题:由于创业过程中,特别是高科技企业的创业过程,在其早期阶段存在巨大的不确定性,带来资本者对于该阶段投资的"市场失灵"。哪个国家政府在这个环节的问题突破了,哪个国家将取得政府支持风险投资业发展的"杠杆效应"的价值。

风险投资过程中高风险的特性,决定了早期阶段"市场失灵"的现象,政府这只"看得见的手"必须出手为"市场失灵"找到解决方案。在研究的国家中,以色列政府自始至终都是以把握"市场失灵"为关键环节,尽管它在风险投资上起步比较晚,却创造了真正的自主创新高科技的经济竞争力。以色列从早期的高科技研究计划,到 INBAL 孵化计划,再到风险投资 YOZMA 计划,还有后来出台了磁石计划,还有为了加速科技成果的转移政府启动的种子基金计划等一系列计划,都是围绕着"市场失灵"阶段问题解决而展开的。中国台湾新竹科技园的工研院也是解决台湾新竹科技园发展"市场失灵"的关键环节。

结论三,风险投资业是一个金融支持体系,需要一个新兴的资本市场体系为环境;向具有突破性的高科技创业行为的投资,更能够展现风险投资的金融经济价值。基于高科技的创业过程是一个科技经济链,围绕着该链的投资是系统金融支持体系,新兴资本市场为完成创业科技经济链使命,提供融资、投资、增值服务、撤出价值需要的环境。

广义的风险投资包括种子期的天使投资、中间阶段的风险投资和后期阶段的私募股权投资。当它们形成了一个金融支持链条,服务于科技企业创业的技术经济链条时,最终完成一个新兴的科技企业创业的使命,也就完成了自身金融经济价值的使命。本专著研究的这些国家和地区,哪个国家和地区在风险投资金融支持体系上形成的链条强悍,哪个国家的风险投资业也就发达强悍。美国最为典型,从天使投资到创业板上市,即使创业企业的现金流是负的也可以得到创业板资本市场的投资,打造的风险投资金融支持体系最为完善和强悍。以色列虽然没有美国那样的创业板市场,但是它很好地借助美国创业板市场,形成了它本国风险投资的链条。

结论四,风险投资的组织制度,以有限合伙制为最优;风险投资作为一个新兴金融业态,有着其自身不同于证券投资、产业投资、衍生工具投资等行为的本质特性。

目前世界上有两大类企业组织法体系:一类是大陆法系,一类是普通法系。什么样的组织法最适合风险投资规律的需要?本专著研究过程中,凡是问到美国、以色列和我国台湾的专家,他们都异口同声地回答是有限合伙制。由于有限合伙制及其原理从融资到投资,再到增值服务,以至撤出获得回报,都有较好的规避风险责任制约机制以及回报的激励机制,让从事风险投资者获得积极的财富效应,该财富效应高于其他投资的财富效应。这样的财富效应诱导了社会资金积极参与到风险投资的过程中,政府的作用是帮助解决早期投资"市场失灵"的关键,财富效应带来了风险资本的财富价值,共同完成了风险投资体系机制完善。

结论五,对于我国而言,发展风险投资业需要注意的原则有两条:其一是对国外的经验要多总结,并进行比较。以开放的心态去做风险投资,避免仅仅向内地做风险投资那种心态。其二是促进好的创业与风险投资的链接。创造好的环境,让有钱的人愿意来搞风险投资和优秀的人愿意来管理风险投资。

我国风险投资业如何借鉴别国的经验来更好地发展?

第一需要认真把握风险投资本质规律;

第二一定要基于国家自主创新的目标;

第三定位好政府的角色,打造科技金融支持体系;

第四运用好现代创新原理积极进行金融创新,符合风险投资规律的需要;

第五创造出更多科技创新的财富效应以及风险投资者的财富效应。

第七节 美国大学科技成果转移模式借鉴研究

为了搞清楚斯坦福大学对于硅谷的贡献所在,笔者先后四次访问斯坦福大学的技术转化中心,对于斯坦福大学科技成果转移模式进行考察,研究分析了他们大学科技成果是如何转化的。尽管硅谷有那么多的科技企业,实际上却没有一家斯坦福大学的校办企业,哈佛大学、麻省理工学院(MIT)在波士顿地区以及128号公路上也没有他们校办企业。

一、问题的提出

硅谷的高科技及其产业发展的发达水平和先进程度是举世公认的,这些地方的高科技和产业的发展得益于以大学密集区作为知识和智慧原动力,常规地将他们总结为"产、学、研"或者"官、产、学"的模式,这是肯定的。但是我们要问的是,大学在他们的高科技及其产业发展中,到底起到什么样的作用?

有人认为是斯坦福大学创办了大量的科技企业,才造就了美国硅谷高科技及其产业的发展,是否真是这样?

二、实证研究的方法和内容

带着这样的问题,笔者专程考察访问了斯坦福大学技术转移中心和亚洲技术研究中心、MIT技术转移中心、哈佛大学的世界经济研究中心等机构。

实证考察的具体内容有:(1)大学的科技成果以什么方式转移,如:是自己创办企业?是以技术入股的方式参与科技企业的创业?是与其他企业合作共同创办企业?或者是建立风险投资基金来促进大学科技成果的转化?(2)大学为什么采取这样的科技成果转化方式?而不采取创办科技园区或者直接创办企业的方式?或者以大学无形资产入股方式?(3)大学科技成果转化的收益机制是什么,如:是直接管理企业来获得收益?是以知识产权授权使用获得收益?是以大学无形资产股权来获得回报?大学的这种科技成果转化方式,对于知识产权的发明人的利益机制是什么?当一项科技成果转化之后,发明人能够获得的收益是多少?是怎样获得这笔收益?(4)大学采取这种科技成果转化方式的成效是什么,如:对于巩固大学的学科地位的效应？对于促进大学培养人才的效应？对于大学获得资金支持的效应？(5)大学建立什么的转化机构来促进大学的科技成果转化,是最优的模式,如:既能够使得大学的科技成果迅速转化,又能够形成与大学学科建设互动的机制？既能够让大学科技成果快速转化,又能够规避大学不应该承担的基于科技成果创业以及产业化的风险？既能够获得社会和企业界对于大学资金的长期支持,又不使得大学陷于商业机制的风险？等等。围绕着这些考察的内容,考察方法是,先听取各个大学有关科技成果转化的模式与经验的介绍,然后与他们就上述问题一一讨论。

其间我们做了如下的考察工作。在斯坦福大学,我们听取了亚洲技术研究中心主任Dasher教授"基于科学创新的国家创新体系"报告,听取了斯坦福大学技术转化中心胡主任介绍斯坦福大学技术转化工作的经验；在哈佛大学,我们听取了哈佛洛克中心世界经济研究中心 Josh Lerner 教授的"哈佛的经验"报告；在听取了上述各种报告之后,我们就考察具体内容的五个方面问题,与他们讨论,得到了上述各种方面专家的明确回答。所考察的这些大学或者科技成果转化机构,他们在科技成果转化方面的模式以及获得的经验,完全与国内大学的现行做法和模式是不一样的。

考察的结果是:这些大学都没有自己学校创办的"校办科技企业",也没有什么"大学科技园区",他们都是以科技成果授权使用加上技术服务,或者以专利入股加上技术服务的模式进行成果的转化工作。这样的模式保证了大学的学术与产业界的互动,相得益彰。以斯坦福大学为例,他们作为硅谷的技术密集的知识供给方,但是他们在硅谷并没有一家斯坦福大学创办的科技企业,硅谷作为世界最著名的高科技产业发展园区,斯坦福大学在其中仅仅是科技成果提供者而已,并没有参与高科技产业园区的创建发展工作。同样,哈佛大学与"128号公路"的关系,都是这种科技成果或者知识的供给者,而不是直接的参与者。

三、有关结论与分析

通过考察,我们得出这样的结论:所有考察的大学都没有自己的校办企业和科技园区；美国所有专家都肯定的是斯坦福大学技术转化中心的技术转移工作是全美国做得最好的；而哈佛大学通过筹建大学转化基金,即风险投资基金来投资大学成果与产业对接的创新项目,进行成果转移。

他们为什么这样做？美国法律规定大学是不纳税的,如果办企业将导致不公平竞争,所以大学是不能够办企业的。为了保证社会分工以及专业化的效率,大学的本职工作是知识的创造,而非企业的创造。尽管科技成果转化过程中存在着大学与企业之间的"断裂带",大大阻碍着科技成果的快速转化,但是完全可以借助基于科学创新的国家创新体系的建设来解决这个"断裂带"问题。关键是大学要设计好一套基于科技成果转化的微观期权服务利益的机制,再加上风险投资促进创业加速的机制,就能够很好地解决大学科技成果转化的问题。

以药物开发过程为例,一个新药的研究和开发需要经历的科学—技术—药品的过程是:基础研究—临床前的研究—Ⅰ期临床研究—Ⅱ期临床研究—Ⅲ期临床研究—药品的上市等。在这个过程中大学的研究工作往往只是进行到一期临床前,而企业需要的药品往往是三期临床之后的比较成熟的成果,中间的一期临床和二期临床往往是药品开发过程中风险大、淘汰率高、投资不确定的阶段。这个阶段由于学术水平较低而大学往往不愿意去做,同时由于这个阶段的学术要求又高于实际企业技术资源禀赋,企业也往往不愿意做的,这就形成了所谓的成果转化的"断裂带"。在激烈的市场竞争中,企业不得不创建自己的工程中心来解决新药开发的这个问题,但是工程中心往往会遇到科学理论滞后或者不对位的问题,不得不聘请一批专家来工作,从而导致企业的开发成本大大提高。同样,大学为了解决这个问题要去接受国家或者企业的支持,来创建相应工程中心,但是由于缺乏企业工程技术资源的支持,开发的工作进展往往比较迟缓,进而影响学校的学科的发展。为此需要有一个两全其美的解决方案,即大学能够延伸他们在科学创造基础上的服务,而企业又能够延伸基于市场和工程资源禀赋条件上的开发服务,在大学与企业之间建立"科技成果转化的桥梁"解决科技成果转化的"断裂带"问题,或者是由"孵化器"来将大学和企业的需要结合起来,在风险投资促进创业加速的作用下,尽快完成基于科技成果形成新兴科技企业的创业过程,在大学与社会需求之间建立"科技成果转化的孵化机制"完成科技企业创业的使命。

根据这样的分析,大学将精力过多地用于开发,长期下去必然会影响大学的科学水平的提高,甚至使得大学进入商业领域,失去大学应该创造知识、培育人才的社会分工价值所在。自1953年硅谷创建以来,对于大学有了一个使命重新定位需求:即自有了大学以来,在1860年代中期以前,大学仅仅是培育人才的一项使命,而自德国洪堡教育改革之后,大学增加了一项新的使命,就是还要不断地研究开发新的科技成果,以适应社会对于科技成果的需要。而为满足以现代高科技产业为核心的新经济发展需要,大学还要增加一项新的使命,就是促进科技成果的转化,并在科技成果转化的过程中,获得与社会的互动,加速大学在科学创新方面的进步。显然,现在发达国家的大学都是以科学创造、科技成果研究开发和培育人才领先的。

问题是在保证大学科学领先水平的前提下,以什么样的模式来促进科技成果转化。通过实证考察,美国的大学创造出了一个很有效的值得学习和借鉴的科技成果转化模式。

斯坦福大学在保证培育人才的质量和科学水平领先地位的前提下,为了促进科技成果的转化,明确规定大学的科技成果统一由大学的技术转化中心来实施转化工作,而创造该成果的教职员工随着科技成果转化进程,可以长期为企业提供顾问价值性的服务,或者担任独立董事价值性的服务,该服务以一般不超过5年为限。但是创造该科技成果的人员不得到企业里兼任董事长、首席执行官、首席财务官、首席技术官等职位,否则学校将会劝其退出教师的职位。哈佛大学虽然没有斯坦福大学那样的限制性规定,但是也有正面的规定,即一周当中,教师必须有四天的时间是在为学校的教学和科研工作,该工作时间都要有秘书的记录为证,一周当中仅仅有一天的时间可以是自由的。这一天的时间仅仅是可以满足该教师去做顾问或者独立董事职位的需要。哈佛大学这样的正面规定,显然给予教师的闲暇时间是难以去创办企业的。正是由于这样的规定,哈佛大学在最近的"128号公路"上并没有自己的校办企业,也没有什么"哈佛大学**科技园"的高科技园区,斯坦福大学在硅谷也没有自己的一家校办企业,也没有什么"斯坦福大学**科技园"高科技园区。

他们的做法就是以专利或科技成果授权再加上技术服务的方式进行转化工作,一般授权为五年,并提供五年的技术服务工作。为了防止垄断,技术成果授权的方式一般是不能够独家授权的,即同时授权给三到五家企业应用。

四、以斯坦福大学技术转化中心为案例

在前面分析的基础上,我们再以斯坦福大学技术转化中心的技术转移工作为典型案例来进一步说明。

斯坦福大学技术转化中心创建于1970年,至今已经有累计超过6 000项发明的公布,其中有超过2 200个发明得到市场的良好反应,技术转化中心执行了超过2 600项发明转化,当中有接近1 500项转化的发明得到市场的良好认可。

斯坦福大学有很多的著名发明,从好的方面分析,转化中心已经产生了将近$10.3亿的累积总转让收入。有$4.36亿既非来自DNA,也非来自Google™。其中有超过$8.94亿留在了斯坦福/发明者,技术转化中心已经为研究激励基金提供了$3 700万。

斯坦福大学技术转移中心一共大约有22名工作人员,其中8名律师,8名价值评估人员,主要针对发明进行价值的评估并制订相关知识产权保护与转让方面的法律服务。对于技术转移收入的分配政策是:总的转让收入的15%作为技术转移中心成本,归为转移中心的管理费用,减去这些开支是该项技术成果转移的净转让收入。净收入的1/3给技术的直接发明者,1/3作为继续研究的科研经费,由技术成果发明者掌管使用,1/3作为收入。1/3的收入再分成三份,一份分给学校,一份分给发明者所在院系,一份分给该技术发明的团队。由于斯坦福大学学校经费充足,学校将其收入奖励给该技术发明的团队。

但是,使人冷静的数据是,在斯坦福大学6 000项的发明中,只有3项的发明是大赢家,14项发明产生了超过$500万的累计转让收入,53项发明产生了超过$100万的累计转让收入。所以斯坦福大学的经验证明:大学不能指望用转让收入来作为大学运营的开支来源。以2006财政年度为例,有$6 130万转让收入,$1 390万给学院,$1 450万给系部门,$1 560万给发明者。在2006年的470项发明产生收入中,只有50项带来超过$10万的转让收入,7项带来超过$100万的转让收入。其中,$570万用于法律开支,转让收入的分配。

虽然大学不能够指望科技成果转移来作为大学运营的开支来源,但是转化出去的科技成果创造了新兴的产业,创业成功者们纷纷为大学捐赠,从而为大学提供了更高的经济回报,帮助大学办学解决了很大经费来源问题。这样形成了一个由大学的科技成果转化,虽然当时大学并没有因此而获得很高的回报,但是这些成果一旦创造了很好的收益时,又给大学进行捐助的这样一个科技成果转化的期权回报的循环机制。

哈佛大学则是在技术转化中心的基础上,创办大学的校办风险投资基金,来结合市场的需要,就科技成果转化过程中"断裂带"阶段进行引导性的投资,即就市场需要的科技成果,与外面的资金进行组合型的投资,而大学的风险投资基金占投资总额的五分之一到三分之一的水平,往往能够更好地促进科技成果转化。在实证考察过程中这种模式促进科技成果转化都是成功的。

特别是哈佛大学Lerner教授的研究,在美国3 000多只基金中,哈佛大学校办风险投

资基金的收益率是最高的,问其原因有三:其一是由于大学有着最为领先的科技成果;其二是由于大学的品牌价值,最优秀的人才愿意来大学的风险投资基金工作;其三是大学风险投资基金愿意投资项目的引导效应,社会上的各种基金纷纷愿意介入投资。

通过实地考察,我们得知尽管全美国 3 000 所大学,大约有 1 200 所大学有技术转移中心或产学研一体化机构,真正对于国家经济起到引领作用的,主要是前十所大学,充其量也就是前二十所大学。

麻省理工学院(MIT)教授专门研究了 MIT 的科技成果转移以及 MIT 学生们创新创业的情况,结论是:自 1950 年代至今 MIT 的科技成果转移和学生们的创新创业,其社会经济的溢出效应是,创造的 GDP 总量大约占 2010 年世界 GDP 排名的第 11 到第 15 位的水平,带动了大约 600 万人的就业。后来该教授又转职到斯坦福大学,专门研究斯坦福大学科技成果转移以及学生们创新创业的社会经济溢出效应,该效应肯定是超越了 MIT 的水平。

通过考察和分析,自然引发了对于我国大学有关校办企业或创办大学科技园区的一些思考。

五、有关与国内比较的思考

在我们考察的大学中,没有一个大学创办校办科技企业或者大学科技园的,为什么? 科技成果的转化以授权为主,为什么? 哈佛大学的校办风险投资基金,是全美国所有基金中收益率最高的,为什么? 比较我们国内的情况,我们大学校办科技企业和大学科技园的模式需要创新的方向是什么?

我国的各个大学纷纷创办自己的科技型企业,一个大学办 30 到 100 个企业是平常事,而大学的法人代表是校长。以前,校长往往要兼任该企业的董事长,一个企业不要多,一年只召开一次董事会议,该大学校长就要在每个月中至少参加两次到四次董事会议,可想而知校长又有多少时间去抓教学和科研以及大学的创新工作。如果创办的企业效益很好,当然会给学校带来回报,那么要问这样的回报能够弥补多少学校的开支来源? 如果创办的企业亏损,则学校就必须要承担亏损的经济责任,这种经济责任势必影响原有教学经费的使用。

当然,大学创办科技型企业的好处表现在,加速了科技成果的早期转化,即在财富效应的促进下,大学科技成果的创造者们纷纷可以在第一时间进行成果转化创办科技企业,但是该企业继续向前发展时,往往是以失败告终。主要原因之一就是创办该企业的具体人员"脚踩两只船",不愿意放弃学校教师的职业,当企业发展到一定阶段之后,需要创业者能够全身心地投入,而此时具体创业者在教师和企业经营者两条战线上作战,他是不能够也不可能做到全身心投入精力到企业的发展过程中,必然将企业送进了难以再继续发展的死胡同。同时企业的创办者在教师和企业经营者之间两条线作战,势必影响他做教师的质量或者影响他做科研的质量。

笔者后来又专门考察了我国台湾地区和以色列大学科技成果转移模式,他们也是这个模式。

根据美国大学科技成果转化模式的实证研究,比较我国大学现行创办科技企业或者大学科技园区的科技成果转化模式,是否是最优的模式? 是否是最有效的模式? 是否是最有社会效应的模式？检讨或研究一下我们的模式，大学在创造知识和满足社会人才培养和教育、现代科学和技术创新的前提下，是否要进一步创新，又该如何创新？

思 考 题

1. 简述美国风险投资的发展简史。
2. 简述美国风险投资发展与国家竞争力提升的关系。
3. 简述政府支持风险投资业发展的模式。
4. 简述风险投资发展聚集特性。

关 键 词

美国风险投资发展历程　美国技术密集规律　美国风险投资集聚规律　美国政府支持风险投资发展模式

第八章
以色列发展风险投资经验

就风险投资而言,以色列虽然是世界上起步很晚的国家,但由于对风险投资的正确理解以及对经济未来发展的思考,并制定了一系列的正确的高科技研发对策、财政政策、促使外来高科技移民创业的政策等,创造了以色列风险投资业发展最成功、最值得借鉴的经验。

以色列国土面积只有20万平方千米,720万人口,2/3的沙漠,但是以色列却创造了奇迹般的高科技的经济成效:人均收入5 000美元以上;人均科学论文数世界排名第一;在NASDAQ上市公司有130家之多;人均专利数在世界前列;风险资本总量占国家GDP总量的比例世界排名第一,拥有100多亿美元的风险资本总量……

本部分从如下4个方面论述以色列风险投资业发展的成功经验。以色列风险投资业发展的历史;以色列对风险投资业的理解;以色列政府在促进风险投资业发展中的作用;中国—以色列的合作模式。

通过对以色列的考察以及相关的研究,笔者认为以色列的模式,对于我国来说,特别是对于我国的高科技产业园区,更有学习的价值,更有借鉴的意义,更有深入研究理论和实证的必要,与以色列合作具有更深远的战略竞争力的需求。

第一节 以色列风险投资业发展的历史

以色列专家们一般将高科技与风险投资绑在一起来讨论问题,所以一谈到风险投资历史问题,以色列专家们就从1948年谈起。国家特殊的地理位置,促使以色列必须在高科技方面领先,并且在高科技促进经济发展上创造价值。这是以色列的国家竞争力所在。

同样,从研究的角度,我们希望能够找到关于以色列风险投资发展的历史论述,遗憾的是也没有找到,还是美国人写了一本专著即《创业的国度》。这本专著也仅仅解释了以色列人的创新文化、创新精神所在,以及创新的远大战略目标。

关于风险投资发展历史及其价值,都在以色列风险投资专家的脑子里。我们通过考察及与有关专家的讨论,得到如下的历史纪录:

1948年前,学术研究和基础研究——科学研究体系的奠基;

20世纪50—60年代,以色列军事工业——工业和应用研究体系的奠基;

20世纪60—70年代,早期高科技的起步——高科技企业体系的奠基;

70年代,政府对高科技的支持——政府支持政策的奠基;

80年代早期,在NASDAQ的第一次IPO——与高科技公司交易的开端;

80年代后期,NASDAQ中越来越多的IPO和国际性的联合产业研发——高科技起步和相关产业的发展阶段;

1992年,INBAL的建立——在特拉维夫股票交易所中公开交易的风险投资类股票得到政府保证;

1993年,YOZMA项目,政府的基金中的基金——以色列风险投资产业的建立;

90年代,风险投资产业的快速成长——发展阶段;

90年代,来自苏联的移民——高科技人才的增长;

90年代,科技孵化器——资助机构进行发明的商品化;

90年代,在以色列的美国投资银行——为NASDAQ进行更多的IPO铺路;

1997年,YOZMA项目中止——成功后政府退出;

90年代,在NASDAQ积极活动——以色列公司的跨国组织结构;

90年代,高增长公司在欧洲市场上的第一次——欧洲的成长发展;

90年代,美国跨国公司在以色列建立研发中心和精密制造设施——加强以色列的国际地位;

2001年,科技孵化器的私有化和私人生物科技孵化器的建立——政府再次退出;

2002年,政府种子基金的建立——鼓励风投产业投资种子期公司。

一、科技孵化器的私有化

将管理公司私有化;私人允许参与孵化器运营至少三年;政府在同等水平上支持种子期公司(以85∶15的比例支持);政府的支持限制在40万美元内,但对种子期没有时间限制;向投资者和企业家提供权益;政府提供支持得到的权益,可以由私人所有者(卖权)在6年内按名义投资和银行利息购回;在初创期可以获得政府持续的支持。

二、以色列风险投资基金拥有的私有孵化器

如图8.1所示,政府创建的孵化器交由私人风险投资基金管理,但政府仍然给以孵化器投资支持。

三、政府的种子基金

政府于2002年设立的种子基金,不是基金的基金。该基金在以色列高科技公司早期发展阶段,通过和风投基金按50∶50合资获得权益,政府基金却无投票权,不能参与董事会,其余权利与合资的风投基金相同。不过参与的风险投资基金和组合公司首先必须得

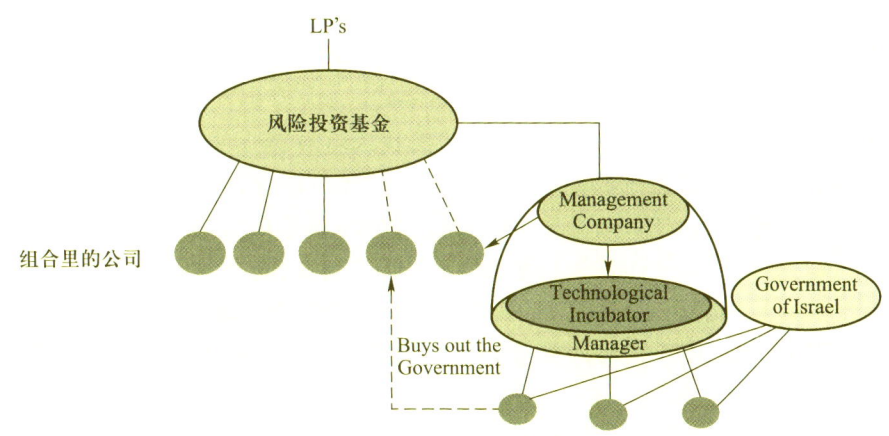

图 8.1　以色列孵化器私有化组织示意图

资料来源：Eliezer Manor 的演讲．

到基金审批。种子基金为本地和国外合格的风投基金提供的项目进行投资，风投基金拥有 5 年内购买政府种子基金份额的选择权，或者通过 IPO、兼并收购退出。

综上，以色列风险投资业发展的历史虽然很短，但是其创造的国家经济竞争力价值却是很大的。关键是政府把握了支持风险投资业发展的定位：打造风险投资体系，促进科技成果转移过程中的"市场失灵"阶段的问题解决。

第二节　以色列对风险投资业的理解

以色列风险投资业发展及其成功的经验，可谓是世界各国发展风险投资的楷模。以色列的成功首先是来自对于风险投资业的正确理解：风险投资是促进未来经济发展的金融业态，未来的科技方向是什么？高科技公司的特点是什么？风险投资的本质是什么？这些基本问题搞清楚，才能够有理性的发展模式。

一、以色列对于未来的预见

大量涌入这个不断缩小的世界村市场中的新产品是驱动未来经济领先的重要力量。而这不循常规的创新，即智力是经济中的重要资源。这种资源是与经济体过去依赖的传统自然资源（例如石油和黄金）截然不同的，你利用的创新和智力越多，你拥有的也越多。

未来从军事力量向经济力量的转变将持续下去，高科技产业将扮演重要角色。

经济上：全球化愈加明显，新产品不断被引入国际市场。如果高科技产业迅猛发展，那么中国将成为一个领先的对手。

金融上：由于股市发达，美国会继续扮演领先角色。本地高增长公司的股市会与美国股市和谐发展。新的金融工具，例如对冲基金，将被不断创造利用。

商业上：产品、服务和商品（例如，纺织业、家具业、计算机、通信、信息产业、SW）供应的国际化分工，带来了中小企业和本地企业家扮演越来越重要的角色，从技术向大规模商业化(产品)转移,例如通信产业。为此,架起创新与商业化间的桥梁——对商业发展愈加重要,愈加有效的本地和国际股票市场为交易高科技/高增长公司股票提供便利,需要更多的国际交流与合作。

科技上:在生命科学上,生物技术包括基因技术将有更大的突破,在医疗技术和医疗设备(政府和保险政策激励)以及医药(药物与治疗)的应用;在农业生物技术,特别是基因技术将有更好的应用;纳米技术(能带隙技术)将运用于诸多领域,例如在材料、医药、通信、电光学上;半导体进入纳米级,复杂且花费高昂,例如,通信和IT产业将由具有创新性的商品化公司主导,IT由存储容量和访问时间推动发展;光通信连接到驻地的光纤(FTTP)和连接到家庭的光纤(FTTH);能源,尤其是汽油的替代能源将研发出来。

生态学:将会给自然保护和环境保护、垃圾丢弃和处理带来更加科学的方法。

知识产权(IP)将成为商品:在通过创新向商业化的促进上,整个行业将围绕知识产权发展。

二、高科技公司及其特点

那么,什么是高科技公司呢?其特点是:向广大市场推出的新产品,不限于规模上和地理上;与传统企业的步步为营的方法(利用它自身的资源和利润)相比,高科技公司能更快地发展;这种速度型的发展,是利用外部的金融资本来实现的;风险资本是发展中的高科技公司(私人股权类型)增长所需的主要动力(外部金融资源)。

发展高科技产业链,是由教育、研究、创新、企业家精神、风险投资、交易等环节构成的技术经济链。

针对高科技产业发展的链条,金融方面支持高科技产业成员与机制,如图8.2所示。

这个链条是一个序列,不能跳过任何步骤,不能打乱该顺序。即依据这个链条,发展高科技产业是没有跨越而言的,但是可以加速。

发展高科技产业的任务,原材料是人力资源,人力资源只能由在适合环境中得到充分利用的创新性的智力组成。

适合的环境是由基础体系、特定教育、政府对企业家的支持、政府对本地风投产业的支持和一个强大的风险投资产业对小企业及其运营的恰当管制、适合的税收政策、全球化发展导致管制放松、高科技公司数目达到临界值、退出机会等构成的。

基础体系是由教育、大学和研究所、交通、通信构成的。

特定教育是指技术、科学、商业、企业家精神、管理与领导力的教育。

政府对企业家的支持是指对产业研发的支持、合适的组织(例如科技孵化器)、联合产业研发的国际性协议。

退出机会是指针对高增长企业的适合的股票市场、与跨国公司进行并购的机会、进入国际股票市场(NASDAQ等)的机会。

可见以色列对于高科技产业的链条理解,是从应用科学研究到科技孵化器,再到初创公司,中间阶段与发展,以至退出。

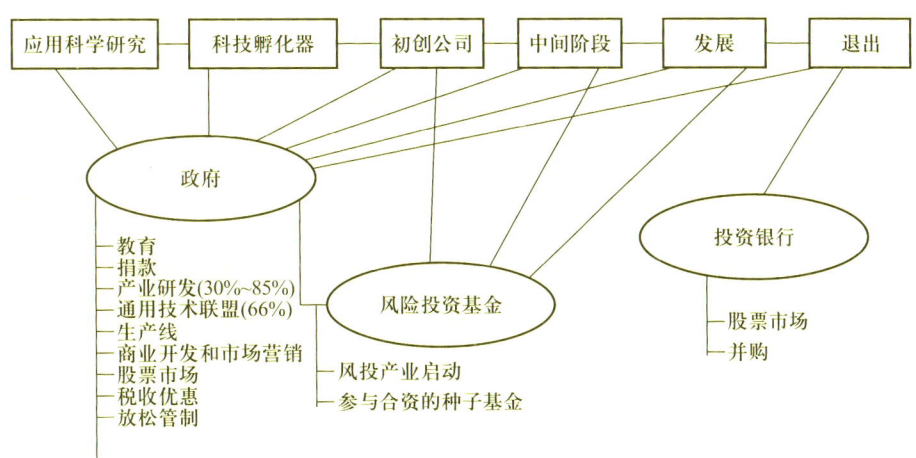

图 8.2　金融方面支持高科技产业成员与机制示意图

资料来源：Eliezer Manor 的演讲.

三、风险投资的价值

对于风险投资产业的本质认识，如图 8.3 所示。以色列认为，风险投资的产品是高增长公司，风险投资的原材料是种子期或者初创期公司，风险投资的运营是高增长公司的制造线，风险投资的市场是针对高增长公司的股票市场，进行兼并和收购。

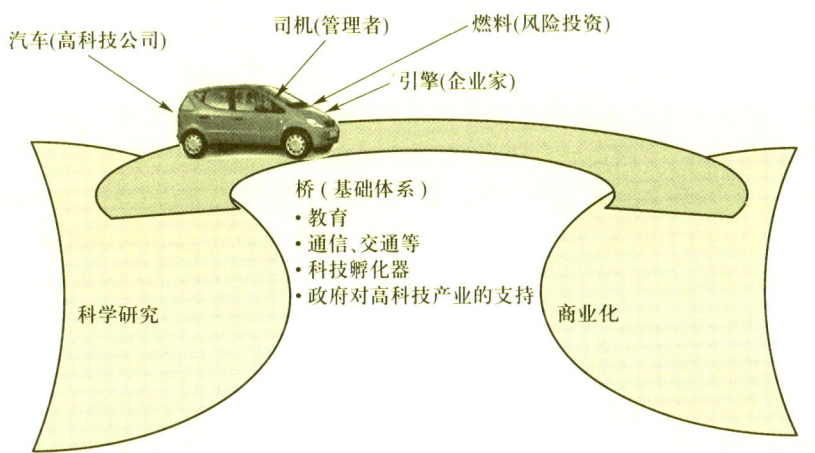

图 8.3　以色列对于风险投资本质的理解示意图

资料来源：Eliezer Manor 的演讲.

基于上述的认知，显然以色列对于高科技产业及风险投资的理解，是一个社会经济大系统性的理解。

第三节　以色列政府在促进风险投资业发展中的作用

有了上述对于高科技产业的认知，风险投资则是高科技产业发展促进经济竞争力提升的社会经济系统中的一个环节，又是特别关键的环节。基于这种理解，如图 8.2 所示，政府首先是要从细节上向高科技企业和中小企业分别提供支持机制。

一、政府对产业研发的支持

政府对于产业研发的支持主要有三个方面：其一，通过产业部首席科学家的办公室，提出必须支持的领域和方向。其二，通过立法鼓励研发投资（1984）。其三，给出附条件的贷款，占研发费用的 20%～66%。如：

（1）研发项目（出口新产品）。
（2）改善现有产品的研发。
（3）由初创企业进行的研发。
（4）Beta 阶段（处于研发和市场行销中的阶段）。
（5）行销和技术有效性研究。
（6）对在优先地区执行的项目有利。
（7）通过"科技孵化器项目"资助研发项目（公司）。
（8）拨款——对产业/学术联盟——为促进先进科技（并非产品）发展而进行的通用研发项目——MAGNET 项目。

例如，政府创建 Tnufa——创意促进中心（基金），对前种子期项目，对于其进行技术性、经济性评估，做申请专利的准备，开展可行性研究，以至准备商业计划书，就可以给其占到核准花费 85% 的拨款。

政府支持产业研发领域进行国际合作，主要是为了获得国际化的资源优化配置。政府设立了双边研发基金、双边研发协议、多边产业研发基金、多国间框架等。

双边研发基金，如 BIRDF 基金，是美国—以色列产业研发基金会；美国—以色列科学和技术委员会；CIIRDF 基金，是加拿大—以色列产业研发基金会；SIIRD 基金，是新加坡—以色列产业研发基金；BRITECH 基金，是英国—以色列产业研发基金；KORIL 基金，是韩国—以色列产业研发基金。

双边研发协议，有法国、荷兰、西班牙、葡萄牙、印度、爱尔兰、比利时、瑞典、意大利、德国、中国香港、中国内地等，还有更多国家正在谈判中。

多边产业研发基金，如 TRIDE 基金是以色列—约旦—美国产业研发基金。

多国间框架，如利用欧盟基金的欧洲框架项目（协会、成员）、EUREKA（平行投资）网络（协会、成员），这些框架项目投入资金达到确认花费的 50%。

政府对于应用型学术研究支持在大学和应用研究所开展，是通过建立商业合作关系促进商品化：政府资助学术机构的研究，并给予特许；对于初创企业通过科技孵化器，向开发者出让股权，还可以与私人公司建立合资企业，并参与研究联盟。

例如，基因技术的发展（MAGNET）：由大学、初创企业、大型企业组成联盟，为了基因技术的发展,并非产品;获得的成果和知识产权属于联盟成员共有;该技术可被用于产品的进一步开发,政府给予已经确认花费66%的拨款。

伴随20世纪90年代来自苏联的移民兴起,政府创办科技孵化器,在专注种子期投资的组织结构中,扮演了重要角色,目的在于:寻找新项目,甄别和分析项目,并与种子期公司合作,提供服务和经营支持,协助发明者和种子期公司管理、商业开发、市场营销、战略联盟、提高风险投资等。该科技孵化组织由政府100%支持(每年达到21万美元)。

在孵化器里,政府支持种子期公司:时间周期为2年,给予85%经费支持,每年每家公司最高16万美元,一个孵化器每年孵化10～15家公司。被孵化公司的权益所有者关系为:50%归发明者和企业家,20%归孵化器,20%归配套资金提供者,10%预留给关键人员。

二、政府的风险投资支持

在YOZMA和INBAL之前,以色列没有风险投资产业。建立在之前项目成功的基础上,相继成立了一系列没有政府参与的基金,吸引了大量的外国投资(特别是来自美国的)。

1992年,以色列政府分析了环境,在具备了高科技公司、高科技企业的企业家精神、大量优秀的有进取心的经理、在NASDAQ上市成功等条件下,启动了YOZMA,即政府基金推动,自此以色列风险投资产业快速发展。YOZMA机制,是以色列私人风险投资基金建立的机制(参见图8.4)。

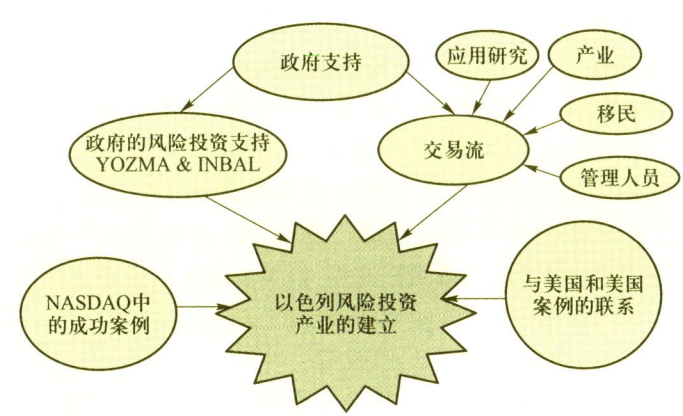

图8.4　以色列风险投资产业建立环境示意图

资料来源:Eliezer Manor的演讲.

1992年,政府筹资1亿美元用于YOZMA——一个由独立管理层领导的基金的基金。政府与私人投资者合资成立风险投资基金,各投入800万美元和1 200万美元。私人投资者可以是国内的和国外的,这样将政府财政和公司结合起来。私人投资者可以在6年后按政府名义投资金额购买其持有的股份,政府参与承担下跌的风险,但不享受上涨的收益。经过5年的时间,在拥有优秀管理团队的基础上成立了10个YOZMA基金。

YOZMA是以色列风险投资产业建立的催化剂。这个项目是建立在高科技产业、政府对产业研发的系统支持和高科技企业家精神的沃土上的。

政府设立的公共风险投资基金,即 INBAL 机制。INBAL 是一个催化剂,是建立在优秀管理团队基础上,在 TASE 特拉维夫股票交易所中交易。政府提供的激励为:承诺 7 年后按 70% 的名义价值购买其交易的股票,并且同样政府参与承担下跌的风险,但不享受上涨的收益。该项目的负面影响为:对组合公司的限制减少了它们的竞争力,持股比例不低于 10%,只进行首席科学家办公室批准的项目,不允许投资外国公司,其他的公共基金由银行担保取代政府担保。

政府的 YOZMA 和 INBAL 的成果为:数年间,相继成立约 100 个基金,投资的大部分或全部集中在高科技行业;管理大约 100 亿美元的资产;在 2000 年达到年均 30 亿美元的投资额,外国风险投资基金参与额外投资和合资;风险投资家投资超过 1 000 家公司;大部分专注科技企业的美国投资银行汇集以色列,建立办公室,进行本地交易和风险投资;多数通过 IPO 方式退出,大约 130 家以色列公司在 NASDAQ 上市(仅次于美国和加拿大),此外还有通过兼并收购退出的。

三、以色列政府支持风险投资的财政政策经验

1991 年,以色列政府就创立了技术孵化器——一共 24 家。这些孵化器企业为大部分苏联移民科学家创新提供了初期研发的资源和资金,但是其目标不仅仅是研发,更重要的是看研发的产品是否具有市场价值和销售前景。政府通过最高额为 30 万美元的小额资金资助了数百家公司,这使许多苏联移民大显身手。但是这种小额资金根本起不了什么作用,如果非说有的话,那就是一些创业经验。政府的财经部门无法为这些企业提供它们所需要的支持,来帮助它们把那些研发成果成功地转化成商业化的产品。

以色列政府意识到:私人风险资本才是唯一的出路,并明白为了获得最终的成功,以色列的风险资本行业必须和国际金融市场建立密切的联系。这种国际性的联系不仅仅是为了融资,以色列的风险投资需要指导,需要掌握指导商业活动的艺术。在美国有成千上万家这样的风险投资公司,硅谷那些成功的科技创业公司每个细节都可见它们的踪影。它们精于创建新公司,了解科技,知道融资流程,指导着初次创业的企业人士。

以色列财政部里一帮年轻的官员提出了一个想法,称之为 YOZMA,其希伯来语的意思是"首创"。在 YOZMA 之前,无所谓风险投资。

YOZMA 项目就是政府出资 1 亿美元用来创建 10 个风险资本基金。每一份基金都必须由三方代表组成:接受培训的以色列风险资本家、一家国外的风险资本公司以及一家以色列投资公司或者银行。另外,YOZMA 还有一项金额为 2 000 万美元的基金,将直接投资于科技公司。

YOZMA 项目的思路是这样的:政府借钱给你投资,如果失败了,你一分钱也不用还给政府;如果你赚了大笔的钱,只需要把最初的投资再加上每年的利息还给政府。这是少见的政府项目,并有进入和退出机制。这也正是这个项目成功的关键所在。

YOZMA 项目最初提供的几乎是一对一的资助,也就是说如果合作方能筹集到 1 200 万美元的资金投资于新的以色列科技公司,那么政府还将出资 800 万美元资助这家科技公司。对于外国的风险资本家来说,最引诱他们的是项目内在的增长潜力。在投资新项

目时,政府会获得该项目股权的40%,5年之后,如果项目成功,项目合伙人将获得优先权以便宜的价格买下全部股份。这就意味着政府在分担风险的同时,将全部盈利都给了投资者。从投资商的角度来看,这真是罕见的赚钱的好机会。

欧洲人动辄投资上亿欧元收购以色列的公司,在现在看来是司空见惯的事。而在1995年,以色列的创业公司被欧洲公司买下却是闻所未闻的。正是得益于当时以色列政府的新政策——YOZMA规划,这一切才能成为现实。政府的这种积极主动的政策,促成了成百上千家以色列的创业公司还会有类似的经历。

1992—1997年,YOZMA创建的基金在政府的资助下筹集到了2亿多美元的资金,这些基金在5年之内被出售或私有化了。今天,YOZMA基金拥有大约30亿美元的资金,为数百家以色列新成立的公司提供资金支持。结果很明显:"风险资本是点燃火焰的火源。"

人们称这种投资为种子基金,一般来说它风险极大,所以YOZMA实际上只提供1∶1的资金支持,意即投资商只有拿出250万美元的资金才能够得到政府250万美元的资助。

以色列风险投资协会公布的数据称,以色列现在有45个本国的风险投资基金。1992年至今,以色列共有多达240家风险投资公司,其中包括国内资本投资的公司,也包括国外的资本投资的创业公司。

由于YOZMA的成功,国外许多政府人员打电话来,都想拜会一下YOZMA的创始人。例如来自日本、韩国、加拿大、爱尔兰、澳大利亚、新西兰、新加坡和俄罗斯的政府公务员。

2008年,以色列的人均风险资本投资是美国的2.5倍,欧洲国家的30余倍,中国的80倍,印度的350倍。与绝对数相比较,以色列这个只有720万人口的国家吸引了近20亿美元的风险资本,相当于英国6 100万人口所吸引的风险资本或德国和法国合计的1.45亿人口所吸引的风险资本总额。

总结以色列成功的经验,如图8.5所示。

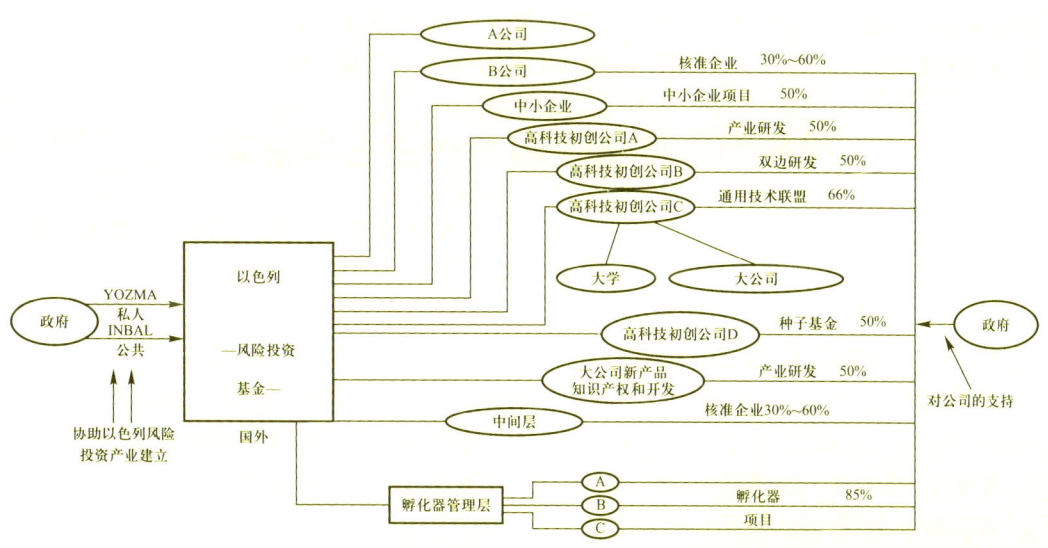

图8.5 以色列政府支持风险投资业模式示意图

资料来源:Eliezer Manor的演讲.

以色列的风险投资以及高科技密集形成的集群效应,也告知我们集群效应是风险投资业发展的必然规律。在第七章中,美国风险投资和高科技产业发展聚集规律也证明了这个真理。

哈佛大学教授迈克尔·波特说,集群是经济发展的一种独特模式,指在某一特定地域中,大量相互关联的组织在空间上聚集,比如企业、政府机构、大学等。集群会为其所在地区带来指数级的增长,因为从某种意义上来说,集群中的每个主体都相互存在于彼此创造的商业效应里。

如意大利的时尚产业集群、波士顿的生物科技产业集群、好莱坞的电影娱乐业集群、纽约的华尔街产业集群以及北加利福尼亚科技产业集群,还有北加利福尼亚的"葡萄酒酿造业集群"都是集群的例子。

波特认为,一群人聚集在一起,做着同样的工作,谈论着同样的话题,这会使企业更贴近员工和供应商,也更容易获得专业信息。

比较迪拜的产业集群与以色列的创新集群:迪拜的商业是对外开放的,这主要是因为几个世纪以来,迪拜一直是个古老的贸易中心,从珍珠到纺织品都可以在这里进行交易。20世纪初期,为了吸引伊朗和印度商人,谢赫·穆罕默德的曾祖父将他的城邦变成了一个免税的港口。迪拜网络城为那些中东地区、印度次大陆、非洲和苏联有业务的科技公司提供了完美的商业环境,这些地区的人口加起来有18亿之多,国内生产总值总额为16 000亿美元。很快,包括微软、甲骨文、惠普、IBM、康柏、西门子、佳能、Logica和索尼爱立信在内的180家公司都在园区注册了分支机构。但是迪拜没有产生任何繁荣的创新集群,有的只是大型的成功的服务中心。

把波特的集群理论变成现实,如果你能够把同一链条上的所有公司都聚集在一起,机会就会出现。这就是真实生活的网络,把系统集成商和软件开发人员联系到一起。完美的服务创新和信息与通信技术(ICT)集群在两千米的范围内汇集了600家公司……这和硅谷有相似之处,但是那是一个区域,而不是一个独立的管理实体。

第四节 中国—以色列的合作模式

通过对于以色列高科技产业发展及其风险投资业总结与分析,可以有个基本结论:"对于风险投资业发展,政府起到了催化的作用。"同时也给我们一个启示:如何建立一个国家项目?借鉴以色列的经验,笔者认为:第一,不能只照搬他国的做法。第二,要充分研究这些项目,分析结果,并且理解对产业界的影响。第三,让地方政府支持的项目适应国家、文化、周围条件、产业发展阶段的环境。第四,需要与所有成员协商项目事项:大学和研究机构、科技来源、企业家和发明者、公司创业过程的需求(种子期、创建期、其他早期阶段、发展期、成熟期)、投资者(天使、风险投资、其他基金等)、基金的投资者(机构、养老基金、基金的基金、外国基金等)、股票市场。

在世界科技、经济、金融等一体化的今天,以色列充分利用国际资源整合战略,创造了令人纷纷效仿的成就。就我国经济发展的状态和形势,与以色列合作是一项真正具有双赢战略的创新计划。从生产要素禀赋的角度分析:

以色列的优势:新科技的源泉、新产品的源泉、高科技的企业家精神、政府对企业的大力支持、发达的风险投资产业、与美国的联系(风险资本和退出)、吸引外国的风险投资、将公司推向美国资本市场的可行模式等。

中国的优势:制造业基地、位于远东、易于进入庞大的远东市场、与远东大公司的交流、商业传统、投资的团体、管制较少等。

基于两者优势的分析,一个供参考的中以合作模式为:利用中国强大的生产能力商业化以色列开发的新产品;中国有庞大的本地市场,并能进入远东其他地区市场;中国有很强的商业化和生产能力;中国需要新科技和新产品来促进经济增长;以色列是新科技和新产品的一个很好的来源;以色列是世界上唯一一个拥有发达的科技和风险投资产业,但没有本地市场和地区市场进入能力的国家。

通过中国—以色列的技术交易机构的建立,将所有高科技产业中各方齐聚一堂,如大学和应用研究机构、孵化器、以色列初创公司和中国公司的代表、风险投资基金、国际法律和会计师事务所、投资银行、交易高增长公司的股票市场、政府实体的代表、相关协会和商务部代表等。

中以合作模式很多,可以是:中以合资企业的建立;建立一个风险投资基金,专门投资合资企业;通过一家管理公司统一管理和运营风险投资基金等。

中以合作的风险投资基金,投资的目标公司为高科技/高增长型,其目的是通过杠杆作用,将以色列科技与中国的制造业市场等结合起来。同时,建立以退出为目的的风险投资基金,通过 IPO(NASDAQ、中国、远东、其他),或者兼并收购,即由 MNC(跨国公司)、中国公司、中国的战略投资者来兼并收购。

由于目前中国的法律和对机构投资和投资者的限制,以及对于国外投资者的限制、税收制度等规定,还有公募的透明度等问题,中以合作的风险投资基金可以采取平行结构模式,如图 8.6 所示。

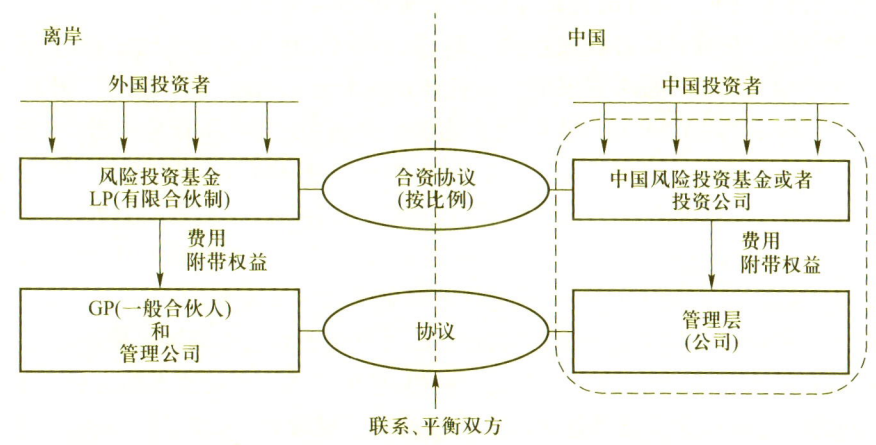

图 8.6 风险投资基金的平行结构示意图

资料来源:Eliezer Manor 的演讲.

合作的风险投资基金对增值要求,首先是对一般合伙人/管理者的专业背景要求,即需要有财务、技术、法律、创业能力、管理能力、商业能力、投资银行/退出等素质。其次是有限合伙人投资者应该包括投资银行、跨国公司、中国大型公司、大学（创新的来源）等。

以国际化的视野,合资企业按照计划,在需要的时候投资中国分公司,并按合同价购买中国分公司产品销往海外。该合资企业产生两部分价值：一是合资企业（离岸）的销售和利润,中国分公司的所有权;二是中国分公司的销售和利润。两者之一或全部可以考虑公开上市,在中国（中国分公司）和国际市场（合资企业）一旦退出,投资者的现金流补偿来自交易中国分公司的股票,投资从合资企业向中国分公司转移,产品/技术转让。两者之一或全部可以被中国战略投资者或其他跨国公司收购。如图 8.7 所示。

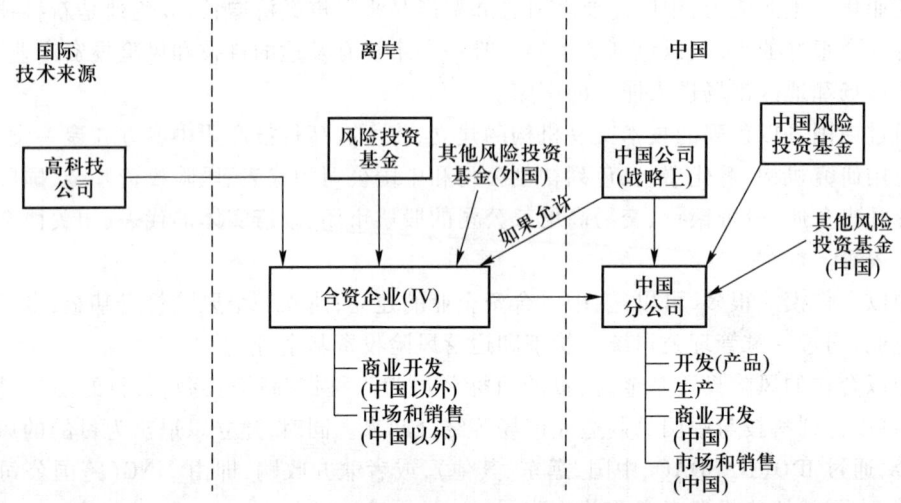

图 8.7　合资组合公司的可行结构示意图

资料来源：Eliezer Manor 的演讲.

为了实现这个目标,达到风险投资产业发展所需的条件,政府必须创造一个合适的环境,由私营部门主导下述两者的交易：高科技企业家和风险投资家。

研究和总结以色列风险投资成功的经验,我们看到,以色列虽然国家很小,但是在高科技领域则是领先于世界很多国家的。以色列是一个善于创新、勇于创新的国家,我们的研究显然难以穷尽其中的奥秘。我们至少能够看到：在社会学界有马克思的《资本论》,至今西方仍然认为马克思是世界十大经济学家之一,他揭示了资本利润的来源;在自然科学届有爱因斯坦的《相对论》,至今仍然影响着自然科学以及现代科技进步;在心理学精神领域有弗洛伊德的《精神分析法》,至今还是心理学界的最高境界的理论;在金融学界有麦道夫将"庞氏骗局"发挥到极点,创造了 650 亿美元的诈骗案,可能是至今最大的诈骗案了。可见以色列人在各个领域都有创新代表,并且引领着这个领域的最新纪录。

在风险投资领域,以色列起步可谓是很晚的,它创造出成效的速度却是最快的。根据本部分的研究和分析,这主要得益于以色列政府的正确理解、正确定位、正确方法。以色列政府仅仅是为了打造风险投资体系,即启动了 YOZMA 计划;为了解决大量苏联科技人才的移民问题,政府建设了孵化器,即 INBAL 计划;为了吸引海外高科技的研发资源,以色列政府出台了磁石计划,即凡是有海外顶级高科技专家参与的领先科技研发计划,政府给予资金 50% 的资助;为了加速科技成果的转移,政府启动了种子基金计划。这一系列计划,犹如一个链条将以色列从一个农业国度加速发展到了高科技的国度。

那么,政府做什么呢?

政府必须创造环境,启动项目推动:教育,包括基础性、应用性和专门性的;基础设施,指通信、交通、生活品质等;金融工具创新,是指自由化、减少管制、创建股票市场;激励高科技企业家精神的工具,如工业园、科技孵化器、中小企业、高科技起步公司;高科技产业建立后对风险投资产业的激励,如基金的基金、合资基金,对外国投资银行的吸引力等;建立风险投资全国协会与政府面对面交流等。

根据以色列的成功经验,政府不应该做什么?不要全包全揽,与私人投资者必须共担风险;不要关注收益,把收益的成长空间留给私人投资者。

在我们跟踪研究过程中,以色列政府将 INBAL 计划中建设的孵化器进行私有化之后,最近已经有六家孵化器在以色列特拉维夫证券市场上市了。这给我们带来需要更加深入研究的新问题:孵化器上市是一个全新的资本市场价值问题,孵化器的盈利模型是什么?孵化器上市的定价模型和方法是什么?孵化器上市需要什么样的投资环境来保障它未来的可持续盈利空间? 等等。

思 考 题

1. 解释风险投资促进以色列成为"创新的国度"。
2. 简述以色列对于创新创业的理解。
3. 简述以色列对于风险投资的理解。
4. 简述以色列政府支持风险投资发展的模式。

关 键 词

创新　风险投资　政府引导

中国实践篇

中国的风险投资起源于1985年,经过几个阶段的创新与探索,现在已经发展到相当规模了,培育出来令世界刮目相看的高科技产业。中国的风险投资:先是由政府直接出资进行管理,引导了风险投资业从起源到初具结构规模,再到大规模化发展;从政府单纯的出资直接投资模式,到政府出资引导社会资金机制;从单纯国有资本,到外资进入,再到民营资本参与的多元资本形态;从单纯的有限责任公司制到有限合伙制的机制安排,将风险责任制与利益激励机制纳入风险投资运行轨道上等。总之,中国风险投资发展,学习借鉴国际经验,从无到有,从简单到复杂……已经创新探索出了适合中国国情的风险投资发展道路。

党的十九大建设创新型国家战略目标,给中国风险投资业提出了更高战略要求。中国风险投资业还有很大的发展空间。

第九章
中国风险投资业发展历程、创新与探索

我国的风险投资业在学习和借鉴过程起步、发展,至今已经有了20多年的时间。我国的风险投资业起步以国有资本为主。随着发展的深化,我国的风险投资机构已经出现了资本多元化的格局。同时各地的经济发展状况以及对于风险投资的认知水平,决定了这些风险投资机构运作的模式和管理模式不同。本章主要从我国风险投资业发展的大事记,来分析我国风险投资业发展的现状。

第一节 中国风险投资业发展历程与成就

中国风险投资受国际高科技与全球创新活动蓬勃发展的影响,于20世纪80年代中期起步,90年代主要由地方政府出资示范推动,近年来随着中国经济持续快速发展和金融改革而高速成长起来。因国内资本市场制度体系建设的日益完善和交投活跃,大量境外、民间和企业资本集结和流转在中国的风险投资领域。中国的风险投资至今走过了35年的历程,大体经历了酝酿、蓬勃兴起、调整蓄势、新的发展四个时期。

一、酝酿期(1985—1996年)

中国实行改革开放政策后,派出大批学者到美国进修,了解了美国风险投资的发展及其在推动高技术产业化中的作用,试行将其引入中国。

1985年3月,中共中央发布《关于科学技术体制改革的决定》,提出"对变化迅速、风险较大的高技术开发工作,可以设立创业投资给予支持",标志着中国风险投资事业的开端。

1985年9月,由科技部和中国人民银行支持,国务院批准成立我国第一家风险投资公司——中国新技术创业投资公司(简称中创公司)。中创公司是专营风险投资的全国性金融机构。随后,北京成立了中国招商技术有限公司,江苏成立了江苏省高新技术创业投资公司,广州成立了广州技术创业公司等,业务主要为通过投资、贷款、租赁、担保、咨询等为风险企业进行高新技术的创新和产业化提供资金支持,资金规模合计约为30亿元。

1986年,国家科委在科学技术白皮书中首次提出了发展中国风险投资事业的战略方针,此后一些地方政府及部门成立了以科技融资为主营业务的公司。

1988年5月,我国第一个国家级高新技术开发区——北京市新技术产业开发试验区成立。之后,其他许多地区也陆续建立起了不同规模的高新技术产业开发试验区,并在试验区内设立风险投资基金。

1988年开始,科技部成立了火炬基金,在新加坡上市,募集资金1亿美元,用于支持中国高新技术企业的发展。火炬基金是典型的风险投资基金。通过火炬计划的实施,我国创立了96家创业中心、近30家大学科技园及海外留学人员科技园,为我国风险投资事业的发展开辟了道路。

1991年3月,国务院在《国家高新技术产业开发区若干政策的暂行规定》中指出:"有关部门可以在高新技术产业开发区建立风险投资基金,用于风险较大的高技术产业开发。条件成熟的高新技术开发区可创办风险投资公司。"这说明风险投资已得到政府的重视。

1992年,沈阳市率先建立了科技风险开发投资基金,采取贷款担保、贴息垫息、入股分红等多种有偿方式投资于科技型企业。同年,广东省成立了广东省科技创业投资公司。随后,重庆、太原、江苏、浙江、上海等相继成立了科技创业投资(基金)公司。这些投资公司基本以科委为主管单位,全国大约有20家,其中以山西省科技基金发展总公司、浙江科技投资公司、重庆科技投资公司、沈阳科技风险事业中心、广东省科技创业投资公司为代表。

1994年,财政部和国家经贸委联合组建了中国经济技术投资担保公司(简称中投保公司)。中投保公司以促进科技进步为主要目标,对高新技术成果提供人民币担保业务,同时对新技术产业和企业技术进步进行投资和融资,并为这些项目开展评估和咨询。中投保公司是我国唯一一家经批准专营信用担保业务的金融机构,并对高新技术企业进行直接的风险投资,对鼓励更多的社会力量参与到风险投资领域中来产生了积极作用。

至1994年年底,我国22个省、市创立各类科技风险投资公司、科技信托投资公司和信用社等80多家,具备35亿元的投资能力。

1995年5月,国务院在《关于加速科学技术进步的决定》中指出:"发展科技风险投资事业,建立科技风险投资机制。"国家科委、国家体改委在《关于深化高新技术产业开发区改革、推进高新技术产业发展的决定》中规定:要拓宽融资渠道,建立健全社会化融资体系,主要利用社会资金(股票、债券、保险金等)和政府匹配的部分资金,同时积极吸引外资,建立高新技术产业化的风险投资基金。

同年,深圳市投资管理公司、科技局、经发局和计划局共同投资1亿元,组建了"深圳市高新技术投资服务有限公司",开始进行科技风险投资的担保尝试。

1996年5月,《中华人民共和国促进科技成果转化法》颁布。该法第24条第1款明确规定:国家鼓励设立科技发展成果转化基金或者风险基金,其资金来源由国家、地方、企业、事业单位以及其他组织或者个人提供,用于支持高投入、高风险、高产出的科技成果转化……

各地政府也纷纷出台了各种鼓励风险投资发展的政策文件,如《北京市新技术产业开发试验区暂行条例》中规定,试验区的银行可以从利息收入中提取一定的比例,建立贷款风险基金,试验区可设立中外合资的风险投资公司等。

所有这些政策法规都对风险投资的发展起到了很大的促进作用。一些地方政府相继出资成立了旨在从事创业投资业务的投资机构,如各地的科技创业公司、科技风险开发事业中心和科技基金发展总公司等。53个国家级高新技术产业开发区大都设立了创业中心(孵化器)。

但由于这一时期经济体制改革的步伐比较缓慢,仍存在体制障碍,欠缺风险投资发展需要的理念,市场环境不完善,法制法规不健全等因素,中国的风险投资未能真正发展壮大。个别风险投资公司甚至偏离了风险投资主业,转做贷款、炒股、房地产方面的投机,因严重违规及亏损被政府勒令关闭。例如中创公司,原注册资本4 000万元,成立后一年时间里迅速融资2亿元,四年后将投资方向转移到证券业务、房地产等。1998年由于出现了巨额亏损,中国人民银行宣布关闭中创公司。

在此期间,国际的风险投资机构开始对中国高科技项目进行风险投资。许多欧美的风险投资公司在邓小平南方谈话后,开始进入中国,并在1994年前后达到高潮。1992年美国国际数据集团(IDG)进入中国,成立了美国太平洋技术风险投资基金(中国)公司(PYV—CHINA),投资1亿多美元于计算机软硬件、网络工程、通信、电子产品、新材料、制药、生物工程等高科技产业。随后,华登(Walden)国际投资集团在中国成立了华登(中国)基金,先后对我国许多知名企业,如科隆电器、四通利方、无锡小天鹅等进行了投资。其他进入中国的基金还包括中国创业投资有限公司(美国)、上海世华国际金融顾问公司和日本软银集团等。

到1998年境外基金的资本总额近40亿美元。虽然这些基金的管理者有丰富的国际风险投资经验,但他们大多认为中国发展风险投资的市场环境还不成熟,因而没有过多地向创新项目及创业者提供风险资本支持,只有8%的资金投向了技术创新产业,65%的资金则投入了已有成熟企业的扩大再生产。

这个时期的风险投资业,由完全在传统的经济体制下运作过渡到风险资本推动、投资项目科技导向、风险投资机构事业管理化。另一方面,国外风险投资基金的进入不仅为国内高科技企业提供了资金,也带来了风险投资专业化的评估和管理经验,促进了中国风险投资业界人士向国际发达国家的风险投资机构学习,并借鉴其成功经验。

二、蓬勃兴起期(1997—2001年)

美国和其他工业发达国家风险投资蓬勃发展,风险投资在高科技产业发展中的作用日益突出。随着我国改革开放的步伐加快,中国市场经济的发展给风险投资的发展提供了客观条件,中国风险投资对经济建设的重要性逐渐成为社会共识,中国风险投资事业兴起的条件逐渐成熟。表现在:一是中国大力推进社会主义市场经济为风险投资事业的发展奠定了基础;二是中国拥有许多有价值的科研成果有待产业化;三是具有较高素质的企业管理者队伍正在形成;四是中国民众在银行中有巨额(当时已超过5万亿元)的存款,具有直接投资和募集的潜力;五是技术、咨询、财务和法律等中介服务业迅速成长;六是中国证券市场配合中国经济同步发展,潜力初现。这些都为中国风险投资的发展提供了有利的条件。

1996年9月,国务院发布《关于"九五"期间深化科学技术体制改革的决定》,再次强调"积极探索科技发展风险投资机制,促进科技成果转化"。此后实施了《中华人民共和国促进科技成果转化法》,各地也陆续出台了相关法规,积极探索和推进风险投资机制。

1997年,深圳市成立了深圳市科技风险投资顾问有限公司,即中科融公司,它是专门从事为高科技等高成长行业提供策略性投资银行业务的专业服务机构。

1998年3月,民建中央在全国政协九届一次全会上提出"一号提案"——《关于加快发展我国风险投资事业的几点意见》,引起了全社会对中国风险投资业发展进程的共同关注,掀起了我国风险投资事业发展的热潮。北京、上海、深圳等地率先宣布推进风险投资的政策和措施,并逐渐成为中国风险投资发展的中心。全国22个省市建立了众多运作比较专业、投资方向比较集中于高科技领域的风险投资公司,同时还设立了一些专门的服务机构,如上海成立了专门机构对国内外高新技术成果转化项目进行技术等级、市场前景、项目风险及知识产权方面的认定。

随着社会各界对风险投资的进一步重视,全国风险投资机构的数量和资本规模开始出现较快的增长。1997年和1998年,我国风险投资机构的增长率分别高达65.22%和55.26%,年新增资本额在20亿~40亿元。到1998年底,风险资本的总量首次超过了100亿元,达到104亿元;风险投资机构59家,较1996年翻了一番还多。

1999年4月,科技部等7部委联合颁发《关于促进科技成果转化的若干规定》,提出有条件的高新技术创业服务中心可以依据有关法律法规和文件,建立风险基金和贷款担保基金,为高新技术企业的创业和发展提供融资帮助。

1999年6月,国务院拨出10亿元人民币作为建立中小企业创新基金的启动基金。8月,国务院颁布了《关于加强技术创新,发展高科技,实现产业化的决定》,强调"培育有利于高新技术产业发展的资本市场,逐步建立风险投资机制,发展风险投资公司和风险投资基金"。

1999年11月,国家科技部等七部委提出《关于建立风险投资机制的若干意见》。这是我国第一个关于风险投资的指导性文件,第一次系统论述了风险投资概念的理论认识,表明了国家对风险投资机构进行大力扶持的态度,推动了中国的风险投资事业以前所未有的速度迅猛发展。各地政府纷纷出资或与大型国有企业(包括国有控股的上市公司)共同出资设立专业风险投资机构,并制定和出台地方性的政策法规。

2000年10月,深交所就创业板9项规则,向社会征求意见,社会各界对创业板充满期待,许多风险投资机构也为此储备了许多项目。

在这个时期的风险投资热潮中,风险投资公司如雨后春笋般纷纷涌现,汇集了大量的资金,也出现了一大批各种各样期待风险投资支持的公司。由政府倡导和支持的每年一次的深圳"高交会"和1998年始由全国人大常委会原副委员长成思危创办的"中国风险投资论坛"吸引了众多国内外的风险投资家、风险投资机构和创业企业。中国的风险投资从投资机构总数、风险资金总额、投资项目总量,到风险投资机构的从业人员等方面,整体水平有了非常明显的提升。

这个时期,国外的风险投资机构尤其是美国的风险投资大规模涌入中国以分享中国新一轮经济增长的成果,一些国际著名的投资银行(如美林、高盛、JP 摩根等)开始加入中国的风险投资市场,许多大型跨国集团在中国进行策略性投资,并进入风险投资领域。

民间的风险投资也开始有所发展,出现了一些非政府主导的风险投资公司,国内上市公司也开始介入风险投资领域。尽管这些上市公司绝大多数以投资较成熟的企业为主,主要是为了扩展公司的业务、产业链,寻求新的发展空间。而民间资本的进入,给我国风险投资注入了新鲜的血液,使得我国风险投资业由过去 10 多年的政府主导型向民间主导型迈出了一大步。

1997—2001 年这 5 年的发展,为中国风险投资事业的发展打下了较好的基础。根据由国家科技部、商务部和国家开发银行联合推出的调查报告《中国创业投资发展报告2002》的统计,1996 年年底,我国风险投资机构只有 23 家,到 2001 年年底上升到 246 家,为 1996 年的 10 倍多;风险投资机构管理的资金总量在 1996 年年底时只有 36.08 亿元,2001 年年底时为 405.26 亿元,约为 1996 年年底的 11 倍,五年来的增长非常显著(见表9.1)。北京、上海、深圳成为我国风险投资业发展的中心。这三个城市共有风险投资机构 150 家,占全国的 60%;风险资本总量约 287.83 亿元,占全国的 70%。

表 9.1　1996—2001 年全国创业投资机构及创业资本总量和增量

年份	1996	1997	1998	1999	2000	2001
创业投资机构总量(家)	23	38	59	99	201	246
新设立创业投资机构(家)	4	15	21	40	102	45
创业投资机构总量比上年增长率(%)		65.22	55.26	67.80	103.03	22.39
创业资本总量(亿元)	36.08	76.18	104.06	206.32	373.08	405.26
新增创业资本(亿元)	5.90	40.10	27.88	102.26	166.76	32.18
创业资本总量比上年增长率(%)		111	37	98	81	9

资料来源:中国创业投资发展报告 2002.

三、调整蓄势期(2002—2005 年)

2002 年开始,由于受国际互联网行业泡沫破灭的影响,世界经济发展减缓,国际风险投资热潮有所减退。我国对风险投资行业和机构尚未制定具体的法律规范,缺乏可操作性的支持和鼓励风险投资发展的相关政策,创业板市场推迟设立,风险投资普遍缺乏撤出渠道。其间,即使在 2004 年开启了中小企业板,也因 2005 年下半年开始的上市公司股权分置改革暂停了再融资和 IPO(到 2006 年 5 月才得以重启)。因而国内企业缺乏良好的上市融资途径,绝大部分中国本土的风险投资机构所投入的资金沉陷在参股投资企业中,难以获利和退出,大大缩减了再投资的能力,风险投资的资本增量和机构数量大幅减少。政策的不确定性、没有针对风险投资行业的税收优惠等因素,弱化了社会资源进入风险投资领域的热情,一些资金对进入风险投资行业持观望态度,部分风险投资机构转向金融与中介类服务市场,不再从事风险投资业务,一些民间资本则完全退出了风险投资领域。我国的风险投资业经历了一股"寒流",进入调整时期。

《中国创业投资发展报告2003》《中国创业投资发展报告2004》统计显示,创业投资机构数量和创业资本的增速自2001年以来呈现下降趋势,总量绝对值在2002年达到顶峰后开始出现回落,2003年出现大幅下降,降幅分别达21.3%和13.9%。

相比之下,境外投资机构看好中国的经济发展前景,外资风险资本急剧涌入中国,不断增强在中国的风险投资业务,投资项目数和金额均呈现上升趋势。2001年9月出台的《关于设立外商投资创业投资企业的暂行规定》对利用外资也起到了促进作用。越来越多的国际风险投资公司专门设立中国的投资基金或是加大在中国的投资金额。除了早期进入中国的IDG、华登国际、软银投资外,新进入中国境内并进行实质投资的海外机构包括美国高盛公司、英国3I公司、英联投资、凯雷投资、Pacific Venture Partners、麦顿投资咨询有限公司等。2005年,英特尔设立专注于中国科技企业的2亿美元的风险投资基金;美国硅谷风险投资公司Accel Partners在中国联合成立总额达2.5亿美元的基金,专注于科技企业;软银亚洲信息基础投资基金募集的6.43亿美元中的70%资金将投资于大中华区。

在2005年新筹集的195.71亿元人民币风险资本中,外资背景机构所占的份额高达85.99%,而本土机构仅为27.42亿元人民币,占14.01%。

在对待外资投资机构的政策上,境外上市融资的外汇管理制度先是"审批制",而后迅速改为"登记制",外资投资机构也遭遇了一段波折。2005年1月24日,国家外管局发布了《国家外汇管理局关于完善外资并购外汇管理有关问题的通知》(简称11号文);4月21日又发布了《国家外汇管理局关于境内居民个人境外投资登记及外资并购外汇登记有关问题的通知》(简称29号文)。文件规定,以个人名义在境外设立公司要到各地外汇管理局报批;以境外公司并购境内资产,要经过国家商务部等三个部门的审批,审批的重点是境内外不借助现金为媒介的股权和财产权利互换交易。两个文件出台后,对在境内从事创业风险投资的外资机构影响极大,许多需要借助海外市场的投资方案都不得不暂停。

2005年10月,国家外管局发布《关于境内居民通过境外特殊目的公司融资及返程投资外汇管理有关问题的通知》(简称75号文),外管局不再对境内居民赴海外设立企业(特殊目的公司)进行核准,即不再对以该企业为平台购买或置换境内企业中方股权、在境内设立外商投资企业及通过该企业购买或协议控制境内资产、协议购买境内资产及以该项资产投资设立外商投资企业、向境内企业增资等环节进行核准,而改为登记制。这一政策出台后,使中止的风险投资通过境外上市退出渠道又恢复了畅通,扭转了对海内外风险投资机构借助"红筹上市"运作的消极影响。

这个时期的中国风险投资业整体处于低迷并开始出现复苏转折点。2003年党的十六大报告中明确提出:"要发挥风险投资的作用,形成促进科技创新和创业的资本运作和人才汇集机制。"2004年1月出台的《国务院关于推进资本市场改革开放和稳定市场发展的若干意见》从九个方面对包括风险投资、中小企业板块等在内的中国资本市场的发展意义和进程进行了全面论述,并制定发展的综合指引,为包括风险投资在内的资本市场的发展送来了一场"及时雨"。5月,深圳中小企业板块正式设立并开始运作,为我国风险投资的退出开辟了一条新通道。7月,《国务院关于投资体制改革的决定》的颁布,拓展了风险投资的业务领域并在一定程度上保障风险投资者的利益实现。同时,各地区以国家法律、法规为大的框架,结合本地区的经济情况以及风险投资的发展进程,相继出台了多部地方性法规细则。

2005年,我国风险投资业相关法律法规、政策建议体系不断完善。以"自主创新"为核心的"十一五"规划从战略高度为拓展风险资本的投资领域提供了参考,为风险资本提供了更加丰富的投资项目源,从而将极大地推动风险资本与自主创新企业的互动发展。金融改革逐步深化,中国政府对中国证券市场的长期沉疴——股权分置进行了一场结构性改革,并颁布了对《公司法》《证券法》的修订案。

2005年11月,国家发展改革委、科技部、财政部、商务部等十部委联合颁发《创业投资企业管理暂行办法》,具有极其重要的意义,明确了国家为创投行业提供三项政策性扶持:一是国家和地方政府要建立风险投资的引导基金,通过参股和提供融资担保等方式扶持创业投资企业的设立与发展;二是国家要运用税收优惠政策扶持创业投资企业发展,并引导其对创新中小企业进行投资;三是国家要积极推进多层次资本市场的建设,完善创业投资企业的投资退出机制。

这一系列动作为风险投资的运作发展提供了良好的市场环境和法律基础。

根据《中国创业风险投资发展报告2006》,2005年新增创业风险投资机构15家,达到319家,较2004年增长4.9%,创业风险资本总量出现实质性增长,达到631.6亿元,同比增幅达2.3%。中国风险投资研究院的年度调查数据(见表9.2)也表明,中国的风险投资在2005年出现了逆转,尤其在新募集资本及投资规模上,较前两年出现了3倍多的增长。

表9.2　全国本土风险投资机构数量、管理资本总额及募资、投资活动(2003—2005年)

年度	2003	2004	同比增长(%)	2005	同比增长(%)
风险投资机构数量(家)	233	94	-59.7%	215	128.7%
管理资本总额(亿元)	325.34	438.70	34.8%	464.50	5.9%
当年募集资本(亿元)	37.02	43.3	17%	195.71	352%
投资项目数(家)	335	325	-3%	434	33.5%
投资金额(亿元)	37.15	37.83	1.8%	117.57	210.8%
退出项目数(家)	64	116	81.25%	517	34.57%

资料来源:2005中国风险投资年鉴,2006中国风险投资年鉴.

2004—2005年一系列政策法规的颁布及实施,极大地改善了我国风险投资业的发展环境,为我国风险投资业进入新一轮的发展蓄势。

这个时期,本土与外资风险投资机构的差距进一步拉大,边缘化特征日益明显。对于风险投资该以何种模式发展、国外的风险投资发展经验如何应用于中国、中国建立怎样的风险投资运作机制都存在不同意见。一些本土的风险投资机构在低迷中仍然坚持风险投资主业并坚持对建立符合中国特色的风险投资运作机制进行有益的探索。

四、新的发展期(2006年至今)

随着科学技术纲要及有关风险投资方面的政策颁布,国内证券市场在暂停了再融资和IPO近1年后于2006年5月全面恢复融资功能,多层次资本市场体系逐步建立起来,国内外经济环境提供了有利条件,从2006年开始,中国的风险投资走出低谷,步入了一个高速发展的阶段。这个阶段中国风险投资的发展基于以下几点原因：

一是建设创新型国家目标的提出使风险投资得到了高度重视。2006年初中央召开的全国科技大会提出了建设创新型国家的宏伟战略目标，风险投资作为支持创新的投资工具，起着不可替代的作用。建设创新型国家目标的提出，为中国风险投资的发展提供了强大的动力。风险投资不再是一个学术名词，而是上升到全社会高度认知和国家战略的高度的专业投融资创新的形式。

二是中国经济的持续快速且稳健发展为风险投资的发展提供了动力。从2003年开始，我国的GDP增长率每年都超过10%，2007年达到了11.4%。尽管由2007年下半年美国次贷危机引发的金融风暴席卷全球，我国的GDP增长速度仍保持在10%左右高位运行。中国是全球金融体系最稳健、经济增速最快的国家。中国政府在影响经济发展和国计民生的关键领域实施了以增大投资力度、增加投资总量、改善经济增长方式为路径的各种"振兴计划"，为推动中国本土的自主创新发展奠定了坚实的政策导向基础。因此，中国的风险投资活动在各行业、各门类的"振兴计划"中存在大量风险投资可以参与的机会。

三是中国政府大力完善与推进金融、投资领域的改革与创新，加快建立以股权投资为重点、融资担保为辅助、自主创新和税务优惠为导向的扶持创新中小企业发展的政策体系。这无疑为大批的优秀创新型中小企业提供了良好的成长土壤，并为风险投资机构选择投资对象提供了大量的优质项目资源。

四是中国政府增大对创新型中小企业的扶持力度。除中央和地方出台多种扶持中小企业发展的措施外，有两个扶持政策对风险投资业来说特别瞩目：第一是中国证监会增大了对中小企业的审核上市的支持力度。2007年，国内主板和中小企业板共有125只新股IPO，资金募集总额约为4 598亿元人民币。其中中小企业有100家，即占上市公司总数的80%，合计融资约400亿元，仅占总融资额的8.7%。2008年，共有76家企业在中国境内A股市场上市，融资额为1 043亿元，其中71家企业在深圳中小板上市，合计融资305亿元，占总融资额的29.2%。2008年中小板企业上市融资比照2007年融资比例有大幅增长，绝对融资额约减少95亿元。在2008年总体融资额减少75%以上的情况下，中小板企业融资同比仅减少24%，实属是风险投资与中小企业上市融资得到了国策的关照。第二是出台设立政府引导基金的政策和文件指引，为中国迅速掀起创业和风险投资热潮推波助澜。

五是越来越多的境外投资者认为中国是具有投资价值的地区，踊跃进入中国，有助于中国风险投资业的发展。主要原因在于中国政治局势稳定、中国经济快速增长、中国市场潜力巨大、中国劳动力价格低廉而且素质较高、中国有强大的研发力量和科技人才、中国的投资环境不断完善等。2005年8月中国搜索引擎公司百度在美国纳斯达克成功上市，首日上市交易价格飙升了三倍以上，激发了境外投资者对投资中国企业的热情，尤其是许多在美国学有所成的中国学子纷纷回国创业，也加强了境外投资机构的投资意愿。它们认识到尽管中国还存在投资风险大、市场不成熟、制度不健全等诸多问题，但是投资中国初创企业的巨大潜在机遇不容忽视。它们积极进驻中国寻求项目进行投资、运作，与中国的风险投资机构合作，以及设立人民币基金。许多以往只愿投资本国或周边地区的风险投资公司,也开始制定中国战略。一些公司则直接将公司搬到了中国开展业务。

六是国家出台了一系列政策,给风险投资业的发展提供了一个空前的宽松环境。2006年初全国科技大会召开,在《国家中长期科学和技术发展规划纲要(2006—2020年)》及配套政策中,明确把发展中国风险投资业作为自主创新的最重要政策工具之一,不仅要在市场准入、市场退出方面做出方向性规定,而且鼓励银行、证券机构、保险机构和企业、私人参与创业风险投资的设立和管理。

相关部门制定了一系列的配套措施:2007年2月,作为《创业投资企业管理暂行办法》配套政策的《关于促进创业投资企业发展有关税收政策的通知》正式出台。据此规定,自2006年1月1日起,创业投资企业采取股权投资方式投资于未上市中小高新技术企业2年以上(含2年),符合一定要求条件的,可按其对中小高新技术企业投资额的70%抵扣该创业投资企业的应纳税所得额,大大降低了税负负担。2007年6月1日,新修订的《中华人民共和国合伙企业法》正式生效,新法对被美国证明为风险投资机构最适合的组织形式——有限合伙制提供了法律保障,解决了风险投资的双重征税问题。

七是我国金融改革不断深化,有利于风险投资在国内运作、退出。风险投资的发展与国家的金融体系、资本市场、证券市场制度建设密切相关,起着相辅相成的作用。我国资本账户稳步有序开放,外资的进入和并购更加规范和有效,而且股权分置改革的成功,扫清了中国股票市场的制度壁垒。2006年6月深圳中小企业板IPO重启标志国内A股市场实现全流通,步入新的发展阶段,中关村股份代办系统等多层次资本市场也开始建设起来。2009年3月中国证监会发布《首次公开发行股票并在创业板上市管理暂行办法》,国内的二板市场——创业板于2009年10月开设。这些都为国内风险投资高速发展提供了极有利的条件。

八是全球风险投资的复苏。全球由于网络泡沫破灭,风险投资自2001年进入低谷后,2003—2004年缓慢增长,从2005年开始有比较大的增长。全球风险投资的逐渐复苏,带动了中国风险投资业的发展。

截至2006年年底,在中国的风险投资机构管理的风险资本总量超过583.85亿元,比2005年底的441.29亿元高出32.31%;平均每家风险投资机构管理的资本额达到4.79亿元。2006年高达240.85亿元的新筹资风险资本规模,比2005年对应的195.71亿元增加了23.06%。2006年风险资本与投资总量的增长率均超过20%,增速创下历史纪录。

2007年,中国经济增长偏快、股市涨幅渐居全球首位、房地产价格飙升、流动性过剩和人民币升值等因素助长了中国风险投资业爆炸性增长,募资、投资、退出活跃,风险投资的概念也被大众熟知。根据中国风险投资研究院2007年行业调研报告,2007年中国风险资本规模与投资总量井喷式增长,再次刷新历史纪录,截至2007年年底,共有109家公司扩资或募集新的基金,筹资金额达893.38亿元人民币,是2006年度新筹集资金额的3.7倍;风险投资机构管理的投资中国内地的风险资本总额达1 205.85亿元,是2006年度的2倍以上;投资总额398.04亿元,为2006年的2.5倍以上。

2008年,随着美国次贷金融危机的逐步深化,各国经济增速放缓,股市持续下跌,对风险投资行业的发展造成了一定的影响,国际风险投资陷入低迷。但出于对中国经济前景的看好,加之国家各项政策的推动以及《关于创业投资引导基金规范设立与运作的指导意见》的出台,中国风险投资业仍保持了良好的发展态势。

中国风险投资研究院对中国风险投资行业进行的年度调研结果显示,受金融危机影响,2008年的投资规模较2007年有所下降,投资金额和投资项目数分别为339.54亿元和506个;管理的风险资本总量和新募集资本则再创新高,截至2008年年底,风险资本管理总额达到2 506.16亿元,是2007年的2.08倍,新募集的风险资本总量高达1 018.67亿元,是2007年的1.14倍以上。

2009年,随着中国政府基础建设投资增加、扩大内需等一系列政策的出台,中国经济率先企稳,GDP增长率保持在8%,同时国内资本市场IPO重启,创业板最终推出,国内风险投资行业相关税收优惠政策实施细则出台等一系列积极的政策,中国风险投资迎来了令人欣慰的复苏和发展,募资、投资规模逐步回升,2009年已完成募集的136家机构/基金募集的风险资本额为963.29亿元,是2008年全年完成募集的资本额的94.56%;风险投资总额为316.64亿元人民币,共投资了689个项目,投资金额和数量与2008年的339.54亿元和506个项目相比,投资金额略有下滑,投资项目数有所增加。

此外,国内资本市场吸引了全球目光,通过国内资本市场IPO退出成为全球风险投资机构的主要选择之一,尤其是本土风险投资机构从创业板上市企业中获利丰厚,吸引了越来越多的外资机构尝试在国内设立人民币基金。2009年完成募集的人民币基金共116只,占完成募集的基金数量的85.29%,人民币基金的募资规模达505.60亿元,占新募集资本额的52.49%,基金数量和规模比例都高于2008年水平(参图9.1)。

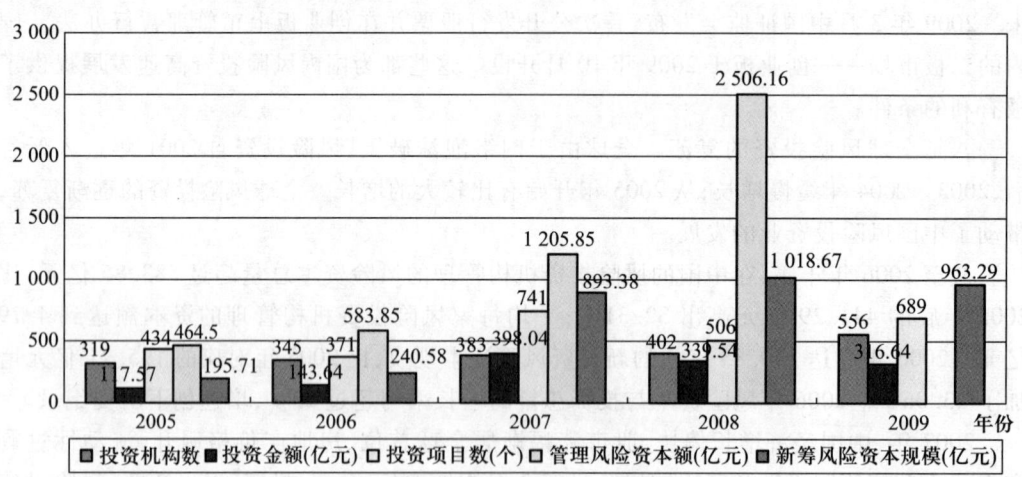

图9.1 我国风险投资机构、管理资本量、投资项目示意图

注:中国风险投资研究院2009年度行业报告中没有统计"管理风险资本额"。

新时期中国风险投资业的四大特点为:

一是走向国际化。中国经济发展已经完全融入全球经济的循环和竞争之中,外资投资机构纷纷进驻中国,设立专门投资中国企业的基金,境内的投资机构也以多种形式与境外机构组建人民币基金。随着政策的进一步开放,境外基金开始直接在中国注册成立基金。

二是组织形式调整。在新《合伙企业法》生效后,风险投资机构的组织形式不再是单一的公司制形式,合伙制企业开始出现。2007年6月成立的深圳市南海成长创业投资有限合伙企业是国内首家以有限合伙方式组织的风险投资企业,同年11月成立的深圳市东方富海投资管理有限公司则是国内规模最大的合伙制企业。

三是由"两头在外"转向"两头在内"。随着国内资本市场体制环境的逐步完善,以及法律、政策的健全,国内的风险投资项目的退出可以无障碍地在国内资本市场实现,境外机构的投资策略也逐步由"两头在外"(注册地和退出渠道均在境外)转为在中国内地开展投资、运作、退出活动。据中国风险投资研究院统计,2007年共有77家具有风险投资背景的企业在美国、日本、新加坡、韩国和中国国内资本市场上市,融资总额达1 569.41亿元人民币以上。其中,有50家企业是在中国国内资本市场实现IPO(28家在内地资本市场实现IPO,22家在香港资本市场实现IPO)。2009年,受益于创业板的开板,中国境内共有47家风险投资机构/私募股权机构支持的企业上市,较海外市场多28家。

四是本土风险投资机构逐渐占据主导地位。外资风险投资机构长期以来在管理资本规模、投资金额、投资项目数量、新募资金额等方面均超越本土的风险投资机构,在国内风险投资业界占据主导地位。近两年,本土风险投资机构发展迅猛,新设基金数、募集资金额、项目投资和退出等方面均有很大比例的提高。随着国内资本市场成为全球资本市场的一大热点,退出渠道不断完善,本土风险投资机构2009年的投资规模首次超过了外资风险投资机构,逐渐成为主流。

第二节 政府引导社会资金的理论分析

从政府财政支持风险投资的模式角度分析,目前国际可以分为三大模式:财政出资组建投资机构直接投资的模式,我们将其称为"政府财政直接投资的模式";财政出资直接引导社会民间资金组建投资机构做投资的模式,我们将其称为"政府财政直接引导的模式";财政出资作为风险杠杆利用资本市场实施放大资金委托并与民间合伙投资的模式,我们将其称为"政府财政风险杠杆的模式"。

一、政府财政资金支持风险投资的基本模式

目前政府财政出资组建投资机构直接投资的模式是以我国为代表的,即我国大陆各省市积极出资创建风险投资机构,进行直接的科技项目投资,如山西省科技基金发展总公司、河北省风险投资公司、成都创新风险投资有限公司、上海市科技投资有限公司等。

财政出资引导社会民间资金组建投资机构做投资的模式,是以以色列和我国台湾地区风险投资业发展为代表的,以色列早期以1亿美元,按照承诺制的方式,与民间资本合伙,组建风险投资基金,政府财政资金占该基金的比例小于40%的份额,要求该基金在运营的第五年开始偿还政府的本金,这样带动了10亿美元的风险资本,有着1∶10的放大效应。自2002年开始,以色列政府在收回前期本金的条件下,将这种模式具体化到孵化器的早期项目孵化投资上,不论对于引导民间资金还是对于早期科技项目孵化投资,成效都是十分显著的。我国台湾地区自20世纪80年代后期政府设立种子基金以引导社会和国际资金进入风险投资行列,台湾大量的风险资本促成了今天高科技产业在世界中的地

位,成效十分显著。我国大陆部分省市也学习了这种直接引导社会和民间资金的模式,如上海创业投资有限公司、江苏省高科技投资集团有限公司、深圳市创新投资集团有限公司、深圳市高新技术投资担保有限公司等,它们基本都实现了放大政府财政资金10倍的成效。

财政出资作为风险杠杆利用资本市场实施放大资金委托并与民间合伙投资的模式,是以美国为代表的,即政府以小企业管理局为载体,根据往年风险投资失败概率,申请政府财政拨款,以此为风险杠杆委托投资银行发行10年期债券,放大政府财政的资金量。再以该放大的资金按照政府2/3、民间资本1/3的比例,按照有限合伙制承诺分三年与民间资本合伙,委托给民间资本去做风险投资,要求在10年内每年偿还债券利息,并在第5年开始偿还本金,如果有了收益,政府只要其出资资本净收益的10%,其余都由民间资本获得。

我们假设在货币市场利率、长期债券利息、偿还周期都相同的背景下,其项目单位资本投资强度一样,投资周期相同以及投资收益回报相同等条件下,从资本的放大效应、投资的直接效应和间接效应的角度进行比较,看看上述哪种政府财政支持风险投资业发展模式的效应为最优。

设:政府出资额为 A,资金 A 分5年投完,平均每年投资5个项目,而每个项目从创业到成熟平均需要5年的时间周期,并可以产生10亿元的产出,带动1 000人的就业,创造3亿元的税收。以此来计算:

(1) 当资金 A 进行直接投资时,即5年可以投资25个项目,未来的5~10年可以产生250亿元的产出,带动2.5万人的就业,创造75亿元的税收。

(2) 当用资金 A 来直接引导社会和民间资金进行投资时,如果该资金能够引导1~5倍的资金来参与风险投资,则资金 A 就能够创造高于直接投资产出1~5倍的效应。即如果是放大一倍的资金,则可以产生500亿元的产出,带动5万人的就业,并创造150亿元的税收;如果是放大5倍的资金,则可以产生1 250亿元的产出,带动12.5万人的就业,创造出375亿元的税收。

(3) 当资金 A 作为风险杠杆,到资本市场上去发行长期债券,如果能够筹得高于资金 A 10~20倍的资金来一同进行风险投资,即在风险杠杆的作用下,可以产出远远高于资金 A 直接投资以及直接引导资金进行风险投资模式的效应。即如果是放大10倍的资金,则可以产生2 500亿元的产出,带动25万人的就业,创造750亿元的税收;如果是放大20倍的资金,则可以产生5 000亿元的产出,带动50万人的就业,创造1 500亿元的税收。如此放大经济的效应,是直接投资远远不能及的。

据此简单的逻辑分析,显然资金 A 作为风险杠杆的资金,通过资本市场将资金放大再进行投资,不论是投资的直接效应还是间接效应,其获得的回报远远超出资金 A 直接做投资以及用资金 A 来直接引导社会和民间资金所带来的效应。

简单的逻辑分析之后,我们来考虑如何实现政府财政资金的放大,来促进科技企业创业的创新,改善我们的经济结构,提高我们经济发展的活力以及战略竞争力。这是一项实际操作的难点所在。为此,在简单逻辑分析之后,从有关数理量化的关系来深入分析政府财政资金在风险杠杆作用下的放大效应,然后讨论具体的实际操作问题。

为此，我们推导政府财政支持风险投资业发展最优模式的数理解析如下。

一般来说对于技术创新投入资金，风险大，特别是科技企业创业的技术经济过程，往往周期长，还存在一个叫作"死亡之谷"的高风险阶段，为此，私人资本投资积极性一般不高，甚至退却。而科技企业创业意味着高科技产业发展新经济的诞生，保持了一国经济成长的活力。民间资本在高风险阶段的退却，使得一国在以高科技产业为核心的新经济创造的过程中，就出现了一个"市场失灵"的现象。政府为了解决这个新经济创造过程中的"市场失灵"问题，必须采取积极的财政投资支持政策，促进创新以发展高科技产业。但政府财政资金往往有限，而资本市场上或者民间有着大量的资本，这就给政府提出了一个如何利用资本市场和民间资本一道来创造新经济的课题，即政府如何以有限的财政资金，引导资本市场和民间资本参与风险投资，放大政府的财政资金效应。

二、政府资金风险杠杆效应分析

（1）假设年度创新资金投入需要资金 c_1。c_1 可以由政府全额出资，但实际上是不现实的。也可以通过资本市场向社会发行债券来募集。政府出资一定额度的原始资金 A，用 A 资金作为担保，向社会发行债券来筹集资金 c_1，政府的担保资金是债券利率水平、计划筹集资金、当前银行利率水平、还款年限、以往创业风险投资的损失率的函数：

$$A = f(c_1, r, m_1, i, j) \tag{9.1}$$

如果每期足额偿还利息有：

$$A = (c_1 \cdot r) + \sum_{n=1}^{m_1} \left(\frac{c_1 \cdot i(n)}{[1+j(n)]^n} \right) \tag{9.2}$$

$$= c_1 \left(r + \sum_{n=1}^{m_1} \left(\frac{i(n)}{[1+j(n)]^n} \right) \right)$$

这里：

$$r = r_1 + j(0) \tag{9.3}$$

式中：n 是未来的年度时间坐标；

r 是政府资助风险投资的财政风险杠杆；

m_1 是偿付债券利息的年限；

i 是募集资金的债券利率；

r_1 是根据往年投资损失率估计的投资损失概率；

$j(0)$ 是银行的当前利率水平。

因此有：

$$A = c_1 \left(r_1 + j(0) + \sum_{n=1}^{m_1} \left(\frac{i(n)}{[1+j(n)]^n} \right) \right) \tag{9.4}$$

举例：欲投资 100 亿元给小企业做风险投资。已知 $r_1 = 0.08$；$j = 0.015$（五年保持不变）；债券利率 $i = 0.02$（假设五年保持不变）。五年（$m_1 = 5$）后还本，五年内还息。

那么代入上述式（9.4），得到：$A = 19$ 亿元。即 100 亿元的投资需要政府的杠杆资金为 19 亿元。

（2）政府再以 c_1 资金为基础，鼓励私人入股配套，私人资本配套额度是：

$$c_2 = \frac{k_0}{1-k_0} \cdot c_1$$

$$= \frac{k_0}{1-k_0} \frac{A}{\left(r_1 + j(0) + \sum_{n=1}^{m_1}\left(\frac{i(n)}{[1+j(n)]^n}\right)\right)} \quad (9.5)$$

一般情况下：当 $k_0 = 1/3$，即是私人资本占总资本的比例。接上述例子，这时私人配套资金需要是：$c_2 = 50$ 亿元。可见，政府以杠杆资金 19 亿元，带动了资本市场和民间资本总共 131 亿元，将政府资金扩大了近 6 倍的量。不论是从直接投资效应还是间接社会效应这样的成效都是最佳的。当 $k_0 = 2/3$，即是私人资本占总资本的比例。接上述例子，这时私人配套资金需要是：$c_2 = 200$ 亿元。可见，政府以杠杆资金 19 亿元，带动了资本市场和民间资本总共 281 亿元，将政府资金扩大了 14 倍之多。

可见，不论是从直接投资效应还是间接社会效应，以政府财政资金去引导资本市场以及社会和民间资金来一道做风险投资，这样的成效都是最佳的，其效应远远大于政府资金直接做风险投资的效应。

(3) 以 c_1 和 c_2 做抵押，可以向银行申请贷款，再去进行投资，可得到的投资资本放大额度为：

$$c = k_2 \cdot (c_1 + c_2)$$

$$= k_2 \cdot \frac{c_1}{1-k_0}$$

$$= A \cdot \frac{k_2}{(1-k_0) \cdot \left(r_1 + j(0) + \sum_{n=1}^{m_1}\left(\frac{i(n)}{[1+j(n)]^n}\right)\right)} \quad (9.6)$$

接上述例子，如果设 $k_2 = 5$，则最后总的投资额度是 $c = 750$ 亿元。政府出资的杠杆作用将会更大，其杠杆的作用除了带动银行资金进入风险投资业之外，还有解决商业银行资金流动性过剩问题的间接效应。其杠杆作用计算如下：

$$\frac{c}{A} = \frac{k_2}{(1-k_0) \cdot \left(r_1 + j(0) + \sum_{n=1}^{m_1}\left(\frac{i(n)}{[1+j(n)]^n}\right)\right)} \quad (9.7)$$

接上述例子，政府资金的杠杆放大倍数可以得到约 40 倍。

如果 $k_2 = 1$，即在不需要引导银行资本的状态下，那么资金也放大了约 7.9 倍。

三、资金的偿付

债券 c_1 的资金是需要按期偿付本息的。假设该长期债券的年限为 n，从风险投资金融经济价值模型的角度分析，一般前 m_1 年为其投资期，难以有回报，初期 m_1 年只偿付利息，而从第 $m_1 + 1$ 年开始，在 m_2 年内偿付本金和余下债息。这样每年的偿付额度是：

$$B(n) = \begin{cases} i(n) \cdot c_1, & n \le m_1 \\ i(n) \cdot \left(c_1 - \dfrac{c_1}{m_2} \cdot (n-m_1)\right) + \dfrac{c_1}{m_2}, & m_1 < n < m_1+m_2 \end{cases}$$

$$= \begin{cases} i \cdot c_1 & n \le m_1 \\ \left(\dfrac{(m_1+m_2-n) \cdot i(n)+1}{m_2}\right) \cdot c_1, & m_1 < n < m_1+m_2 \end{cases}$$

(9.8)

式中:n 是还款的年度坐标(单位:年);

m_1 是只还利息的年限;

m_2 是还本金加利息的年限,$n=m_1+m_2$。

按照净值计算得到的还款总额净现值是:

$$p = \sum_{n=1}^{m_1+m_2} \frac{B(n)}{(1+j(n))^n} \tag{9.9}$$

式中:j 是银行的当前年利率。

同样,以上面的例子计算($m_2=5$),还款额度(单位:亿元)参见表9.3。

表9.3 风险杠杆与还款比例关系

年度	1	2	3	4	5	6	7	8	9	10
还款	2.0	2.0	2.0	2.0	2.0	21.6	21.2	20.8	20.4	20.0

即到期连本带息还款净现值是 102 亿元。

四、实际检验分析

由前面三种的数理推导分析可以看到:

(1) 当 $k_0=0$ 时,表示不引导私人资本投资,由政府财政全资直接投资。

(2) 当 $r=1$,$i=0$ 时,即是不发行债券,直接用政府财政资金引导私人配套资金进行有关的风险投资。显然,政府财政资金可以根据参与风险投资的民间资本的配比大小,进行民间资本的放大,再进行投资,显然创新速度要高于当 $k_0=0$ 的时候。

(3) 当 $k_2=1$ 时,表示不在银行贷款,把从债券市场募集的资金和私人配套得到的资金直接投资。

五、灵敏度分析

下面对政府投资的杠杆效应作初步的灵敏度分析。

根据上面的分析,知道杠杆效应是下面一些变量的函数:

令:$p = \dfrac{c}{A}$ 表示杠杆效应,则:

$$p = F(k_0, k_2, r_1, i, j, m_1) \tag{9.10}$$

由 m_1 年内完全年度还息计算公式式9.7知道:

$$p = \frac{k_2}{(1-k_0) \cdot \left(r_1 + j(0) + \sum_{n=1}^{m_1}\left(\frac{i(n)}{[1+j(n)]^n}\right)\right)} \quad (9.11)$$

如果在还息年度之内,银行利率和债券利率保持不变,则上式可以简化为:

$$p = \frac{k_2 j \cdot (1+j)^{m_1}}{(1-k_0) \cdot ((r_1+j) \cdot j \cdot (1+j)^{m_1} + i \cdot [(1+j)^{m_1} - 1])} \quad (9.12)$$

在不考虑资金的时间效应情况下,式9.11和式9.12可以进一步简化成:

$$p = \frac{k_2}{(1-k_0) \cdot (r_1 + j + i \cdot m_1)} \quad (9.13)$$

我们对式9.13进行灵敏度分析:

$$\frac{\partial p}{\partial k_2} = \frac{1}{(1-k_0) \cdot (r_1 + j + i \cdot m_1)} > 0 \quad (9.14)$$

$$\frac{\partial p}{\partial k_0} = \frac{k_2}{(1-k_0)^2 \cdot (r_1 + j + i \cdot m_1)} > 0 \quad (9.15)$$

$$\frac{\partial p}{\partial r_1} = \frac{-k_2}{(1-k_0) \cdot (r_1 + j + i \cdot m_1)^2} < 0 \quad (j 与此相同) \quad (9.16)$$

$$\frac{\partial p}{\partial i} = \frac{-k_2 \cdot m_1}{(1-k_0) \cdot (r_1 + j + i \cdot m_1)^2} < 0 \quad (9.17)$$

$$\frac{\partial p}{\partial m_1} = \frac{-k_2 \cdot i}{(1-k_0) \cdot (r_1 + j + i \cdot m_1)^2} < 0 \quad (9.18)$$

因此可知,政府资金的风险杠杆放大作用,与银行贷款系数,与私人配套资金的比例呈正比关系,而与其他量呈近似反比的关系,如与政府资金的风险杠杆呈反比关系,即 r 越小所带来的放大效应越高。假设 r 为5%时,通过资本市场发行债券,可以放大资金20倍。显然,借助资本市场的效应,充分发挥政府财政资金的风险杠杆放大作用来引导社会和民间资金积极参与风险投资,是政府发展风险投资业最优模式。

本节的理论推导,以及相关的分析都清楚地说明了政府财政资金发展风险投资业的最优模式问题。在实践中,各国的政府财政资金使用也证明了这样的理论推导。美国、以色列、我国的台湾地区是世界上风险投资业发展最好的国家和地区。其中美国为最好,美国政府采取的就是财政资金利用风险杠杆放大资本市场资金一道来参与风险投资。其次是以色列,以色列政府采取财政资金直接引导社会民间资本的做法,成效很好。再者就是我国的台湾,当地政府同样创建种子引导基金,而且主要将资金引导到高科技领域的创业投资上,造就了今天台湾地区在高科技产业上领先其他发达国家和地区的秘诀。

就我国大陆而言,根据本节的理论推导,虽然我国的资本市场创新还滞后于我们经济创新的需要,但也不是没有办法解决风险资本匮乏的问题。

在现行政府管理的边界条件下,政府完全可以实施引导的方案。即按照本节的数理推导分析,如果政府以一定的财政资金作为风险杠杆或者作为信用抵押,向社会的商业保险机构或者是商业银行去借资金,假设借到的是风险杠杆资金5~10倍的资金,再以该放大的资金,去直接引导民间资金,引导的比例是 1∶1 的话,那么,政府出资的财政资金至少放大了 10 倍,甚至 20 倍,运用该放大的资金去运作投资科技企业创业项目,完全能够实现前面分析的效应。

由于政府财政资金对于发展风险投资业的模式不同,是直接做风险投资?还是直接引导社会和民间资金?或者是通过风险杠杆放大资本市场资金参与风险投资等?它们所带来的政府对于风险投资业管理的方式也有着巨大的差异。因为从管理和战略等方面来分析研究政府对于风险投资业的管理和战略问题,不是本章研究的内容,在此不做赘述。

结论:根据本节的推导和分析,运用政府财政资金的风险杠杆,将资本市场的资金引导到风险投资的行列中来,是最优的风险投资业发展模式;当不具备资本市场发行条件时,运用政府资金直接放大带动社会资金或者民间资金进入风险投资业,是次优的风险投资业发展模式;政府资金直接做风险投资则是在没有办法的情况下的行为。

第三节　政府风险投资引导基金概况

我国政府创业投资引导基金起步于 1999 年,即上海创业投资有限公司首次以引导基金的模式,先后引了十多家风险投资基金,同时打造第一家与海外合作的基金——橡子园基金,开了我国引导基金的先河,也开了我国风险投资与海外风险投资合作的头。其间还曾遭到不同的批评声。之后的几年里,政府逐渐认识到政府在促进风险投资发展中的最优角色还是引导基金。

根据国家发改委等十部委联合出台的《创业投资企业管理暂行办法》有关规定,政府创业投资引导基金是指由政府设立的、用于扶持创业投资企业发展的专项资金。当前设立创业投资引导基金的地区有北京市、上海市、天津市、重庆市、浙江省、江苏省、吉林省、山西省、湖北省、广东省、福建省、陕西省、内蒙古、安徽省、河北省等绝大多数省市。各省和直辖市的各级地区也相继设立了地方政策性"创业投资引导基金",并制定了相应的管理办法。如北京市设立了中小企业引导基金,目前规模 8 亿元,北京中关村及海淀区、天津滨海新区、上海市浦东新区、江苏苏州工业园区等也分别设立了地方政策性"创业投资引导基金",并制定了相应的管理办法。目前从全国各地实际发展情况看,创业投资引导资金主要分为以下三类:

一、发挥创业投资引导基金作用的政府主导型创业投资机构

(一) 上海创业投资有限公司

成立于 1999 年的上海创投,是由上海科技创业投资中心改制,地方财政出资 6 亿元设立的,是直属市政府领导的国有独资公司。公司采取"基金的基金"模式,组建基金(投资)公司 17 个、基金管理公司逾 20 个,募集和管理的创业资本达 30 亿元。2004 年起连续三年,受上海市政府"科教兴市"推进办公室委托,负责管理上海重大产业科技攻关项目资金,每期资金达 10 亿元。上海创投通过专业的基金管理公司对 17 个基金(投资)公司

进行专业化管理。对持有股份的投资管理公司,上海创投均委派董事长;对不持有股份的投资管理公司,则通过参与决策委员会进行监督与决策。

（二）江苏省高科技投资集团

江苏省高科技投资集团由江苏创投、江苏信息化投资公司和江苏宏图集团合并而成,于2005年挂牌运作,注册资本10亿元。集团系省政府独资企业,至2007年年底,集团主导设立和参与设立的基金达20家,管理的创投资本规模逾26亿元。

集团重点投资培育新能源、新材料、生物技术、金融服务等领域具有自主研发能力的创业企业。在运营模式上,始终坚持"专家理财、职业投资、精英治企"的管理特色,引导和吸收境内外商业资本组建了江苏高新、苏州高新、无锡高新、无锡高德、常州高新、南通高胜、弘瑞科创7家子基金(公司)。集团与美国名力集团联手组建了名力中国成长基金;成功吸纳5 000万元境外私人资本,新设了规模为1.65亿元的无锡高德创业投资基金;设立了IDG专项投资合作基金;与韩国信息产业部发起成立了中韩无线技术基金;与华懋国际、捷成洋行、三星保险、LG、大宇及淡马锡投资公司等参股了龙科创业投资基金。累计吸引境内外社会资本22.6亿元,投资了103个科技型创业企业,成功培育出尚德电力(纽约上市)、苏州科达(新加坡上市)、南大苏富特(香港上市)、美新半导体、南京高齿、东菱震动、恒久光电、苏大维格、希际数码、达成无线、扬州华夏光电、南通秋之友、南通百奥科技等一批知名企业。

（三）深圳市创新投资集团

深圳市创新投是目前国内资本最雄厚、投资能力最强的创业投资企业,成立于1999年,注册资本金16亿元,控股股东为深圳市国资委。公司拥有4家中外合资基金管理公司和10家内资基金管理公司,管理着20个基金,总规模60亿元。该公司在上海、武汉、成都等12个省市设立了分支机构或管理公司。深圳创新投定位于直接投资和基金投资相结合,以基金投资为主的发展战略。与苏州、武汉、淄博、重庆、中山市政府共同组建了创业投资引导基金。2007年,苏州市政府、张家港市政府、苏州国发集团、深圳创新投资集团等单位共同发起组建"苏州国发创业投资基金"——苏州国发创新资本有限公司,同时成立了苏州国发创新资本管理有限公司。

二、地方政府通过财政出资设立创业投资引导基金

（一）中关村创业投资引导基金

北京中关村创业投资引导资金设立于2001年,当时采取跟进投资的方式吸引创业投资机构投资园区高新技术企业。目前,该基金的运作主体为北京中关村创业投资发展中心,资金来源于中关村管委会,总规模5亿元,采用种子资金、跟进投资和参股创业投资企业的方式进行运作。① 种子资金。即采用创投和孵化相结合的模式,对入驻孵化器内处于种子期和初创期的高新技术企业进行投资,并委托孵化器进行股权管理。目前,中关村创业投资发展中心已确认北京启迪创业孵化器有限公司等11家孵化器为投资合作伙伴。② 跟进投资。即被认定为中关村创业投资发展中心合作伙伴的创投企业选定项目后,发展中心按创投企业实际投资额的一定比例进行股权投资,并委托创业投资企业进行股权

管理。截至 2007 年 9 月,已确认了 IDG、北极光、华登国际等 26 家投资合作伙伴,创业投资引导基金共跟进投资了 22 家企业。③ 参股创投企业。即中关村创业投资发展中心与国内外创投机构发起设立新的创业投资企业,由专业的创投管理机构进行管理。2007 年经公开征集和专家评审,中关村创业投资引导基金出资 2.45 亿元,吸引外部资金 7.05 亿元,设立了 7 家创业投资企业。

(二) 浦东新区创业风险投资引导基金

浦东新区创业风险投资引导基金总规模为 10 亿元,由浦东科技投资有限公司负责基金的管理和使用。引导基金分为生物医药、集成电路、软件、新能源与新材料、科技农业 5 大业务板块,按照统一的运行规则,与上述产业领域内优选的创业投资基金及其管理机构建立战略合作关系:① 对有意到浦东发展的海内外创业投资基金,引导基金与其签订合作协议,确定投资比例,由管理机构共同决策,向浦东高科技企业及项目进行投资;② 依据创业投资基金管理机构的申请,引导基金与海内外其他出资人共同出资,设立专业的创业风险投资基金,并共同委托该管理机构进行有效管理。2007 年,引导基金出资 2 亿元,与德丰杰(DFJ)、戈壁合伙人(GobiPartners)、同华投资(Comway)3 家创投机构签订了合作协议。

(三) 北京市海淀区创业投资引导基金

北京市海淀区创业投资引导基金设立于 2006 年 9 月,是扶持区域创业投资发展的政府专项基金,引导基金初期投资全部为财政资金,每年财政拨款不少于 7 000 万元,按 5 年期逐年增加投入,届时引导基金规模将达到 5 亿元。该引导基金主要通过参股创业投资企业的方式,以引导、扶持、带动海淀区创业投资事业的发展,增加对海淀区高新技术企业的投资。参股企业的承诺资本最低为 7 000 万元,引导基金在企业中的参股比例不超过总股本的 35%。基金采取委托管理的方式,海淀区政府设引导基金管理委员会,具体负责引导基金投资运作的监督核查。

(四) 北京中小企业创业投资引导基金

北京中小企业创业投资引导基金设立于 2008 年 7 月,是扶持北京市中小企业发展的政府专项基金,引导基金初期投资全部为财政资金,目前规模 8 亿元,已全部拨款到北京中小企业服务中心。今后每年财政还将根据情况给予拨款。该引导基金主要通过政府专项资金的杠杆效应,引导境内社会资金进入北京创业投资领域,引导基金体现非营利性、引导性、放大性和公开性的特点。引导基金重点投资于符合北京城市功能定位和相关产业政策与产业投资导向的创业型科技企业、创新型中小企业。北京中小企业服务中心目前已与 14 家境内投资机构合作设立了 9 只子基金。注册资金规模为 10.5 亿元。已向 9 家中小企业实现股权投资。

(五) 吉林省创业投资引导基金

为了鼓励创业投资行业发展,"十一五"期间,吉林省财政预算内资金每年安排 1.5 亿元的专项资金用于省创业投资引导基金,并相应成立了创业投资基金管理中心。该省目前已经设立了 3 亿元规模的创业投资引导基金。

三、地方政府通过联合国家开发银行设立创业投资引导基金

（一）苏州工业园区创业投资引导基金

2006年，国家开发银行与中新创投共同组建的"苏州工业园区创业投资引导基金"宣告成立，总规模10亿元人民币。通过这一"向投资基金投资"的母基金的设立，工业园已吸引10多家国内外优秀的创业投资机构和管理团队入驻，吸引专业团队90余人的合伙人，管理的基金规模超过40亿元人民币，形成风险资金与创业项目良性互动，推动园区由"制造"向"创造"迈进。

（二）天津滨海新区创业风险投资引导基金

为促进天津市创业投资的发展，2007年2月天津市滨海新区管委会与国家开发银行出资设立了天津滨海新区创业风险投资引导基金。该基金采取公司制的组织形式，注册资本20亿元，经营期限15年。引导基金按"母基金"方式运作，通过与创业投资机构合作设立商业性创业投资基金或签订合作投资协议，重点投资成长型高新技术企业。引导基金采取委托管理模式，委托专业的基金管理机构具体负责商业基金组建、运行、退出回收等日常管理工作。引导基金的最高权力机构为理事会，由市滨海委、财政局、国家开发银行、发改委、科委、经委相关负责人组成，负责引导基金重大事项的决策。天津滨海新区模式已经得到国家发改委、科技部等部门的认可，有关部门正在努力将这种模式推向全国。

（三）山西省创业风险投资引导基金

2007年，国家开发银行与山西省政府各出资4亿元，共同设立了"山西省创业风险投资引导基金"。该基金围绕山西省优势、特色产业，着眼于项目的长期性，追求稳定的投资回报。基金采取"基金的基金"的运作方式，有效地吸引社会资金，参与创业投资，引导子基金着重投向列入国家和省发展规划的高技术项目，为全省调整经济结构、转变经济增长方式提供强有力的支撑。

第四节 政府风险投资引导基金特点分析

自2006年起全国各地纷纷设立引导基金，北京、重庆、成都、湖北、天津、苏州、深圳、杭州等都设立了政府的引导基金，据调研情况引导社会各类资金估计500亿元，这是一个非常可观的进步。国家科技部、发改委等先后出台专门的引导基金办法，而且科技部2007年率先实施了创新引导基金，2008年引导了7家基金，2009年又引导了8家基金，都是以早期创业项目为投资对象的。

从各地引导基金的情况调研，可发现以下特点：

（1）引导资金来源的多层次性。从调研的情况分析，现行的引导基金有国家部委的，如国家科技部的参股型引导基金，有国家发改委的产业促进的引导基金，有国家开发银行参与的引导基金等；有地方政府的引导基金，如上海市、北京市、重庆市等；有开发区的，如有中关村园区的引导基金，有苏州工业园区引导基金，有上海浦东引导基金等；有区县级的引导基金，如上海市杨浦区、徐汇区，江苏省常州市等；有乡镇级政府出资的。

(2) 引导基金管理的多元性。引导基金的管理,有专门成立母基金机构的管理模式,如上海创业投资有限公司、中关村投融资服务集团有限公司等;有委托给已有的投资公司管理,如天津的环渤海引导基金的管理、重庆市政府引导基金的管理、成都市引导基金的管理等;有专门设立政府决策机构参与管理的等。

这种多元化的管理模式体现的成效是:专门有母基金管理模式的引导基金的成效好于委托给已有投资机构管理的模式;委托已有投资机构管理引导基金的成效又好于设立政府决策机构的管理模式。

同样,我们看到,划到国资委下属管理的风险投资机构往往有"实业化"或者"PE 化"趋势,继续在科技部门下属管理的风险投资机构,对于科技创新和创业的推动最为有效,而归到发改委下属管理的风险投资机构,正逐步在向产业基金演进。

(3) 引导基金启动的快速性。引导基金虽然起步于 2000 年,但到了 2006 年开始大面积地启动,体现了通过引导基金发展风险投资的积极意义。不仅国家层面,而且省市层面政府积极性巨高,纷纷设立引导基金,有的短短 3 个月到 6 个月内就引导 6~9 家基金,速度之快体现了"中国速度"。甚至连乡镇级政府都要搞引导基金。

可见引导基金模式已经快速地广为政府采用。从各地为科技企业融资服务的角度,都有不同程度的创新。具有代表性的创新主要特点是:

(1) 对于科技型企业融资服务的评估风险投资化。按照传统金融运作模式,其判断资产价值往往是以有形资产为标的的,而科技创新和创业往往是以知识产权为价值原点的,将传统金融工具运用到科技创新和创业中来,必要条件是给出知识产权价值合适评估,才能够实施服务科技创新和创业融资需要。以北京经纬律师事务所为代表的"知识产权质押贷款融资服务"成功探索,完全是按照风险投资的价值判断要求来评估知识产权价值的。

(2) 对于科技型企业融资服务的操作风险投资化。按照传统贷款模式往往在有形资产抵押前提下是不参与企业经营管理的,这种模式对于轻资产高风险的科技型中小企业而言,往往是不会给以贷款服务的。将贷款金融工具运用到科技创新和创业上来,如果没有参与企业经营管理的权益,几乎都会风险掉资金的。该模式以深圳市高新技术投资担保服务有限公司为代表,按照风险资本的"投资+服务模式"实施科技中小企业贷款融资服务,并重新设计出三种卓有成效的方法,值得深入研究其规范并大力推广。

(3) 对于科技中小企业将传统金融工具与风险投资组合起来提供融资服务。科技创新和创业是一个技术经济过程的动态系统,需要多种金融工具组合链条为其提供投融资服务。从调研情况分析,不论知识产权质押贷款服务,还是"贷款+分红"或"贷款+期权"或"贷款+投资"的模式,都在趋向与风险投资组合实施科技中小企业投融资服务;不论是母基金还是直接投资机构,都在打造将传统金融工具与风险投资组合的投资链条,服务科技中小企业融资需要。

第五节 政府风险投资引导基金政策比较分析

各地创业投资引导基金的主要内容,是根据国家发展改革委、财政部、商务部联合下发的《关于创业投资引导基金规范设立与运作的指导意见》(简称《指导意见》)而制定的,主要分为六方面的内容,分别为:引导基金的性质与宗旨、引导基金的设立与资金来源、引导基金的运作原则与方式、引导基金的管理、对引导基金的激励和指导、引导基金的风险控制和监督。

一、关于引导基金的性质和宗旨

为避免引导基金退化为类似前些年不少地方政府所设立的直接从事创业投资的国有创业投资机构,《指导意见》将"创业投资引导基金"界定为"旨在通过扶持商业性创业投资企业的设立与发展,引导社会资金进入创业投资领域特别是对创业早期企业进行投资的创业投资领域,自身不直接从事创业投资运作业务,不以营利为目的的政策性基金"。考虑到十部委办法颁布后,国家开发银行等金融机构发起设立商业性引导基金的积极性也很高,并已经参与设立了一些地方性引导基金,但这类机构发起设立引导基金具有营利要求,因此《指导意见》特别注明"本指导意见所称创业投资引导基金,特指政策性引导基金"。

各级政府引导基金的管理办法可以概括为四个内容:一是发挥财政资金的杠杆放大效应,增加创业投资资本供给,克服单纯通过市场配置创业投资资本的市场失灵问题。二是通过鼓励所支持的创业投资企业投资处于种子期、起步期等创业早期的创业企业,弥补一般创业投资企业主要投资处于成长期、成熟期和重建期企业的资金不足。三是创新政府投资方式,把政府直接投资项目转变为通过引导创业投资企业按市场机制筛选项目、投资项目和管理项目,提高政府投资质量和效率。四是吸引战略投资者、先进的投资管理理念和管理团队,通过创业投资企业的专业化、市场化运作,为创业企业提供管理和资本增值服务;充分发挥创业投资企业的管理服务优势,培育和壮大创业企业。上述所指的创业企业,大多引导基金主要是指中小企业,尤其是科技型中小企业。

引导基金的性质定位是比较清楚的,但问题是实现上述定位还存在较多的不足。如:

(1)财政的杠杆比例多大合适?太小没有吸引力,太大无法起到引导作用。

(2)引导创业投资基金进入初创期企业,但全国各地区能够被创业投资管理专业团队认可的初创期企业是不平衡的,各地区如何提供足够多的具有前景的企业是关键。

(3)转变政府投资方式是一个较好的模式,但在转变中,如何处理原有政府的投资公司和引导基金的关系上,需要有一个较好的方案。目前,较多地方在管理上是同一批人,是否可以取消直接投资,将原有直接投资资金用于跟进投资?

(4)吸引战略投资者和创业投资基金的关键是如何考察投资基金管理团队,而当前管理引导基金的工作人员大都来自政府官员或关系人,他们自身对于创业投资基金的理解还存在很大的不足,因而对于有限的引导基金资金如何吸引最适合本地区发展的创业投资基金和管理团队将是问题的关键。

二、关于引导基金的设立与资金来源

根据《创业投资企业管理暂行办法》第22条的规定及国务院关于实施《国家中长期科学和技术发展规划纲要(2006—2020年)》配套政策中"鼓励有关部门和地方政府设立创业风险投资引导基金"的精神,《指导意见》明确指出:中央有关部门和地方人民政府可以根据创业投资发展的需要和财力状况,设立创业投资引导基金。目前引导基金从政府层级上已设立到县级。从横向方面主要有发改委向下的创业投资引导基金、科技部向下的科技创业引导基金和工信部向下的中小企业引导基金。

为确保引导基金运作的政策性,《指导意见》强调引导基金的资金来源于:支持创业投资企业发展的财政性专项资金;引导基金的投资收益;闲置资金存放银行或购买国债所得的利息收益;个人、企业或社会机构无偿捐赠的资金。

从各级政府的管理办法和具体设立情况看,资金现主要来自政府财政支持,还有就是开发银行资金。从调研中我们也发现,在资金来源上还是有很多文章可以做,但由于政府的体制和管理人员的素质问题,很多地方也仅仅依靠地方财政,且不同部门各自为政,本来就不多的资金变得更加分散。

一般从国际经验看,一个能够起到较好的引导且真正能够带动民间资本、国际资本汇集到一个地区的引导基金规模应该在5亿元以上。因而政府如何协调各部门发挥合力,利用好引导基金是各级地方政府需要认真考虑的。再者,如何通过政府协调和出台政策吸引金融部门、担保机构、中小企业贷款公司等跟进创业投资也是解决资金的一个重要渠道。

三、关于引导基金的运作原则与方式

引导基金按"政府引导、市场运作、科学决策、防范风险"原则进行投资运作,统筹兼顾,积极吸引外来资本设立创业投资企业和扶持本土社会资本设立创业投资企业并举。根据我国国情,考虑到财政部与科技部所发布的《科技型中小企业创业投资引导基金管理暂行办法》已经允许引导基金可同时通过参股、跟进投资、风险补贴和投资保障四种方式扶持创业投资机构,《指导意见》仅要求"应主要通过有偿使用,强化引导基金对所扶持创业投资企业的财务约束,实现引导基金自身的可持续发展"。在具体方式上,除了国际通行的参股和融资担保方式之外,《指导意见》还为跟进投资以及其他方式提供了空间。为了避免引导基金偏离政策性方向,《指导意见》特别要求:不得用于非创业投资等市场已经充分竞争的领域。我们通过调研和对各地出台的政策分析比较了以下几个方面:

首先,在运作模式上,目前所设立的引导基金基本采用上述四种运作模式,只是各地政府根据当地实际情况运作基金的重点不同。参股一般控制在所注册资本的20%~30%。跟进投资一般控制在创业投资企业投资额的30%以内,且一般对单个项目仅能跟进一次。风险补偿一般为对单个创业投资企业补助金额最高不超过100万元。融资担保在运作上暂无操作,大多在建立的投融资平台上由担保公司运作。

其次,在引导基金退出方面,大多引导基金分为3年内按照不低于投入成本退出,超过3年小于5年的按不低于同期银行贷款利率要求回报,参股期限一般要求不超过5年。引导基金在创业投资企业的股权退出也可转让其他企业,但要求公开透明。退出资金在引导基金专户内滚动运营。

再次,在对引导的创业投资企业要求上,一般要求注册资金不低于1亿元,首期到位资金不低于3 000万元,注册地必须在当地,投资范围要求投资在本区域的金额各地区政府有所不同,如苏州工业园创业投资引导基金无要求,北京中小企业引导基金要求不低于

引导基金的投资额的两倍,安徽创业投资基金要求投资比例不得少于年投资总额的50%,浙江省创业风险投资引导基金、内蒙古自治区创业投资引导基金、武汉科技创业引导基金等多数引导基金要求投资于本土的创业企业资金不低于80%。

最后,在对创业投资企业管理的要求上,要求至少有3名具备5年以上创业投资或相关业务经验的专职高级管理人员,至少有3个对高新技术中小企业投资的成功案例。

各级政府在政策方面对于运作原则和方式,应该说还是比较详细的。但问题在于可操作性和能否达到引导基金所设立的目标。各地对于创业投资基金在本土的投资要求除了几个地区具有较开放思路要求较低外,其他地区都要求很高。我们认为应按照市场化运作,不应该有太高的要求,只要政府对当地产业有清晰的定位,以及培植有前景的企业,创业投资企业是能够投资当地企业的。否则,如没有有前景的产业和企业,创业投资基金不会因为你有引导基金就来到你的地区。

四、关于引导基金的管理

为确保建立完善的内部管理制度和外部监管与监督制度,《指导意见》要求"设立引导基金的国务院有关部门和地方人民政府,应当结合拟设立引导基金的特点,事先制定并发布具体的管理办法"。

为避免以公司或合伙等企业形式运作引导基金容易引发新的通过财政出资设立企业所带来的诸多问题,同时为便于引导基金对所扶持创业投资子基金行使出资人或融资担保人的法律权利和承担相应责任,《指导意见》要求"引导基金应由设立该基金的政府机关确定受托管理机构负责管理与运作等事务",并规定了受托管理机构的条件。鉴于目前已经设立的一些政策性引导基金,由于委托商业性营利机构管理,在运作中普遍难以避免运用引导基金直接从事创业投资的冲动,容易使政策性引导基金退化为商业性营利基金,《指导意见》要求"应当优先考虑由非营利事业法人作为引导基金管理机构"。

为确保引导基金决策的民主性和科学性,《指导意见》要求引导基金管理机构设立独立的评审委员会。为确保引导基金运作的公开性,《指导意见》还要求引导基金建立项目公示制度,接受社会对引导基金的监督。

目前引导基金的决策机构一般设立理事会或引导基金管理委员会,组成成员一般为政府部门的官员和当地金融部门负责人,有些地方还聘请专家担任独立理事。会长或主任一般由分管副省长或副市长担任。引导基金理事会下设办公室,负责承办相关具体事宜。同时设监事会,负责引导基金管理运作过程中的风险监控。一般由政府财政、发展改革委、科技、商务、金融办等部门对引导基金实施监管、指导。

引导基金的直接管理分为政府直管和委托管理。政府直接管理分为:不成立机构,直接由政府主管机关和财政审核,如福建事业法人机构、重庆市科技创业引导基金管理中心;成立公司法人机构,如嘉兴市创业风险投资引导基金管理有限公司、浙江财务开发公司。委托管理分为委托政府事业单位和政府投资成立的资产管理公司以及民营的投资管理公司。如北京中小企业引导基金委托北京中小企业服务中心管理,苏州工业园创业引导基金委托银杏资产管理公司(国有的苏州创投集团全资子公司)管理,北京房山区创业投资引导基金委托中科招商投资基金管理有限公司管理。还有安徽、武汉、内蒙古等均采用委托制。

引导基金管理公司于每季度末向管委会报送引导基金投资运作、资金使用等情况;及时报告运作过程中的重大事件,并于每个会计年度结束后的4个月内提交经注册会计师审计的年度会计报表。

引导基金理事会原则上不参与引导基金支持并参股设立的创业风险投资基金的日常管理与运作,但一般拥有其投资决策委员会参股比例的投票权。

对于申请引导基金的创业投资企业和要求风险补偿与跟进投资的创业投资企业,部分引导基金管理办法中也给出了比较详细的规定。对于引导基金参股的创业投资企业对外投资也作出一定的限制,如不得控股所投资企业,不得投资创业投资企业,不得投资已上市企业和单笔投资额不得超过注册资金的20%,并规定了对初创期企业的投资比例等。

各地引导基金在管理方面应该说制定了详细的规定。但问题是引导基金通过理事会方式进行表决是否可行和有效,从表面上看决策委员会来自各个部门,比较全面和公正,但实际上创业投资是一个专业要求较高的行业,这些来自各个部门的领导作为决策委员能否正确判断业务和有无精力与时间来分析业务是个疑问。笔者建议这些部门的人员只能作为监督委员会成员,而不能是决策委员会成员,决策委员会成员应该是具有专业能力、能够独立判断创业投资业务的人才。所以,我们建议引导基金以委托制为妥。但对于委托管理单位或个人应该以一定的信誉和资金担保,防止腐败或渎职。

五、关于对引导基金的激励和指导

鉴于运用引导基金鼓励民间资金设立创业投资企业,并引导所扶持创业投资企业支持创业早期企业等市场失灵的领域,均具有公共财政的公共特征,而如果将引导基金列为一般性国有资产,按照保值增值的目标进行考核,引导基金将根本无法运作,因此,《指导意见》明确指出"引导基金纳入公共财政考核评价体系"。为切实加强对引导基金的监管和指导,《指导意见》对财政部门和业务管理部门的职责、监管与指导目标及方式提出了明确要求。

在引导基金管理的激励机制上基本按照目前政府的绩效考核体系进行,对于国有的基金管理机构一般按照实际发生费用管理,投资收益进入基金账户。对于委托的按市场化运作的基金管理机构按照2%提取管理费,投资收益给予管理团队2∶8分成,如安徽创业投资引导基金管理办法。

笔者认为引导基金管理人员的激励机制一定是做好该项工作的关键一环,按当前的激励机制,要达到引导基金的目标还有一定的距离。毕竟引导基金的工作不是一个传统的政府决策行为,而是一项对未来不确定性没有很大把握的、对人员的素质要求和道德要求很高的工作。应该制定一个适合其自身发展特点的绩效考核办法。

六、关于引导基金的风险控制和监督

《指导意见》主要从以下环节来设计引导基金的风险控制机制:一是要求通过制定并发布引导基金管理办法,明确申请引导基金扶持的各项条件,通过合格申请者的信誉约束

防范第一道风险。二是要求每家引导基金的具体管理办法应当规定"引导基金的运作方式、对单个创业投资企业的支持额度以及风险控制制度",并对以参股方式、提供融资担保方式和跟进投资方式扶持创投企业发展的具体风险控制措施提出了要求。三是要求引导基金不得用于金融性融资、股票、期货、房地产、赞助、捐赠等支出,不得挪作他用。闲置资金只能存放银行和购买国债。四是要求引导基金的闲置资金以及投资形成的各种资产及权益,应当按照国家有关财务规章制度进行管理。

在监督机制方面,要求引导基金理事会办公室和委托的管理机构密切跟踪研究引导基金参股设立的创业风险投资基金的运作及其所投资行业和企业情况,并定期向引导基金理事会及其参股设立的创业风险投资基金提供有价值的分析报告与建议。引导基金理事会将每年两次听取引导基金参股设立的创业风险投资基金的投资报告。在资金账户上一般委托银行进行监管。并要求托管银行按月向托管机构出具资金监管报告,托管机构对创业投资企业和创业企业进行实时监督。要求审计厅、监察厅等部门依职权对引导基金管理机构履行职责情况进行审计和监督。

第六节 政府风险投资引导基金存在问题分析

虽然我国引导基金发展速度很快、形势喜人,但是也带来相关需要深入探讨的问题。

(1) 引导资金来源的多层次性,带来了需不需要不同层次来源资金多层次定位的问题。政府引导社会资金参与风险投资是极其必要的,科技创新促进经济发展需要多层次资本市场给予提供资本市场的支持。但是,国家级层面来源的引导资金是否应该定位于高端的科技创新和创业上,而且定位于早期的投资上?省市级层面来源的引导资金是否应该定位于区域范围内的领先科技创新和创业上,可以早期为主辅助中期的投资?区县层面来源的引导资金是否应该定位于一般科技创新和创业上,基本上是以中后期的投资为主?从调研的情况分析,回答是肯定的,即不同层面来源引导资金要有投资定位的区别,形成国家—省市—地方的多层次的大系统的科技创新和创业的金融支持体系。

(2) 引导基金管理的多元化,带来需不需要专门的"母基金管理机构"来管理的问题。风险投资的操作过程是一项极其复杂的投资交易过程。而引导基金是否是一项新型的金融业务需要从理论上给以诠释。母基金管理机构本身的经验管理模式以及"公司治理结构"是什么?母基金管理机构需要的人才素质是什么?需要建立什么样的指标来评估母基金的价值?政府作为引导基金的出资人,如何对母基金实施管理和监督?

另外还有多头决策的问题,如××省引导基金,在财政厅和科技厅共同决策机制下,至今没有发起一个基金。即由多家政府部门共同决策的风险投资基金,几乎没有办法实施引导工作。

(3) 引导基金的快速启动,带来了政府理性引导和非理性引导的问题。风险投资与私募股权投资定位于新经济价值的创造者,需要的政府引导基金的定位是什么?以上海创业投资有限公司为代表的坚持政府引导基金必须定位于科技企业创业的早期阶段,是值得各地政府冷静思考的;深圳创新投资集团10年间投资了70余项早期项目,占项目投资总量的30%;投资于成长期的项目140余项,占项目投资总量的56%;投资于成熟期的项目总量仅为40余项,占项目投资总量的14%。站在风险投资机构组合投资原理的角度,深圳创新投的模式是值得很好总结和借鉴并推广的。

以××市引导基金为例,按政府要求不到半年时间里发起了六只基金,而且六家都是外资管理的基金。这给外资带来了似乎中国政府太有钱了没处花了的不良印象。

在我们的调研过程中,有如下思考:

政府引导基金呈现高潮,但是表现出了盲目性。即对为什么要引导,怎样引导,引导基金的价值如何实现等问题没有搞清楚,导致了政府引导基金大有"被引导"的倾向。以在某地的座谈会为例,会上竟然有人要求让政府同意将政府的风险投资资金拿去做打新股,还有人大喊创业者毛病太多,似乎失败是创业者的原因,而不检讨自己"投资+服务"的价值所在。这些言论都是在误导政府的行为,我们将其称为政府"被引导"。

政府对引导基金积极推动,但是如何管理才更有效?即需不需要建立一个专业"母基金"管理模式?以及怎样来管理?考核的指标是什么?等等,这是我们必须面对的如何花好政府资金的挑战。

政府虽然出资引导,但是如何才能够真正打造我国风险投资金融支持体系,服务我国自主创新发展战略需要?这带来了一个财政安排的可持续性,长期引导的国家财政预算问题。

各个部门各级政府都在积极推动引导基金,但是政出多门缺少核心主导管理部门,使得我国引导基金花样多重,有的还美其名曰"中国特色""区域特色",使得引导基金偏离了正确轨道而出现 PE 化倾向或产业投资化。

风险投资作为一个支持科技创新的金融支持体系,它需要一个与之相适应的风险资本市场,其中政府引导基金的定位和功能到底是什么?在所谓"市场化"经济理论的误导下,各地各级政府引导基金功能作用出现所谓"多元化"混乱,有的部门还在高调宣传自己做法模式如何如何,不明者还纷纷上门求教。这种所谓"市场化"理论的误导行为,需要我们在理论上搞清楚所谓"市场化"理论的"失灵"问题。

由于所谓"市场化"的误导,政府出台的政策上几乎是在传统工业经济政策基础上的修正而已,或者是号召性的而已,对于风险投资促进作用仅仅体现在政府出资了,而其他方面的作用几乎到处都是障碍性的。美国次贷危机给了我们可供借鉴的教训:"财富的创造是通过创新与资本的结合实现的";风险投资对于不适应其投资经济规律的对象,也要说"不"。它也给我们带来了提升竞争力的机遇。把握机遇出台促进风险投资发展的政策体系,是我们提升我国自主创新竞争力的关键。

第七节 结论与建议

根据课题调研,可以肯定的是如下结论:

(1)我国政府支持风险投资的模式在发生根本性的变革,即由直接投资模式转变为间接投资模式,而且已经初见成效。风险投资作为一项金融创新,在美国有了70多年的历史,并已经形成了成熟的操作模式;在中国发展也已经有30多年的历程了,政府支持风险投资发展的模式,由直接投资型转向引导的母基金型,而且已经取得了初步的成效,具体表现就是各地各级政府响应积极,行动很快,引导放大的资金往往超出预期,这是一大进步。政府引导基金的模式在理论上和国际经验上都证明是非常有效的政府推动风险投资发展的模式,既能够将政府的资源整合到新经济的创造中来,又能够将市场资源带入新经济的创造中来,其提升国家的经济竞争力的作用,远远高于单纯的政府行为或单纯的市场行为等。

政府扶持风险投资业的发展,已经成为各国的共识。我国政府推动科技风险投资发展的未来趋势是什么?将是基于有限合伙制原理下的基金组织的模式,将比现在公司型基金引导模式还要节约运行成本、提高运行效率。当然,该引导基金模式何时能够实施,取决于政府的政策创新、国家引导金融创新方向以及金融创新的政策取向,特别是风险投资业界的成效、国家自主创新环境的发展。

(2) 政府引导基金需要按照科技创新和创业的金融支持体系建设的战略来发展。在调研过程中,我们看到几项非常有价值的创新,就是政府在做引导基金的同时,积极搭建科技风险投资的金融支持体系,即从早期项目的投资到中期以及后期投资联动的投资链条。如北京中关村科技创业金融服务集团有限公司、苏州创业投资集团有限公司等机构在做引导社会资金的同时,还在努力打造为科技创业提供系统服务的金融服务体系。这些创造性的探索和创新,对于我国的风险投资聚集效应的形成,有着巨大的带动效应。

通过调研,我们认为上海创业投资有限公司引导基金的定位值得肯定和推广。其十年来坚持科技导向,推动一批科技成果转化;坚持培养风险投资人才,培育了一批国内风险投资的从业人才;带动了一批社会资金参与风险投资的过程。然而,其至今没有形成科技风险投资链条上的体系,投资了300多家早期的科技创业项目,但是在中小企业板和创业板上市的科技企业中却没有找到它们投资的项目。而深圳创新投资集团作为引导基金的参与者,虽然投资早期科技创业项目远远少于上海创投,但是其已经推动了50多家上市的科技企业。这两个典型的案例中,并不是上海创投做得不好,而是它做得很好,或是自身创新不足,或是缺少风险投资体系后期链条的接应,它显得无奈。

所以,在现今形势下,政府在出台科技风险投资政策时,一定要考虑到整体风险投资体系建设的战略需要。

(3) 政府需要给出适应风险投资规律的政策环境,以更有效地促进风险投资业的发展。风险投资作为一项促进科技创新和创业的金融行业,在中国虽然有了30多年的历史,但还是一个非常幼稚的金融产业,特别是在建设自主创新型国家的战略背景下,如何促进风险投资业的健康发展来加速自主创新的步伐,已经不是风险投资本身的问题了,更重要的是溢出效应。中国在"不差钱"的条件下,需要在宏观财政政策和货币政策的组合下,给出更多引导政策,将各类社会富余资金有效地吸引到风险投资行列中来,在该政策引导效应下,既能够解决风险投资资金缺乏的问题,又能够化解股市流动性过剩,还有房地产过热的问题,更重要的是加速提升国家自主创新竞争力。

促进科技风险投资的政策体系,创造的政策环境将要解决的问题包括:政府以什么样的财政政策引导社会资金?以什么样的政策将商业银行和商业保险富余资金吸引到风险投资行列中来;以什么样的政策让民间服务资金自愿参与风险投资?以什么样的政策吸引境外资金有积极性参与到我国自主创新的投资中来?以什么样的政策鼓励将我国外汇资金化为风险投资资本到海外进行风险投资操作？以什么样的政策促进风险投资交易流的快速实现,让知识和风险投资成为财富创造的源头？以什么样的政策来经营和管理好政府引导母基金,使得有限的财政资金发挥更优的引导效应？等等。

如此庞大的政策体系安排,不是一个"上海18条"或者国家发改委的几个文件所能解决的。需要高层的认知并突破现有金融法规的框框,创新相关政策设计。从对美国成功经验的研究可知,基于国情,美国花了近30年才逐步完善了促进创新和创业的风险投资的法规政策体系。我国是高度集权的国家,法律修改虽然较慢,可以先在国务院的某个条例中设计相关的政策安排,待实施有总结成效之后再逐步修订或制定相关法规。这种政策设计路径的安排,既能够快速启动促进科技风险投资发展,又能够逐步实现国家相关法规政策的创新,完善科技风险投资的政策法规环境。

思 考 题

1. 简述我国风险投资发展历程？
2. 简述我国风险投资发展主要推动力量？
3. 简述我国风险投资发展成效？
4. 简述我国风险投资发展典型案例？
5. 简述我国风险投资与国际比较的差距？

关 键 词

我国风险投资发展历程　我国政府支持风险投资发展政策演进　国有风险投资发展价值分析　政府支持风险投资发展的发现杠杆理论　政府引导基金　政府引导基金政策分析

第十章
中国科技企业创业成长实证研究

　　一个优秀的风险投资机构,在价值发现并创造新的增值价值时,在整个风险投资过程中,时时保持与创业者的互动。

　　风险投资与创业互动的目标,是指获得最优的创业技术经济价值,获得最优的风险投资金融经济价值。

　　风险投资与创业互动的规则,是基于创业经济的理念价值观的一致性、游戏规则的统一性、风险规避的协同性、创业利益机制的期权性。

　　风险投资与创业互动的结合点,是基于创业经济的创业计划(书)。商业计划书研究策划构建好四个基本模型。核心内容是要说明消费者利益机制模型、创业企业赢利机制模型、投资者利益机制模型、风险规避机制模型等。

　　就消费者利益机制模型而言,就是创业公司所推出的技术、产品、服务等,从功能价格比上、功能效益比上等给消费者带来的收益,以及该收益的实现方式、该收益实现的时机等。即某项市场的特性决定了创业的生存机制。就创业企业赢利机制模型而言,就是科技知识产权股份期权化的过程。科技企业的利益激励机制是基于科技知识产权股份期权化的动态激励机制。就投资者利益机制模型而言,就是风险资本股份期权化的机制。就风险规避机制模型而言,就是创业者与风险投资者的协同,不但要规避创业技术经济过程的静态风险,更要规避该过程的动态风险。

第一节　科技企业创业成长规律实证

　　根据国家社科基金项目[①],对成都市、哈尔滨市、宁波市、济南市等市913家科技企业

---

① 国家社科基金项目"中国高技术企业创业成长机制及其风险(创业)投资金融支持体系的研究"(项目批准号:03BJY045)。

进行问卷,同时又对成都市、哈尔滨市、宁波市、济南市、青岛市、西安市、太原市、大连市、沈阳市、广东省的156家科技企业进行了专访,以此为基础进行分析研究,总结得出了我国科技企业创业成长机制性的规律体现为三个三年加上两个过渡特性。同时我们也发现我国的科技企业难以做强做大的问题,针对这个问题,本章根据实证的研究,从科技企业创业成长的市场、技术、资源、资本、管理、组织、环境等角度进行了分析研究,揭示了我国科技企业难以做强做大的边界制约。

从问卷以及实地调研发现,我国科技企业创业的起步时间,大约分为三个时段:90年代初前后、1995年前后、90年代末期。

通过调研,对科技企业创业成长机制的技术经济规律,有如下的基本结论:所调研的企业比较成功或成功者,基本上清晰地表现出创业经历了三个三年阶段,现在进入了产业化的阶段,下一步发展是成熟型产业的发展阶段(如图10.1所示)。

三个三年规律及创业的技术经济历程如下:

第一个三年,创业形成盈利机制。即不论以什么起步的科技企业,在创业的第一个三年里,都要形成的盈利机制,是从三个方面体现的:其一是企业的账面上至少要有收入的现金流产生,而且已经盈利了;其二是所产生的现金流三年下来已经呈现出加速度增长的趋势;其三是收入现金流产生的量开始大于创建企业投入的成本量,即企业较好地进入了一个市场机制的轨道。从调研企业的创业起步分析,我国创业企业的起步大致有三大类:第一类是以贸易起步的,如成都市有的科技企业早先创业起步是做边贸的,或者是做酒的生意的,这一类的科技企业数占实际调研企业大约1/5的比例;第二类是以实业起步的,这一类的科技企业数大约占据了3/5的比例;第三类是以科技成果起步的,这一类科技企业数大约占据1/5的比例。

从微观上:企业创业成长的阶段特性

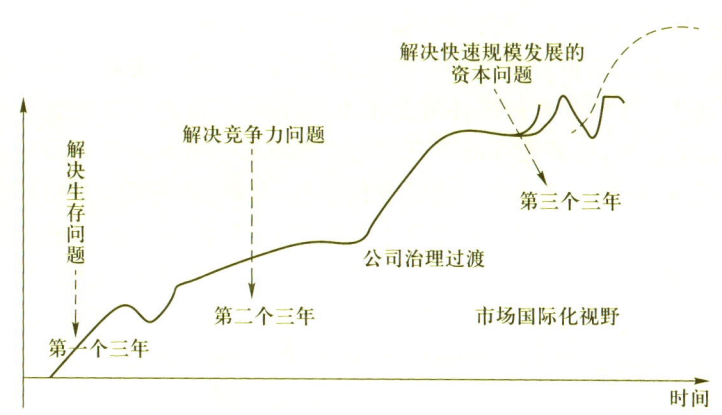

图10.1 科技企业创业成长阶段特性示意图

第二个三年,构建技术创新的平台。即创业企业不论是以哪种方式起步,在第一个三年的基础上,在第二个三年创业时期内,必须形成一个良好的技术创新平台。良好的技术创新平台,从三个层面来理解:其一是掌握或拥有一个在区域内甚至在国内乃至世界范围里领先的科技成果;其二是将掌握或拥有的科技成果尽快转化为产品并推向市场;其三是在原有技术的基础上,能够创新产生出水平更高的科技成果。从我们调研的情况分析,以贸易起步的科技企业,在通过贸易赚得第一笔钱(第一桶金)后,购买一项科技成果来继续创业。以实业起步的科技企业,由实业赚得第一桶金后,结合自己的实业性质,加大对研发的投资力度,来获得或拥有科技成果,继续进行创业。以科技成果起步的科技企业,继续研发出新的科技成果,以继续创业。在我们调研的企业中有这样的现象:科技企业的研究与开发费用,达到销售额的6%左右时,基本上就能够较好地建立该企业技术创新的平台。当研究与开发费用占销售额的10%以上时,该企业就有着很强势的地位。当研究与开发费用在销售额的3%以下时,该企业几乎就没有什么核心竞争力了。

市场盈利机制与技术创新的结合,构成了仅有市场机制或仅有技术创新者所不具备的竞争力,构成了企业下一步快速扩张的动力。

第三个三年,构建资金的平台。即企业经过两个三年的创业历程之后,企业进入了一个规模快速扩张的时期,为了实现企业的快速扩张,企业积极主动地向社会金融机构或资本市场去融资。通过企业自我积累方式,是很难支持快速扩张的资本金需要的。从调查的企业情况分析,构建资金的平台主要是指三个方面:其一是股票市场上市融资;其二是获得国家的大力支持,并有银行的积极贷款;其三是获得大额外资注入。企业一旦获得了规模资本金的投入,企业就能够快速实现技术创新和市场机制结合所带来的经济效益。为企业的下一步发展奠定资本和经济效益上的基础。在所调研科技企业中,凡是在资本市场上早早注意并努力的创业者,都能够获得资本市场的大力支持,将其他竞争对手远远抛在后面。

在调研的科技企业中,有的企业也很重视到资本市场上去融资,实际效果却不尽如人意。为了实现构建资金的平台,在第二至第三个三年过程中,企业必须形成现代管理的平台,即现代公司治理结构。形成现代公司治理结构,包括三个方面的内容:第一是企业产权要明晰,不论是家族企业,还是由同学或老乡创建的企业,或是已经组建了股份制的企业,在产权关系上,都必须按照国家颁布的《公司法》认真进行明确。第二是企业打造了一支比较符合现代企业经营管理精神的管理团队,该团队能力除了能够很好适应企业盈利和技术创新需要之外,还要能够适应资本运作的需要。第三是企业形成了对其他投资人权益保护的机制,积极主动地将企业运营的信息,及时、真实地报告给其他投资人。我们实际调研中发现,企业能够很快获得资本市场的认可,除了企业有很好的投资价值之外,更重要的是企业建立起来的治理结构,能够很好地保护其他投资人的各项权益。一旦企业得到资本市场的认可,仅从融资额的角度分析,它已经节约了近十年时间,为企业的规模化扩张打下良好的资本基础。治理结构的形成,意味着企业为再度发展奠定了金融支持的制度基础。

在调研的科技企业中,我们还发现了这样一个共性的现象,就是在第二至第三个三年中,企业在早先形成的盈利机制的基础上,企业的市场视野已经是跨区域、跨国际的,有的科技企业甚至已经实现了国际分工的认可或者是国际市场部分销售。国际化的市场视野,不但带动了企业业务的扩张,而且成为企业投资价值的亮点所在。显然,有了良好的公司治理结构,有了广阔的市场视野,企业获得资本市场的支持和投资人青睐则是必然。

我们的课题只是为了研究科技企业创业成长的规律,对三个三年以后的情况涉及不多。实际上,我国科技企业创业成长的历史超过这个年限的也为数不多。按照产业经济学的观点,我国科技企业一般进入第二个三年的后期,或者进入第三个三年,就已经是进入产业组织行为的态势了。所以对于三个三年后的情况,我们就没有再关注了。

通过问卷以及典型案例的调研,总结出的科技企业创业的三个三年的技术经济规律,清楚地告知我们:

市场盈利机制是科技企业创业成功的第一推动;创新能力是科技企业创业成功的第二推动;获得资本市场支持是科技企业创业成功的第三推动,但是建立良好的公司治理结构和国际化市场视野的不断扩大,是科技企业创业成长获得资本市场认可的必要条件。

三个三年的科技企业创业成长周期规律性,是风险投资者必须遵循的规律。将三个三年创业成长周期规律性作为风险投资增值服务规律主线:发现价值到价值实现首先是具备有盈利机制的竞争力;其次是基于科技创新形成创新能力机制的竞争力;最后是打造获得规模化资本投入机制的竞争力。

第二节　科技企业创业成长的边界

在前面分析的基础上,我们要问:一个企业能否创业成功,并发展成为一个大型企业(集团)？为什么有的能够成功,有的会失败,有的早期很好而后期却不行了,还有的就根本没有长大的可能？那么,企业的创业、发展的过程中,到底会遇到哪些边界的制约限制？从课题的实证研究过程中看到我国的科技企业创业热潮不断高涨,但是这些科技企业创业成长遇到了各种各样的因素制约,本节将这些制约的因素称为"边界"。在实证研究中,这些边界有如下几类:

市场的边界,即市场的规模性、市场的强度性、市场的密度性。不论什么样的科技企业创业和发展,首先取决于该产品的市场边界。市场的规模性,是指该企业产品的市场需求的空间规模大小的特性。市场的强度性,是指市场对于企业产品需求,一个单位的购买力大小的特性,即消费者的一个单位购买能力的大小。市场的密度性,是指在市场空间的条件下,市场对于企业产品需求的分布密度大小。在市场空间巨大,需求强度也大,分布的密度又高的情况下,这样的企业创业、发展是易于成功的。在市场空间有限,需求强度小,而且分布密度小的条件下,该企业的创业、发展往往是难以成功的。在市场空间巨大,但需求强度小,而且市场的分布密度高的条件下,往往会带来企业创业、发展的营销成本的上升。在市场空间巨大,市场需求强度大,但分布密度低的情况下,这样的企业创业、发展成功与否,是取决于少数企业抢占先机的速度性的。

技术的边界,即在市场边界的条件下,企业创业、发展所拥有的技术限制——技术的先进性、技术的成熟性、技术的市场性。技术的先进性,是指企业拥有的技术是否具有领先的特性。技术的成熟性,是指在先进性的前提下,该技术工程化的成熟特性。技术的市场性,即指如前所述市场边界特性。在既定的市场条件下,该技术具有较好的先进性,那么企业创业、发展往往能够获得超额的垄断利润。纵然技术有较好的先进性,然而技术的工程化水平很低,即成熟性差,难以适应市场规模化的需要,显然,企业创业、发展只能够获得单件或小批量的利益回报。我们观察到,很多高技术的成果难以转化获得市场回报的主要原因,就是其技术是有先进性的,但其技术的工程化水平太低了,这种"手工业"化的高技术,不能够及时满足市场需要,所以难以获得市场的回报。

资源的边界,即在市场和技术的边界条件下,企业创业、发展所需要的资源支持的制约——资源的比较优势。这是指企业在创业、发展的过程中,需要获得的资源条件。以农牧为主的农业类的企业会受到土地资源和气候的限制,传统工业类的企业会受到能源、矿产等资源的限制。高技术类的企业会受到知识和技术资源的限制。金融类的企业会受到资金富余程度的限制。企业创业、发展能否成功,能否快速成长,在市场和技术的条件下,取决于资源禀赋及其比较优势。例如,上海有着很好的生物技术研究开发的能力,但是上海要发展植物生物医药产业,就会受到植物资源的限制。而我国的云南省,号称植物王国,植物资源绝对丰富,所以上海发展植物医药类产业,就是要获得云南植物资源的支持。上海的工业一直居我国的前列,但是它需要的煤、石油等资源却是本地没有的,它只有通过国家的计划或者是交易的手段,来获得这些资源的支持。

在我国可以观察到这样的现象:资源丰富的区域,经济往往比较落后,而资源匮乏的区域,经济反而比较发达。似乎老天很公平,实际上这是资源比较优势所带给人们发展经济的选择。

资金的边界,是指在市场、技术、资源既定的条件下,企业的创业、发展能否有速度性关键会受到资金的制约——资金的富余性、资金的市场性、资金的便捷性。资金的富余性是指在企业创业、发展的过程中资金富余与否的环境特性。资金的市场性是指在资金富余环境既定的状态下,资金存在于该环境中的市场化程度的特性。资金的便捷性,是指市场化的资金其资本化的本质属性对于企业创业、发展获得资金影响的特性。显然,资金的富余程度高,资金的市场化程度也高。当资金资本化的属性多以产业资本的形态存在时,成熟型产业的企业获得资金就容易。当资金资本化的属性多以创业资本的形态存在时,创业性的企业获得资金就容易。当资金资本化的属性多以金融资本的形态存在时,金融资产类的企业获得资金就容易。在资金欠缺的环境下,资金的市场化程度低,企业为创业和成长获得资金的难度也大大增加。

当社会资金很富余,但是这些资金的市场化程度低,这些资金又多以产业资本属性和金融资本属性存在时,创业性企业就很难获得资金的支持。我国目前资金的状态,对于创业性企业而言,基本上是属于这种形势的。

当然,我们可以观察到,越是发达的国家,资金越富余,资金的市场化程度也越高,而且资金资本化的属性是多元化的。这种资金形势非常利于企业创业、发展全过程的需要,这就是为什么发达国家的企业在500强中的比例高,而且它们的中小企业的数量也远远高于发展中国家。比较之下,我国的科技人员总数与美国相当,超过日本,但是我国的资金富余程度比它们的低,而且资金的市场化程度远远低于它们,特别是在资金资本化属性上,我国基本上是以产业资本和证券资本的形态存在,所以对于科技企业创业的支持度也就远远低于美国和日本,从而我国的自主创新程度自然也就落后于美国和日本了。

管理的边界,是指在企业创业和发展过程中,面对市场、技术、资源和资金的管理能力限制——管理的规范性、管理的有效性、管理的创新性。管理出效益、出效率,这是管理学和经济学的真理。对于企业的创业和发展,由于它们已经是属于两种形态下的企业行为,所以如何管理好企业的创业,如何管理好企业的发展,这似乎是企业面临的永恒的话题。归结起来,管理要适应对象需要的规范,要适应对象创造价值的有效,要适应对象发展的创新。管理的规范性是指对于企业创业和发展的管理,不论是市场、技术、资源还是资金,都要符合它们自身运行规律的需要。管理的有效性是指对于企业创业和发展的管理,由于企业特性千差万别,不唯理论但要出成效的特性。管理的创新性是指对于企业创业、发展的管理,在规范和有效的前提下不断创新的特性。

以我国的海尔为例,当年张瑞敏到海尔去做厂长时,济南的小鸭已经在洗衣机行业很有名气了,同时国内其他电冰箱企业也远远高于海尔的水平。从市场、技术、资源以及资金环境分析,大家基本上处于同一起跑线,海尔甚至还要落后一些。但是经过 20 年的努力,海尔今天是有 1 000 亿元销售额的大型家电企业集团,而那些企业早已被海尔超越了,甚至有的被海尔兼并收购了。分析其原因,根本在于管理的差异。张瑞敏进厂的第一个管理规定只有简单的 13 条,这 13 条就是当时的规范,而且很有效,即使在哈佛管理百科全书中也找不到这种理论经典。今天再看海尔的管理,已经远远超越了那个 13 条了,这就是管理的创新。早先的 13 条已经是典故了。同样,我们可举联想的例子。同时起步创业的计算机企业很多,直到今天能够做到如此之大的计算机企业,仅仅是联想了。从管理的角度分析,柳传志曾经为大家不守时问题,规定开会迟到了就自动罚站,这就是规范,也是有效的,可是今天已经再也找不到这样的规定了,这就是创新。

我们可以观察到随着企业创业、发展的过程,有这样的管理规范、有效、创新的机制规律形成:当企业创业时,往往都是要将企业做大做强;当企业发展到一定的规模时,则是要将企业做强做大;当发展成为大企业时,企业往往患有"大企业病",则是要将企业做精做小。当年的 GE 就是在杰克·韦尔奇的管理下,将企业分拆,解决"大企业病"的问题。海尔瞄准世界一流的企业管理,从做大做强,到做强做大,再到今天做精做小解决大企业病的管理轨迹,都体现了随着企业创业、发展的过程,管理的规范、有效、创新的机制规律。

组织的边界,是指随着企业的创业和发展进程的深化,企业的创业和发展受到组织体系的制约——组织的系统性、组织的灵活性、组织的开放性。组织的系统性是指不论企业是处在创业时期,还是处在发展时期,都需要基本的企业组织系统,以保证实现创业和发展功能的需要。组织的灵活性是指所建立的企业组织所具备功能的包容度和弹性。组织的开放性是指随着创业和发展的进程,企业组织能够不断适度适时扩张创新的特性。显然,企业在小的时候,根本没有必要建立董事会一类的企业组织,而企业做大的时候,则必须采用有限责任公司或股份有限公司的组织。所有上市公司都是股份制的企业组织,而家族式的企业往往是合伙制的企业组织。

考察大企业创业、发展的企业组织形成过程的轨迹,有这样的一般规律:这些企业起步时,其企业组织往往是独资或合伙制的;当企业有了一定的规模时,企业组织往往是有限责任制的;大规模企业基本上都是股份制的组织。我们经研究发现科技企业创业早期的最优企业组织,则是混合型的企业组织,原因在于企业组织成本的大小决定了企业内部交易成本的大小,因而直接影响着企业创业、发展的速度。混合型的企业组织,是指科技人员在创业时,以个人名义注册的企业,目的是合理避税。实际上该企业往往是 5~10 个人共同出资的。虽然出资额的大小不同,但企业在做决策时,又是一人一票的合伙制模式。企业在运作过程中的交易、财务、供销、生产、人事等问题的处理又基本上是股份制企业组织的模式,都是公开透明地对待所有的出资人。当企业赚到钱,在利益分配机制上又是按照出资额的大小来实施的。

环境的边界,是指企业在创业、成长的过程中,受到的环境状况给予的限制——环境的服务性、环境的支持性、环境的规范性。环境的服务性,是指环境给予企业创业、发展服务的性质和质量以及服务类型的特性。环境的支持性,是指环境给予企业创业、发展的支持性质、质量和类型等特性。环境的规范性,是指环境给予企业创业、发展的服务、支持的规范化的特性。显然,环境给予企业的服务和支持很好,但是缺少规范性,则这种服务和支持带有强烈的领导贯彻性质的特色,这样的服务和支持缺乏可持续性。环境有着很好的规范,照章办事,但是缺少给予企业服务和支持,这样的环境是一个保守维持性质的环境。对于成熟型产业的企业经济行为,它所需要的环境是服务与规范的;对于创业性企业经济行为,它所需要的是高层次的服务、支持和规范的环境。

我们观察企业创业、发展的环境,有着这样的现象,即我国的大型企业都是产生在非省会的城市里,如山东的青岛、四川的绵阳、广东的顺德、浙江的宁波、江苏的江阴等。同样的改革开放,为什么被人们称为"五朵金花"的民族工业代表——海尔、海信、双星、澳柯玛、青岛啤酒这样的大企业,是在青岛诞生的?以高技术企业创业需要的环境为例,为什么美国东海岸的128号公路在五六十年代是领先的,而70年代以后,被西海岸的硅谷取代了?同样在世界发达国家的行列中,为什么现代高技术企业能够在美国产生,硅谷几乎成了国际高技术产业核心的代名词,而日本、英国、德国、法国、意大利等都是后来学习者?

环境是政府营造的,政府能够给予企业什么样的环境,企业就能够有什么样的创业和发展的成效来回报政府。通过环境的分析,也就能够判断出一个地方政府发展经济的能力和水平。以我国苏州为例,苏州园林及水乡美景形成了"上有天堂,下有苏杭"的赞誉。改革开放以来苏州营造了很好的引进外资的政策环境,从而使得该市的GDP增长非常之快。我们不能够否认苏州的经济成就。但是我们从高技术产业发展的角度分析,在苏州近些年成就背后,隐含着牺牲自主创新的代价。让我们先简单或机械地比较一下苏州的周边环境与美国硅谷的周边环境。苏州周边在2小时的车程之内,有上海的交通大学、复旦大学、同济大学等高等学府,有南京的南京大学、南京航空航天大学等一系列的高等学府,还有杭州的浙江大学等一系列高等学府,可谓之全国知识和技术最密集的区域,就是旧金山周边也没有如此的知识和技术的密集度。可是这些大学都被割据在行政区划范围内从事着知识和技术的服务工作,即使有科技企业创业和发展,至今也没有一个像样的在国际上能够叫得响的科技企业诞生。而在距硅谷周边两个小时的车程内有斯坦福大学、伯克利等高等学府,它所形成的环境吸引着全球的优秀人才去创业,大量的风险资本去投资,成为全世界的高技术产业核心。可见我们政府在营造促进自主创新的环境上,还需要加大实质性的力度。

可见,要促使我国科技企业做强做大,我们还面临着各种各样的制约边界问题。作为风险投资的增值服务,在三个三年的周期规律性前提下,对限制、阻碍企业做大做强的边界因素,逐一给出解决方案,并将这些方案组合起来实施于创业过程中。帮助创业者完成创业使命,以增值服务实现了目标,发现价值型的风险投资自身价值也就随之实现了。

第三节 科技企业创业成长关键

前面的实证研究中不得不提出以下问题:为什么有的科技企业创业成长得较快,而有的企业创业成长得较慢? 这要从风险投资的角度来分析。

任何投资行为都有一个永恒不变的法则。对于证券投资而言,其法则永远是低买高卖。对于房地产投资而言,其法则是:第一是地点;第二是地点;第三还是地点。对于风险投资而言,其不变的法则就是:第一是人;第二是人;第三还是人。

第一是人讲的是有知识的人;第二是人讲的是有创新能力的人;第三还是人讲的是有创业胸怀境界的人。必须说明的是:对于风险投资而言更重要的是这里讲的"人"指的是一个创业团队,而不是单个的人。

从课题实地调研的近200家企业以及问卷获得的实践数据分析可知,在企业创业成长过程中,优秀的创业团队具有创业者、企业家的创业精神——第一是创业素质;第二是创业胸怀;第三是创业境界。具体论述创业精神为:

首先是创业素质。创业素质表现在:

面对变化的市场,或者市场的变化:第一是做好市场——使得自己能够生存。第二是做好市场——使得自己能够控制市场。第三是做好市场——使得自己能够超越市场。

面对技术变革:第一是敢于投资。第二是善于结合市场创新。第三是形成内生技术创新机制。

面对国内国际社会、经济、政治环境变动:第一是适应环境需要。第二是协调环境需要。第三是超越环境需要。

面对各类人力资源:第一是以人为本——造就勤奋务实的人。第二是以人为本——造就善于创新的人。第三是以人为本——造就成为人力资本的人。

面对企业创业成长各种因素的边界效应,创业企业家们,如果都能够一一提出解决方案,并能够很好实施获得实质性突破,创业过程将一帆风顺,达到成功的目的。如果创业者团队仅仅是学科技出身者,或者仅仅是学金融财务管理出身者,显然面对诸多边界因素构建的系统风险,并以动态模式出现时,必然会由于团队系统知识的缺乏,而出现应对创业风险的短边效应。这就给风险投资者带来其他投资行为不需要的一种责任——提供系统的增值服务。此时创业企业家们,必须有胸怀和境界了。

其次是创业胸怀。创业胸怀主要表现在:

创业早期往往是为了个人经济利益,而到了创业中期以至后期,理性地与社会和国家的利益有机结合;善于接纳优秀人才和资金加盟创业,并将权力和利益关系主动让渡;善于听取别人的反对意见,而且解决贯彻。

最后是创业境界。创业境界主要表现在:

高超和冷静处理商战战略和竞争关系——学好《孙子兵法》;在创新发展与利益分配关系上有效地解决好人的关系——学好《论语》;不论企业处在困境还是顺境中,都能够冷静地思辨,并提出适度解决方案——学好《道德经》。

这就引出了一个问题:在创业过程中,中国文化与创业精神之间是否矛盾?中国文化(哲学)强调"悟性"——定性分析问题,缺少定量实证;西方文化(哲学)强调"证实"——定量分析问题,缺少宏观深度。如泰勒的标准化管理理论;科斯的产权与代理的经济学理论等。如何将两者的精髓结合起来进行创新?这是我国风险投资者以及创业者面临的文化思辨方面的挑战。

总结近1 000家企业问卷,实地调研的近200家企业的创业成长情况,结合第一章中讨论的南开戈德案例,特别是针对这个问题在海外考察所得到的经验性结论可知,风险投资增值服务的水平、能力、标准等决定了上述创业成长边界的打破,也决定了风险投资机构的竞争力所在。

纵观80年代以来的"十大企业家",很多企业家早几年都很成功,为什么后来就慢慢找不到了呢?除了上述的边界之外,最重要的是企业家的素质。他们有的被多元化化没了,有的胸怀境界达不到社会发展的需要,有的赚了钱移民去做寓公了,有的弃商从政了,有的为富不仁进监狱了,有的进学校当教授了等。

总之,创业真正成功者具有创业精神,他们勤奋务实、思辨创新,耐得住寂寞,经得住诱惑,专心致志地创业。创业者企业家是否具有创业精神是决定科技企业创业成长的关键因素。

第四节 风险投资的增值服务体系

国内外学者对于科技企业创业的技术经济过程,理论上有不同的划分方法。其中有的将其划分为五个阶段(或五个时期),即种子期、创建期、成长期、扩张期、成熟期。也有的将其划分为三个大的阶段,即研究开发阶段、产业化阶段、规模化阶段。也有的进行简单划分,即早期、中期、后期等。这些划分方法比较好地揭示了科技企业创业的最基本特性,特别是与成熟型产业的经济过程相比较,有着很好的说服力。

我国科技企业在创业成长过程中,究竟是什么样的一个技术经济过程?通过实证研究,我们总结出了科技企业创业成长的技术经济规律,这些规律是目前成功的科技企业的历史表现。但是,大多数科技企业在创业历程中遇到了各种各样的问题。即:

科技企业创业进程中,当其在销售额达到200万~500万元时,是最需要资金支持的,而恰恰在这个时段又是很难获得资金支持的。

在科技企业创业成长过程中,当其销售额达到大约1 000万元时,往往徘徊3~5年长不大,有的甚至时间更长。这是为什么?

当其销售额达到3 000万~5 000万元时,往往又是徘徊3~5年长不大,甚至更长时间。这又是为什么?

当其销售额达到大约1亿元时,往往又是徘徊3~5年长不大,甚至更长时间。这又是为什么?

当其销售额达到大约10亿元时,往往又是徘徊3~5年长不大,甚至更长时间。这又是为什么?

在对一系列"为什么"的思考之下,认为科技企业创业成长的各种边界,制约并阻碍着企业做强做大。同时我国科技企业创业的经济环境乃至文化也是很重要的因素。其关键还是创业者的素质。

在调研过程中,还发现一个非常有意思的现象,就是当这些科技企业赚到了一定比例的钱时,如个人手头有了 1 000 万~3 000 万元的资金时,他们有着强烈的投资冲动,往往在"自己创业能够成功,投资其他项目也一定能够成功"的潜意识驱使下,在两年左右的时期内,会连续投资二到三个项目,这些项目大多与自己企业主营业务没有直接的关联关系。由于跨行业太远,这些投资往往以失败告终。在损失了 200 万~500 万元甚至更多之后,这些科技企业的创业者们,变得非常保守,不愿意为好项目提供资金,即使有了再多的资金,他们也几乎都是将资金放到股票市场上或者是房地产市场。如何引导这些带有创业资本价值的资金,投入科技企业创业的行列中来?这是在我国现阶段创业资本紧缺的形势下,吸引民间资本的共性问题。

在研究的对象中,除了有些科技企业由于其产品特性决定了它难以长大之外,有些企业不论是它们的产品,还是它们创业时机都提供了成长的空间,但它们没有长大。为什么会有这些问题?根据已经创业成功的科技企业所走过的路径,从环境与金融条件的视角分析,有以下的结论,即:

目前,我国还是缺少让这些科技企业进一步成长的跨区域的环境支持,特别是区域性资本市场没有形成。现行政府仍然是工业经济型的政府,政府缺少一套激励与支持科技企业创业的财政、金融政策体系。这些制约科技企业创业成长的边界问题,需要系统的理论和实践互动的解决方案。

在本章第一节和第二节论述的基础上,将我国科技企业创业成长的三个三年周期规律性,以图 10.1 来表示。以三个三年创业成长周期规律性为主线,以制约、阻碍创业成长的边界因素为解决方案内容,以市场盈利机制、形成创新能力机制、获得规模资本投资机制为核心服务体系,风险投资增值服务将有效地解决本节中论述的这些创业成长过程中的问题。

思 考 题

1. 简述科技企业创业成长的实证规律。
2. 简述科技企业创业成长的边界。
3. 简述科技企业创业成长的关键。
4. 简述科技企业创业成长的增值服务。

关 键 词

科技企业创业成长三个三年过程　科技企业创业成长的边界　创业商业计划书要点

第十一章
中国科技风险投资金融政策体系

本章就风险投资延伸到"科技风险投资体系",进一步完善科技风险投资体系的有关金融政策所做的研究,从科技风险投资体系结构、促进我国科技风险投资业发展的条例研究、中国海外风险投资体系的研究三个方面给出详细的论述。

基于我们七次考察美国的情况,总结出美国在风险投资业发展的几十年过程中,先后修订的有关法律达 15 部之多。有关这方面的详细论述,读者有兴趣一道研究的话,请将来阅读《美国风险投资发展经济法律与政策研究》专著。

第一节　风险投资与科技金融支持体系

风险投资在我国是舶来品,最早是 1980 年美国托夫勒《第三次浪潮》引起了当时党中央的重视,专门组织了"新技术革命及其对策研究"的课题组,提出了以"创业投资"迎接新技术革命的命题。这也是我国第一家风险投资机构——中国创业投资总公司成立的概念起点。但创业投资究竟是什么?当时并没有深入给出解说。

随着中关村科技园区的创立,当时的国家科委于 1989 年专门邀请英国的有关专家作专题,英国的专家称之为"风险投资",随后的国家科委文件都以"风险投资"出现,如 1992年、1995 年的文件中都是这样称呼的。1995 年当时科技部副部长邓楠组织专家,就"风险投资运行机制"的问题进行专门研究,这就是 1999 年科技部联合七部委签发的 105 号文件。我们认为这是我国第一次给出风险投资科学的定义。

至今在政府文件中,可以说这是最科学的定义和描述。

围绕着风险投资的概念,国内学术界也是积极地研究,有如下创新与探索:

1997 年当时从美国留学归来的刘曼红教授,出版了《金融创新与风险投资》的专著,是我国目前能够查到的第一部较系统介绍美国风险投资发展情况的专著。

几乎同时山西省科技基金发展总公司翻译出版了三本专著:《处在十字路口的美国风

险投资业》《风险投资操作手册》《欧洲风险投资概况》。这是我国第一套较全面的国外发展情况译著。

1998年民建中央主席成思危教授,根据1997年底在美国的考察,撰写了《关于加快发展我国风险投资事业的几点意见》,在全国政协会议上提出,被称为"一号提案"。由于新闻界的大力宣传,在新闻效应的作用下,引发了全国的风险投资热潮。

正是这样的热潮,引发了一场围绕着是叫"风险投资"还是叫"创业投资"的全国大讨论:

以刘健钧教授为代表的一方观点,出版了《创业投资方略》的专著,对于当时国内有关风险投资的称谓进行了很好的梳理,认为应该称之为"创业投资";以成思危教授为代表的一方先后发表了很多的论文和演讲,认为应该称之为"风险投资"。应该说这样的学术争论是非常有意义的。

由于这样的讨论,各地新成立的风险投资机构有的称为"××创业投资公司(集团)",有的叫"××风险投资公司(集团)",还有的干脆叫"××创新投资公司"等。特别是深圳创新投资集团于1998年专门去台湾地区考察,回来以台湾地区为模板,称之为"创业投资"。

伴随着风险投资称呼的讨论,风险投资是市场行为还是需要政府支持,风险投资要不要支持科技创新的讨论兴起。从而有了一个叫作"青苹果理论与红苹果理论"的讨论。以深圳创业投资同业公会秘书长王守仁教授为代表的"红苹果理论"观点,认为风险投资就是市场行为,就是为了赚钱而投资的,是否有创新不是主要的。以山西省科技基金发展总公司刘崇兴研究员为代表的观点,认为风险投资就是要以科技创新为核心展开投资的。

由于笔者认为是叫风险投资还是叫创业投资,都是一个叫法,叫创业投资更为确切、更为符合该种投资的本质。特别是对于创业的经济行为,除了基于科技创新的风险投资之外,还有很多其他方面的创业行为,都是风险投资的范畴。笔者认为风险投资的理论和方法,都是其他投资行为,特别是对于科技创新的风险投资的行为,对于一个国家一个区域的经济发展,是极其关键的,需要深入研究。笔者将风险投资的研究范围定位于科技创新的范畴。对于政府出资的风险资本,不能够仅仅强调市场导向的"过市场化"的行为,为此笔者反对简单地将风险投资定位于"红苹果理论"的说法。因为社会资本和民间资本完全按照市场导向行为是没有错的,而政府出资的风险投资资本不能够仅仅是市场导向下行为,而是基于未来市场经济发展的、解决创业过程中"市场失灵"、营造经济发展活力、打造经济发展的科技创新竞争力、创造新经济的投资行为,否则政府就失去了它的作用。

国际经验也证明,凡是风险投资业发展好的国家和地区,都是基于政府对风险投资的引导和法规政策的扶持,特别是对于高科技创新的风险投资,更是政府的重点。

在科技企业创业的现金流过程中存在一个叫作"市场失灵"的早期阶段,这就是政府发挥作用所在。如图11.1所示,风险投资与经典私募股权投资等之间的区别,除了早期阶段之外,还必须有中期阶段和后期阶段的投资,这样才能够完成整个创业过程。为此,我们应该将基于科技创新的风险投资理解为一个科技金融支持体系。

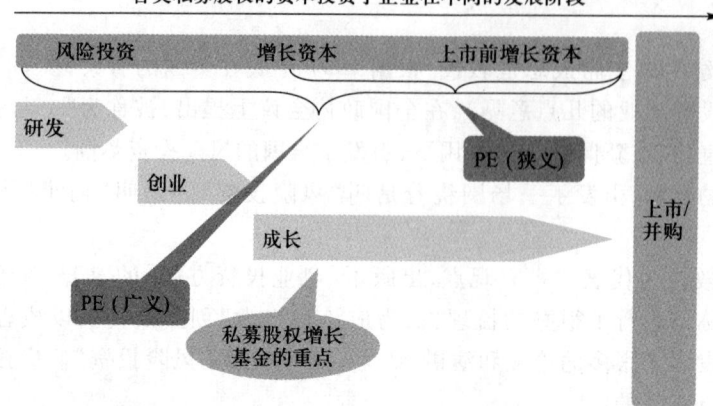

图 11.1　风险投资与私募股权投资结构示意图

针对"市场失灵"阶段,政府有着任何市场力量不可替代的作用。这主要是从两个方面体现的,即直接调动民间资本的机制和调动创业的积极性,并且创业是一个长期的过程,不可急功近利,否则将失去政府在当今知识经济发展过程中的作用。

科技金融支持,围绕着该过程展开相关的微观和宏观理论与实务等方面研究。诸如科技企业创业成长规律、风险投资的风险特性、风险投资组织制度、风险投资业发展的国家法规政策、风险投资的国际经验、风险投资理论等。

以风险投资理论为例,笔者研究认为,围绕着风险投资行为,目前有三类理论:经典的风险投资理论、超级贸易的风险投资理论、组合投资的风险投资理论。

经典的风险投资理论——将科技企业创业过程看成由种子期、创建期、成长期、扩张期、成熟期等几个周期构成的技术经济链,围绕着这个链条展开的投资理论。

超级贸易的风险投资理论——以科技企业创业的扩张期或成熟期风险资本的撤出为契机进行投资的理论。这也是通常所讲的经典的私募股权投资。

组合投资的风险投资理论——这是揭示风险投资内在金融学本质的理论。

第二节　科技风险投资(科技金融)体系结构

如同本书有关风险投资理论的分析,笔者认为科技风险投资是一个金融支持体系,主要是基于如下几个方面的理论认识:

(1) 风险投资体系给出了广义风险投资应该是覆盖整个创业技术经济过程的,从早期阶段的投资,到中期阶段的投资,再到后期阶段的投资,该三个阶段的投资基于创业成功期权利益机制下有机地结合,才能够真正获得投资的回报。为此,科技风险投资是一个金融支持体系。

(2) 从科技—产业—经济发展关系分析,对于现代创新型国家的理解:对于经典的创新,企业应该是主体,政府要给予财政政策上的鼓励;对于科技企业的创业,是创造一个国家新经济的过程,政府还必须给予金融创新方面的支持。所以,国家创新的体系应该包含三个方面:企业创新的经济体系;科技企业创业的新经济体系;鼓励创新的财政政策和支持创业金融创新的体系。

(3) 国际经验特别是美国的经验证明。笔者多次对美国风险投资业发展情况进行考察,美国商务部副部长、小企业管理局的法律顾问、著名的风险投资家,以及成功创业的高科技企业家,还有专门从事风险理论与实务研究的哈佛大学和斯坦福大学等教授们给予我们的介绍,从各个角度证明了这样一个结论,即风险投资作为一个新兴金融业,需要政府营造知识经济的商业环境:大学科技成果转化、创业的财富效应机制,风险投资者的财富效应,风险投资体系建设的交易流机制,法规政策机制四大机制的产物。

显然,我国的风险投资业还没有完成这四大机制。

为此,我们将"科技风险投资"定义为专门针对高科技成果转化和创业以及科技创新转化进行投资的风险投资行为。

科技企业创业需要经历早期、中期、后期三个阶段的投资过程,不同于证券投资,不同于产业投资,不同于其他衍生金融投资。为此,科技风险投资是一个金融支持体系。

针对三个阶段组合成的投资过程,不同阶段面对的风险主导因素不同,规避风险的金融工具不同,需要资本量以及收益机制不同,需要资本提供的增值服务内涵不同。由于科技企业创业过程中风险多元复杂性、组合不确定性、收益长期性等,特别是早期阶段的投资,需要一套能够促进科技风险投资发展的法规政策体系。

那么,科技金融法规政策体系是什么?

根据国际经验,它包括五个方面:

(1) 有关政府的财政政策引导,主要解决科技企业创业过程中"死亡之谷"投资的"市场失灵"问题。起到创造更多新经济增长"原点",带动后续投资以及引导更多资金进入的核心聚集作用。美国的小企业管理局的经验——1958年至今引导投资了10.2万家早期创业企业,以色列YOZMA基金的经验——带动100亿美元的风险资本进入,中国台湾新竹科技园工研院的基金的经验都证明了这一点。

(2) 有关科技金融组织行为制度,主要解决在现有企业组织法框架下,建立适应科技风险投资金融经济价值需要的最优组织行为制度问题。起到在高风险背景下最有效保护出资人的权益、适应风险投资机构低成本组建的经济需要、适应风险投资机构资金运用灵活性的需要、适应风险投资组合投资的需要、适应投资人资金有效使用的需要等作用。

为此,个体制、合伙制、有限合伙制、有限责任制以及股份制等,都可以运用于风险投资机构的组织需要。但是哪种最合适,特别是对于政府引导基金?

(3) 有关资本金扩大激励政策,主要解决科技风险投资过程中资本金扩大以及有效参与的问题。起到将民间资金引导进来、将商业银行资金引导进来、将商业保险资金引导进来、将境外资金有效引导进来、将资金有效进行国际化风险投资等作用。为此,需要在有效的风险杠杆机制下,促进各类商业化资金有效主动地参与到科技风险投资行列中来。

(4) 有关金融交易工具创新政策,主要解决科技风险投资过程中,规避各类风险的投资工具创新与设计安排问题。起到有效规避早期风险又能够保障收获时的权益价值、有效规避中期风险又能够保障收获时的权益价值、有效规避后期风险又能够保障收获时的权益价值、有效规避阶段之间组合及各类金融工具组合风险、有效保障阶段之间组合及各类金融工具组合的权益等作用。为此,需要给出金融工具创新法规政策,促进更有效的金融工具创新,服务科技风险投资的需要。

适应科技风险投资的金融工具有:

① 带有附加条件的天使债权(如带有分红权益的、带有转换优先股权或普通股权权益的、带有董事会席位表决权益的、带有赎回权益的、带有优先投资权益的等)。

② 带有附加条件的优先债权(如带有余额分红权益的、带有转换优先股权或普通股权权益的、带有董事会席位表决权益的、带有优先投资权益的等)。

③ 带有附加条件的优先股权(如带有转换普通股权权益的、带有董事会附加席位表决权益的、带有更多优先投资权益的等)。

④ 带有附加条件的普通股权(如带有转化为债权权益的、带有优惠价格的优先投资权益的等)。

(5) 有关风险资本市场完善的政策,主要解决科技风险投资交易机制、风险权益保障以及价值实现的需要。起到创造出风险投资科技金融杠杆经济效应的作用。图 11.2 所示为法规政策杠杆效应示意图。

伟大的政策、法律造就强大的经济

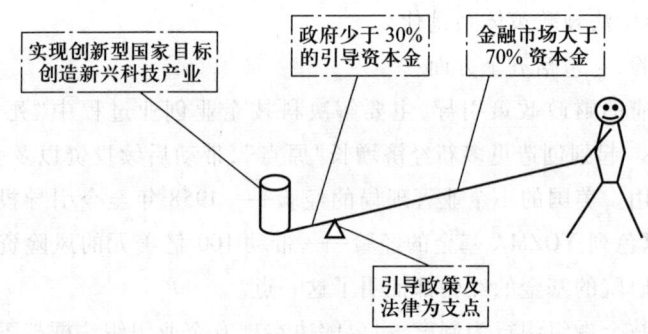

图 11.2 法规政策杠杆效应示意图

知识产权股份期权化的价值实现;

风险投资阶段之间接力以及风险资本价值实现;

以市场机制驱动更多的资本参与到风险投资行列中来;

以多层次资本市场机制提供不同阶段融资解决方案;

化解宽松货币政策下正确引导资金投资方向效应。

通过资本市场机制,将更多的资金引导到科技创新及创业上来,一旦大量的科技成果得以转化并获得了财富效应,必将引导更多的资金参与到科技创新及创业的投资行列中,从而解决我国目前以及将来可能出现的在房地产市场上投资过热和在股票市场上流动性过剩的问题,同时调整我国经济结构依赖以劳动密集型出口为主的产业格局。

出台相关政策,建立适应科技知识产权股份期权化的财富机制需要,以及适应早期科技风险投资资本股份期权化的机制需要的资本市场机制,已经是当务之急了。

第三节 促进我国科技风险投资业发展的条例研究

长期以来,对于风险投资的研究获得的结论是:科技风险投资是风险投资业发展的核心和关键。政府对于基于科技创新带动产业结构调整、打造国家竞争力的方向把握以及对于科技风险投资的引导则是科技风险投资业发展的关键所在。而政府营造知识经济商业环境的法规及政策的创新又是政府引导风险投资业发展的关键所在。本课题就我国科技风险投资业发展,设计了《促进我国科技风险投资业发展的条例》的内容,并呈报给科技部。

一、科技风险投资及其投资对象界定

(1) 风险投资,又称创业投资,也称创业风险投资。科技风险投资,则是指专门针对基于科技创新以及科技成果创业过程的风险投资行为。

(2) 本条例界定的科技风险投资对象,是指以国家各个部委确定的科技项目、各个省以及省会城市确定的科技项目,形成了科技成果,就其创业的技术经济过程,或者是经过国家部委批准或者省市(省会城市)批准的境外科技成果落户本地,并进行创业的建设经济过程。如国家的"973 计划""863 计划""攻关计划""火炬计划""星火计划"等项目都属于该条例允许的范畴。

(3) 科技企业创业的过程大致分为早期、中期、后期三个阶段。早期阶段是指仅仅有一项科技成果,对其投资称为天使投资(天使科技风险投资)。中期阶段是指在早期投资之后,该科技企业已经度过了财务亏损阶段,开始盈利并形成了一定的市场和资产规模的企业,对其投资就是我们常规的科技风险投资,经过该阶段的投资,该科技企业将达到科技部规定的科技企业的标准。后期阶段是指该科技企业已经达到科技部规定的标准,正在进一步规模化发展,对其投资称为后期科技风险投资,目的在于打造规模化的科技企业,促使其按照上市或者并购或者其他投资者积极参与的要求发展。

(4) 本条例规定的科技风险投资,主要是从事早期阶段及中期阶段创业项目的科技风险投资。为此,科技风险投资所投资的科技型企业创业过程,其最基本的目标是达到科技部规定的科技企业的各项指标的标准。

二、关于政府财政预算对于科技风险投资支持的规定

(5) 依据国家到 2020 年建设创新型国家的战略,国家从财政预算方面将每年以一定的比例划拨引导性资金(如不少于 10 亿元人民币的资金量),由科技部负责引导,并建立以长三角、珠三角、西南区域、环渤海、华中、东北、西北七大区域为主导的科技风险投资集聚区。

(6) 国家财政划拨的资金作为引导资金,以长期债权(一般以十年为周期)方式委托给具有资质的风险投资机构,专门进行早期科技创业项目的投资,要求被委托者,在前五年内按照每半年支付一次债券利息,第五年到第十年期间偿还政府的本金,其间所有投资回报将由被委托者享有。

（7）国家财政划拨的资金也可以作为担保资金，委托给有资质的担保机构，作为引导商业银行资金专门贷给成长型科技企业的风险保证金，一般以5%的比例优先承担风险或者风险补偿，引导银行贷款95%的资金。

（8）国家财政划拨的资金以长期债权方式可以作为联合投资，或以共同发起早期科技创业投资基金等方式，专门进行早期科技创业项目的风险投资。

三、关于商业银行参与科技风险投资的规定

（9）商业银行参与科技风险投资的方式，可以股权方式参股到风险投资机构，进行科技风险投资；可以直接贷款方式贷款给成长型科技企业；可以长期债权方式委托给风险投资机构进行早期创业的科技风险投资。商业银行参与科技风险投资的资金量，以不超过其自有资金量的5%为宜。

（10）商业银行以股权方式参股风险投资机构，参股到一家机构的资金总量不得高于该机构总资本的20%，而且投资到科技企业的股权，银行资金不得超过该企业股权的20%。

（11）商业银行以长期债权委托给风险投资机构投资时，委托给一家机构的资金总量不得超过该机构资本总量的20%，投资到科技企业的股权，银行资金不得超过该企业股权的20%。

（12）商业银行直接贷款给科技企业，按其贷款的资金量享受财政资金给以5%的风险补偿。

商业银行掌握着大量的资金，这些资金在政府财政预算的引导作用下，既能够进入科技风险投资领域，解决科技风险投资资金紧缺的矛盾，又能够避免大量资金以理财方式进入股市房市导致过热甚至产生泡沫的宏观经济问题。

四、关于商业保险富余资金参与科技风险投资的规定

（13）商业保险在我国虽然发展历史较短，但它们掌握着大量的富余资金，同样，这些资金在政府财政预算的引导作用下，既能够进入科技风险投资领域，解决科技风险投资资金紧缺的矛盾，又能够避免大量资金以理财方式进入股市房市导致过热甚至产生泡沫的宏观经济问题。

（14）商业保险资金在审慎前提下，以不超过其富余资金20%的量参与，可以采取长期债权、股权等方式参与科技风险投资基金，参与到每只基金中的资金量不能够超过该基金资金的20%，投资到每个项目中的资金量不超过该项目投资资金的20%。

五、关于民间资本参与科技风险投资的优惠政策规定

（15）经过40多年的改革和开放，我国民间蕴藏着丰富资金，以"如果能够参与到科技风险投资中，以其参与量给以当量的免税收"的政策规定，将这些资金引导到科技风险投资业中来。

（16）我国民间资金参与早期创业的科技风险投资，政府以其财政预算资金给以50%的配套，对于经过认定属于早期创业项目的科技投资获得的回报，将给以"免二减三"所

得税优惠。

六、关于政府引导科技风险投资方向的规定

（17）凡是接受政府引导的科技风险投资机构，必须以超过政府引导资金的比例，将资金投资到国家的"973计划""863计划""攻关计划""重大项目计划""火炬计划"等计划中，政府的引导资金按照优先债权的模式，在未来的第五到第十年期间，收回本金加长期国债利息为原则，其余收入归承接引导的科技风险投资机构。

七、关于外资参与我国科技风险投资的规定

（18）外资的风险投资已经大量进入中国，但是都以后期为主导进行投资，实际在掠夺我国优质的科技企业资源。如果设计以"项目式委托"模式，按照本条例第六项的规定，将它们积极地引导到科技风险投资的早期阶段，既可以化解外资掠夺我国优质企业资源的矛盾，又可以将它们的资金引导到科技风险投资上来。

八、关于国有科技风险投资机构激励机制的规定

（19）科技风险投资尽管能够获得高回报，但是其投资过程存在以"死亡之谷"为代表的巨大风险，而且投资周期长。我国现行国有资产管理部门以实业资产模式管理科技风险投资机构，大大降低了国有科技风险投资机构的活力，而且逼迫国有科技风险投资机构纷纷将资金投入到项目的后期中，设计相关的管理规定已经是决定国有科技风险投资机构生死存亡的关键。

（20）按照前述的各项规定，风险投资机构获得收益，原则上可以按照国际惯例以净收益的5%~35%的比例作为投资管理团队激励。

九、有关科技风险投资的考核标准和优惠政策规定

（21）对于长期坚持科技风险投资的机构，设定有关考核指标，如连续5年能够将其全部资金的70%投资到本条例规定方向上，如同科技部给高科技企业优惠政策一样，一旦认定将享受"免二减三"的税收优惠等方面的激励政策。

第四节　中国海外风险投资体系的研究

以下五个方面构成了建设海外风险投资体系的意义及价值的背景，具体论述如下：

一、美国金融创新的方向启示以及创新型国家成功经验

发端于次级贷款市场、在美国金融体系中反馈强化、冲击全球的金融危机，辐射到实体经济，导致全球经济陷入衰退。尽管如此，2008年10月，在WEF发布的《全球竞争力报告2008—2009》中，美国仍然蝉联榜首。实际上20世纪80年代以来，美国金融创新遵循了两条路径：一条是粮食、石油、黄金、房地产与金融创新结合的路径，创造了"粮食期货""石油期货""黄金期货"，以及房地产衍生工具等的交易；另外一条是科技创新与金融

创新结合的路径。前者已经被本次次贷危机证明是错误的模式,但后者具有更长的历史,早已被实践证明是美国新经济和金融强大的关键因素。

作为创新型国家的美国、日本、芬兰、德国、韩国、英国等,海外风险投资的基本模式有:

(1) 专门"购买专利型的投资",这是以日本为代表的,日本60年代用60亿美元买下了全球半个世纪的发明专利供本国的企业使用;

(2) 针对"研究开发型投资",这是以大量外资在中国投资建设了1 000多所研究机构为代表的,既为其本国创新带来价值,又掠夺中国科技创新资源;

(3) 针对"高科技企业创业早期阶段型的投资",如美国太平洋基金1992年进入中国,在中国投资早期创业科技企业,然后到美国上市获得创新能力;

(4) 针对"科技企业并购型投资",如凯雷基金代表其他跨国企业并购徐工的投资,以及我国联想并购IBM个人计算机业务;

(5) 针对"已经上市科技企业的股权型投资(分散再组合)";

(6) 其他类型,以以色列国际合作投资基金的大量国际合作为契机,获得国际一流科学研究资源,提升其创新能力的模式为代表。

这些成功的海外风险投资经验,对于当今的我国有着极其重要的学习借鉴和参考价值。

二、我国创新型国家战略的提出

创新型国家战略的提出,更重要的是获得国际化竞争力。我国已经具备创新型国家发展的条件,但是如何加速实现,则是一个全新的命题。

经过40多年的改革开放,我国已经成为世界第二经济体,但是,我国竞争力在《全球竞争力报告2008—2009》排名中是第30位。我国与世界创新型国家存在巨大的差距。显然,在经济上我国是一个大而弱的国家。对当下的中国经济而言,迫切需要从次贷危机中理解结构失衡所带来的系统性风险,从而更加坚决地推动改革,更有勇气承担调整的短期成本。这样,中国的经济才能够在未来在更具有持续性的道路上健康成长。促进我国海外风险投资力量的形成,为创新型国家战略获得国际化科技创新资源的支持,将是我国未来经济发展战略模式的一项重要改革。

三、我国经济发展在国际化格局下的困境

在国际化背景下,我国经济发展获得了以"贸易导向"以及"引进外资"为战略的经济高速成长,但在实体经济层面,形成了外向依赖型以及外资依赖型的经济;在金融资产层面,我国拥有世界上最多的外汇储备,面临着如何使用及升值压力……我国经济发展面临的困境,我们将其称为"中国式困局"。为了解决困局,我国除了要积极参与国际贸易的竞争之外,还要积极参与国际的资源、金融、高端科技、品牌等竞争。目的都是提高创新型国家的竞争力。那么,借助国际上科技创新是最优的解决方案之一。"中国式困局"具体表现在如下几个方面:

(一) 基于"微笑曲线"产业链竞争力困境

在当前国际化分工中,有两种类型的产业链颇能说明欧美企业对发展中国家企业进

行利润挤压的方法之"巧妙",这就是"买家推动型"产业链和"生产商推动型"产业链。就沃尔玛的采购模式而言,它就是一种典型的"买家推动型"产业链。而"生产商推动型"产业链,以波音飞机、福特汽车这样的企业为代表。

(二)我国制造业困境

中国制造业在30多年的发展中创造了无数个"世界第一",但却很难找到一个知名的世界级品牌,更别说世界一流的著名企业了。中国的汽车行业是"市场换技术"政策指导思想的始作俑者,但是30多年的发展,满大街跑的不是日本品牌的汽车,就是欧美品牌的汽车。中国制造业目前面临的主要问题有:低端产能严重过剩;核心技术严重不足;技术引进消化吸收能力差;装备制造业依赖进口;贸易摩擦频繁;知识产权争端剧烈;能源利用率低下,环境污染严重。

(三)我国的创新能力困境

1992年,国务院经过研究,确定了以"市场换技术"的方针策略,同时修改了《合资企业法》,允许外方控股并出任董事长。主要目的是通过开放国内市场引导外资企业的技术转移,获取国外先进技术,并通过消化吸收形成独立自主的研发能力,从而提高我国的技术创新水平。但事与愿违,由于缺乏完善的制度政策设计,加上市场内在规律使然,以"市场换技术"的良好初衷最后出现了一个中国最不愿意看到的结果:市场给出去了,技术没换回来。"市场换技术",顾名思义就是对外资企业出让部分市场,以获取中国所需的技术。理想中的"引进来"模型,应该是"三段式"的方法:引进外方技术—消化吸收—自主开发。日韩企业当年就是靠这种办法发展起来的。但是中国却一直停留在第一段,一次又一次引进,第三段总是遥不可及。

(四)我国经济发展的"后发劣势"困境

尽管中国面临的问题可能是欧美国家以前曾经面临过的,但中国已不可能再有昔日欧美国家那样解决问题的机会了。因为昔日欧美国家是率先步入工业化的,它们具有"先发优势"。一个国家由于占有产业链的所有环节,因而不会存在与其他国家的博弈,不会存在与其他国家在产业链上的竞争,它们碰到的各种危机,以前都有机会、有能力去进行化解。如今中国,却完全没有了当年欧美国家那样宽松的市场环境。产业链的国际化分工让中国成为产业链中的一环,而且是最低端的一环。今天的中国非但没有占满整条产业链,还要面临最严峻的博弈——既要经受来自产业链两端欧美企业的残酷挤压,又要面对底部众多的其他发展中国家企业的激烈竞争。在这样的形势下,中国已很少有机会、有能力再回头解决和修正这些难题与错误了。可以想见,欧美国家当年在碰到资源约束时,可以通过向发展中国家产业转移的方式进行解决,但中国可以吗?显然不能,因为中国没有这样的资本,中国还没有发展到那种能摆脱制造业的程度,中国还有巨大的人口和就业压力,中国还没有积攒到那么大本钱。

(五)科技资源价值发挥的困境

经过40多年的发展,可以作出以下基本判断:中国已经从一个经济科技落后的国家,发展成为世界科技大国,但还不是科技强国。中国目前正处在工业化中期阶段,向信息化社会转型的进程明显加快;2008年,中国科技人员达3 500多万,研发人员有146多万,科技人力资源总量和研发人员总数分别居世界第一,具备了九项自主创新的比较优势;中国市场巨大,具备了九项自主创新的动力;中国已经构建了比较完整的学科布局,具备了一定的自主创新能力。因此,中国建设创新型国家的条件已经具备。然而,中国科技资源的价值发挥远远落后于创新型国家(美国、日本、德国等)。这样的困境,在世界上也是绝无仅有的。

四、我国海外投资的探索及困境

海外投资,即"走出去",就是中国企业通过海外投资与并购的办法,获得企业发展所需要的市场、技术、资源的方法与过程。1999年2月,国务院办公厅转发了国家经贸委、外经委和财政部《关于鼓励企业开展境外带料加工装配业务的意见》。这被认为是政府对外开放战略开始从"引进来"到"走出去"的一个拐点。此后政府从各个层面出台了一些配套的政策措施,以扶持"走出去"的企业。如国家发改委颁布了《境外投资项目核准暂行管理办法》,外汇管理局出台了《关于扩大境外投资外汇管理改革试点有关问题的通知》,国家发改委联合进出口银行下发了《关于对国家鼓励的境外投资重点项目给予信贷支持政策的通知》,国家发改委联合中国出口信用保险公司发布了《关于建立境外投资重点项目风险保障机制有关问题的通知》等文件。在国家政策的扶持下,中国企业"走出去"的步伐明显加快。在2004年之前,中国对外直接投资的流出量年均增幅只有13.9%,而最近5年来,中国对外直接投资年均增长速度超过60%。到2007年,中国企业对外直接投资余额(非金融部分)已达到900亿美元,当年增加187亿美元。2008年以来,中国企业已进行了102起海外并购,涉及金额321亿美元,占整个亚洲地区(除日本)的45%,而2007年这一数字仅为16%。

"走出去"在宏观上是中国政府制定的国家战略,在微观上是企业实施的具体行为,它是中国在新形势下为了应对出现的新困局而采取的一种新办法。"走出去"真正上升到国家战略层面,是在进入新世纪之后。此间已经过20多年的高速发展,中国经济实力大为增强,具备了一定的"走出去"的条件,国内产业结构调整的压力迫使企业"走出去"寻求多种战略性资源。中国的大部分产业由卖方市场逐渐转为买方市场,产品出现相对过剩,也出现资源短缺现象,出口顺差不断扩大所引致的贸易报复行为也在日渐增多;此时"走出去"参股一些海外资源或投资一些海外企业,既有利于缓解国内的资源紧张压力,也有利于减少国与国间的贸易争端。在这种形势下,"走出去"的微观和宏观条件已渐成熟。

2009年3月16日,商务部《境外投资管理办法》对外发布。这一新法规向外界释放出了一个信号,政府今后将对"走出去"的企业提供更便捷有效的支持。中国企业"走出去"的方式,用柳传志的话说,有两种路线:一种是海尔路线,一种是联想路线。前者就是在东道国设立新的企业,也称"绿地投资",海尔采取这种方式在目标国设家电制造企业;第二种就是跨国并购方式,直接去收购目标公司的股权或资产,联想与TCL都选择了这种方式。这两种方式各有侧重,也各有优势。

目前我国"走出去"的方式,还是基于传统直接投资以及跨国并购的方式展开的,仅仅是解决已有中国企业发展困境问题。但是涉及深层次的创新能力问题,在知识经济背景下,这些传统的方式遭到了各种各样的"陷阱"(后面将详细论述),如何采取新的投资方式,即采取海外风险投资的方式,则是一个全新的课题。而对中国的经济而言,如果"走出去"的目的不仅是开辟新市场,而且是获得新技术、获得国外的品牌和渠道,就会采取风险投资的办法。这种方式可以加速市场进入,利用国外原有企业的运作系统、经营条件和各种资源加速企业的发展。

五、我国海外风险投资情况

我国的风险投资起步于1985年,经过30多年的发展,到2008年底大约拥有1 500亿元的资本总量,400多家机构,已经投资了大约3 300家企业,也已经培育了一大批风险投资人才,并已创造出了将中国的企业送到海外上市的成功案例。不过所有的投资都集中在国内本土的范围。为了学习海外的经验,各地都在探索与海外风险投资机构合作的创新,甚至在海外设立办事处进行融资,而且有些政府的引导基金委托给海外机构在中国进行投资,并将其作为一个经验在到处介绍。向海外进行风险投资的项目目前还没有看到正式的报道。显然,我国的风险投资业在海外的风险投资几乎处于"零"的状态。

显然,我国缺少这样的促进体系,让我国的风险投资业者们"走出去",让我国的外汇以海外风险投资的形式到海外投资,来加速我国创新型国家建设步伐。

为此,有如下建议:

(1)能否以科技部牵头,专门研究"基于国家创新竞争力的海外风险投资的政策及促进体系问题",从理论和实务的角度,搞清楚创新型国家的海外投资模式及其政策体系,设计提升我国创新竞争力的海外投资模式及政策体系。

(2)借鉴已有的科技部创新基金和引导基金的模式,与外汇管理局、财政部、商务部、发改委等部委一道,研究并创建"海外风险投资母基金",专门针对提升国家创新竞争力实施海外风险投资的引导及操作管理。

(3)在搭建国家层面的海外风险投资引导基金的过程中,能否在中关村、上海等先行试点,与某个部(委)合作,如先以现代生物医药或者新能源领域等为突破口,实施先期探索,取得经验后进一步推广。

第五节　现代创新型国家体系的全新理解

为了能够更好地说明这个论点,我们从以下几个方面论述:

一、基于传统创新与现代创业本质区别的分析

对于创新已经有了比较统一认可的概念体系,而对于创业目前还没有明确的公认概念定义,人们往往将创业与创新混为一谈。

自熊彼特 1912 年提出创新的概念以来,创新已经成为经济竞争力的源泉之一。熊彼特的创新理论的核心讲的是企业的一种经济行为,即指企业为了获得更多的经济利润,开发的新产品、研发的新工艺、采用新的组织模式、开拓新市场以及控制原材料的供应等的经济行为,都称之为创新。显然熊彼特讲的创新是属于经济学中微观的经济行为。近100 年来,对于创新的理解已经远远超出了熊彼特当初讲的内容范畴了。如:随着科技的进步,创新理论得到了丰富和发展,狄龙(Dillon)、多瑟(Dosi)、厄特贝克(Utterback)等人认为提高技术创新效果的关键在于妥善处理好上述各种要素的匹配关系,发挥协同作用。纳尔逊和温特(Nelson R. & Winter)于 1982 年创立了企业演化理论,推动了技术创新和制度创新的融合,使人们对于创新理论的研究向熊彼特的初始定义回归。萨德勒(Philip Sadler,2001)强调,当今的企业注重构建柔性的组织结构、流程和创新型文化,以快速响应环境变化,也更有利于创新的发生。米勒和莫里斯(Miller M. L. & Morris L. ,1999)认为,当前先发国家的企业已进入了一个崭新的研究开发时期,其核心特征是融合创新。显然,先进的创新理论和实践正呈现全新的变化态势:由封闭走向开放;由零散步入整合;由企业内部独立完成转为与外部伙伴协作完成;由区域运作进入全球化阶段。

综合这些理解,对于创新认识的基点是某个企业存在的前提下的企业经济行为。而新兴科技企业创业虽然是以某项创新为基点,但是在该企业原本不存在的前提下,经过一系列创新的系统性组合,最终创造出来一个企业。可见科技企业的创业与企业创新之间本质的差异,在于创业讲的是在一个企业不存在的前提下创造出一个新兴企业的技术经济过程,而创新则是在一个企业存在前提下的企业技术经济行为。有了这样的认识基础,就能够很好地理解现代高科技产业发展的内在机制问题了。

二、从科技、产业、经济之间关系分析创新与创业本质特性

在分析了创新与创业本质区别基础上结合从科技—产业—经济之间关系及其推动经济发展的历史演进的视角来分析现代国家创新体系的新认识。

图 11.3 示意的是人类的三大科技体系与产业以及经济之间的演进历史关系。根据这样的演进关系,我们能够很清楚地分辨出创新与创业之间的本质差异。

从科技—产业—经济的关系分析,一项科技成果成为生产力来推动经济的发展,其基本路径是:某项科技成果被创造出来,通过创业形成具体的一个企业,由于被市场的需求和该企业利润吸引,其他人将纷纷模仿创业并形成同类型企业,这些企业在竞争的互动中,诞生某个产业,该产业逐渐成为人类生活的必需时或者成为经济生活的支柱时,它便形成了新兴的生产力推动经济的发展。

人类社会经历了三次大的经济社会发展:农业经济社会;工业经济社会;知识经济社会。虽然三大经济社会的科技核心是不同的,但是由科技创业创造出一个新的企业,再逐渐发展为产业形成生产力推动经济发展的路径是一致的。

图 11.3 浓缩了几千年来人类科技—产业—经济关系的历史演进。我们将科技分为三大体系:农业科技体系;工业科技体系;信息科技体系。这三大科技体系中最年轻的是

从科技—产业—经济发展关联的角度分析……

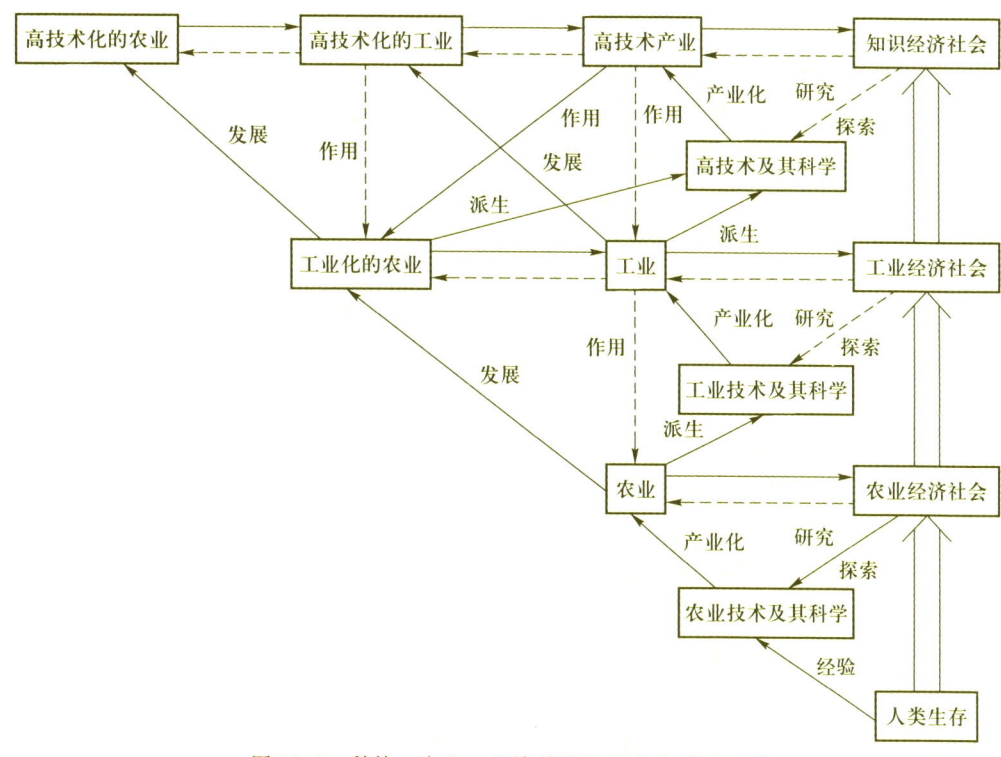

图 11.3 科技—产业—经济关系的历史演进示意图

信息科技体系,最古老的是农业科技体系,居中的是工业科技体系。分析图 11.3 可以明确创新与创业的本质差异,以及各自在国家创新体系中促进经济发展的作用。

人类为了更好地生存,在与自然界的互动中不断地总结经验,在长达万年甚至十几万年的历史中逐渐积累了经验,慢慢地形成了农业种植、畜牧业等。虽然这样的农业科技—产业—经济关系是非常低层次的,但是它却构成了人类历史上第一个经济社会,即农业经济社会。农业经济社会中的创新关系极其简单,是以个体为载体的创新模型,创新的周期是极其漫长的,创新的手段也是非常简单的。由于不可能有现代的科学工具和分析方法,人们只能够依靠"悟性"来创新,即只能依靠经验。从经济学的角度分析,传统的农业经济社会是以家族自然体系为生产单位,不仅生产关系简单而且效率低下,只能够维持人们的生存而已。

在农业社会中,为了提高劳动效率人们创造出了工业科技,如冶炼技术、医药技术、印刷技术、指南针技术、蒸汽机技术等。早期工业科技的诞生,仍然是以经验为主的创造过程,瓦特将数学、物理学、力学的科学运用到蒸汽机的发明和制造上,开创了有科学基础的技术创新。基于这些技术的创新,不断创业形成了今天的各类工业,其历史演进过程是从早期轻纺工业到后期重化工业,工业科技及其产业的发展带来了人类生活的享受。但是工业科技及其产业的发展并不是孤立的,它与农业的互动,或者说是对于农业的作用,是将传统的农业提升为工业化农业,如机械化农业、化肥化农业等,从而大大提高了农业的生产效率。从经济学的角度分析,就是第一产业和第二产业,即工业化农业和工业的结合形成了工业经济。

在工业科技和工业化农业科技的水平基础上,衍生出来了以信息科技为基础的现代高科技,如电子信息科技、核物理科技、生物科技、海洋科技、航天科技、新材料科技等科技体系。基于这些科技的创新,不断创业诞生了今天的高科技产业,这些高科技产业的发展带来了人类经济生活的质量提高。这些高科技产业的发展,带动了传统工业的高科技化,形成高科技化工业,也带动传统工业化农业的高科技化,形成高科技化农业,即我们今天讲的信息化带动工业化。由于信息化技术及其产业的发展加速了各类产业的发展,大大提高了经济发展的成效。从经济学的角度分析,现代高科技产业与高科技化工业以及高科技化农业,综合形成了知识经济。

追溯这样的科技—产业—经济的关系演进历史,我们从中观的角度看,传统农业的形成是典型的创业过程,而后来的工业化农业和高科技化农业则是一个创新的过程,即农业的创业形成之后,在工业的作用下进行了工业化创新,在高科技产业以及高科技化工业的作用下,又进行了高科技化创新。传统工业的形成是典型的创业过程,在高科技化作用下逐渐形成的高科技化工业则是一个创新过程,即工业的创业形成之后除了其自身的创新之外,在高科技及其产业发展的作用下,进行了高科技化创新。现代高科技产业的发展又是一个经典的创业过程,那么高科技对于工业化农业和工业的作用则是一个新型的创新过程,即现代高科技产业的形成,是一个现代意义上的创业,当其作用于传统工业和工业化农业并促进它们高科技化时,这又是一个高科技意义上的创新。

总之,从层次意义上,可以将创业划分为三个层次,即农业意义层面的创业、工业意义层面的创业和高科技意义层面的创业。同样将创新也可以划分为三个层次意义的创新,即农业工业化的创新和农业高科技化的创新、工业自身的创新和高科技化的创新、高科技及其产业作用于农业和工业的创新。

按照本节的观点,就农业经济而言,农业的创业起步于几千年以前,其创业往往是以某个人的经验(Konw How)为起点,创业周期极其漫长,农业企业的组织极其单一,这是一个创业的过程。为了提高农业的生产效率,农业科技不断地发展,这个过程是创新。随着工业企业的创业,农业工业化的过程是创新。当现代高科技及其产业发展之后,农业也随之而高科技化,这个过程也是创新。就工业经济而言,基于工业科技创业形成了企业并发展为工业产业,这个过程是创业。一旦形成了产业,工业企业自身的不断发展过程是创新,包括工业对于农业的作用,也是创新,只不过是该创新是将工业与农业结合起来的组合创新而已。就知识经济而言,基于现代高科技创业创造出来了相应的企业并逐渐发展形成了高科技产业,这个过程是创业。当高科技及其产业作用于工业提高工业的高科技化,这个过程是创新。同样高科技及其产业作用于工业化的农业并促进农业高科技化,同时,高科技化工业与高科技并行作用于农业,促使农业高科技化,这个过程也是创新,即农业的高科技化的过程创新。它们是将高科技与工业或者农业结合起来的创新。

我们再从人类历史的横断面角度,结合本节的研究视角来分析。我国在200多年以前是强大的农业经济国家,我国的晋商和徽商的足迹几乎遍布全世界,但是后来为什么落后了?除了我们通常强调的政治因素之外,按照马克思的理论,经济基础决定上层建筑,实际是我国的工业经济基础落后于其他国家。回头分析晋商与徽商的交易模式,他们从事的都是农商,属于农业经济范畴的创新,如果当时这些巨大的农商资本能够较早地投资于工业的话,也就是能够有工业经济的创业的话,比如中国的四大发明,早于西方300年,火药、指南针、印刷术、造纸术等如果能够在中国创业形成新兴的工业,可以说中国是不会落后的甚至可以超越西方国家。事实上是这些技术传到西方并在那里创业形成了新兴的工业,西方国家拿着这些工业经济成果来挑战我们的农业,显然我们必然是落后的。再看看20世纪,它是工业经济蓬勃发展的世纪。然而在20世纪50—90年代,日本是典型的工业经济后发国家,第二次世界大战后日本花了美国1/2的时间和美国1/2的投资,完成了美国50年的工业经济历程,在20世纪70—80年代大有取代美国成为头号经济强国的趋势。但是20世纪80年代以来,美国在新兴高科技产业发展上远远超过了日本,今天仍然是世界头号经济强国。同样依据马克思的政治经济学理论,以现代高科技产业为支柱的经济,决定了国家今天的政治地位。高科技产业的发展基于高科技企业的创业,由于有着巨大的成长空间和利润的诱惑,其他人纷纷跟进创业逐渐形成了今天的新经济。

依据这样的认识,结合图11.3所示,我们认为传统的经济学理论将我国的经济现状划分为二元经济结构,已经不足以解释今天的经济现实。我们认为我国的经济结构应该是三元的经济结构:落后农业(工业化的水平和高科技化的水平低下);健全的工业制造体系(工业体系完善但主要是外向型制造业,该制造业对于我国农业的工业化作用很弱);有一定先进性的高科技产业的经济结构(已经具有一部分世界先进的科技和产业,这些高科技产业与发达国家比起步晚、规模小,并在世界上处于劣势)。为此,我国要建设创新型国家,除了要加强对于创新的支持之外,更要加大对于创业的支持力度。所有经济发展的经验都说明,资金支持是最优支持。经验证明:从资金的性质上分,政府对于创新的资金支持主要是财政支持,政府对于创业的支持主要是以风险投资为核心的金融体系支持。

根据前面的论述,特别是对于创新与创业之间的本质差异分析,我们站在区域经济的角度(以国家为界限和一国内的不同区域)来分析创新和创业的区别。在世界范围内,发达国家高科技产业发展带动经济高速成长,必然引来其他国家的效仿。其他国家在没有这类产业的环境中,通过自主性创业形成企业,进而逐渐发展成为高科技产业,带动其本国经济的成长。对于一个国家而言,如果没有这类的产业,后来发展出了这个产业,这个过程也应该称为"创业"。在一个国家内由于区域经济发展不平衡,没有该类产业的地区,后来发展出了这类产业,这个过程也可以称为"创业"。

由此分析,结合熊彼特经典创新理论以及从历史的角度分析科技—产业—经济的关系,并从哲学观的角度,我们得出结论:创新是基于一个企业存在的前提下,该企业从事的技术与经济关系的各项活动。而创业则是在一个企业不存在的前提下,经过一系列创新之间的组合,进而形成一个企业的技术经济过程。两者的内在机制都是创新,但是创新基础和过程以及风险特性都是不同的。我们通常讲的企业创新就是符合基于熊彼特经典创新理论上的创新特征,而我们通常讲的创业就是创造一个新兴企业,乃至一个新兴产业的技术经济过程,显然创造一个新兴企业远比企业创新的风险要高。即从科技与产业以及经济之间的关系角度分析,创新与创业既有天然的联系又有本质的区别。

三、基于现代发达国家和地区新经济发展的比较分析

前面是将漫长的人类经济社会用长焦距镜头压缩,从科技—产业—经济的历史演进关系的角度,分析了创新与创业的联系与本质区别。本节则是以现代发达国家在创新与创业投资上的差异,看它们之间经济发展的差距。

比较 20 世纪 90 年代以来世界主要发达国家 R&D/GDP 的情况。美国的 R&D/GDP 比重平均为 2.5% 左右,而日本 R&D/GDP 平均为 3% 左右,显然美国的比日本的低,所以日本企业的创新要好于美国。按传统创新的理论,美国的传统工业经济要比日本落后,事实也是这样。但是美国的基于现代科技的创业以及风险投资金融支持体系较日本的发达,在新兴的现代高科技产业经济发展上,显然日本远远低于美国的发展。原因是日本风险投资的总量平均只有美国的 1/10。同样,就欧洲而言,比较各国 R&D/GDP 数值,芬兰的经济好于德国,德国的经济好于英国。尽管如此,这些国家在创业与风险投资上与美国的差距很大,整个欧洲的风险资本总量仅仅是美国的 1/5,所以现代意义的新经济在美国诞生,而没在欧洲这些国家诞生。

科学和技术本身并不能够造就先进的经济,而且一个成功的知识密集型经济不可能只靠制造业。技术刚起步的公司需要风险资本,但是日本国内却缺少这种资本来源。在日本,除了家族之外,银行一直都是给小型企业提供资金的主要来源。但是这种资金的担保要求却极高。由于这些传统的规定和文化标准,日本要创建硅谷的努力总是走不远。当日本最高层商务组织经济团体联合会终于推广成功了"数字新交易"时,它已经没有多少价值了。但是在多大程度上这种情况可以转换成创业精神呢?在美国,每十个人中就有一个人从事着某种创业性质的活动。在日本,这个比例是 100:1。

亨利·S. 罗恩和玛丽亚·丰田在斯坦福大学亚洲研究中心的一份报告中写道:"日本的公司并不缺少思想。1992—1999 年,日本在专利的绝对增长数字上居世界第一位(美国第二位),而且 IT 业的专利数目也在世界上名列前茅……但是在 IT 行业,尽管日本在实际资本、劳动力的受教育程度和技术储备的厚度都非常强大,但是这些都没有转换成全球市场的份额或者说都没有转换成许多有价值的新产品。"

日本的法律曾一度禁止大学和公司之间组成联合企业。打破这些严格的界限对发展知识经济至关重要。在美国,假如大学和企业之间的界限没有打破,绝对不会出现硅谷的成功。假如斯坦福大学、加利福尼亚理工学院没有与风险资本家联手开办新的高科技企业,硅谷根本就不会存在。

据《日经周刊》统计,1980—2000 年,美国的大学与社会合作共创办了 2 624 家新企业。而日本的这个数据却是 240 个。不过,在 2004 年,日本终于打破了将学术创新者和企业社区隔离开的这面铁墙,通过法律鼓励大学创办新的企业。根据东京大学的估计,这项法律的实施会使日本每年出现 200 家新的企业。

其他国家和地区的经验,如以色列和我国台湾地区的经验也证明了这一点。

以我国的台湾地区为例,依照传统经济学的划分,介绍台湾地区的三大产业结构的转变以及产业工业产值比重的转变情况。台湾的服务业(包括现在的新兴各类产业)从 20 世纪 70—80 年代开始出现了一个快速增长,到了 20 世纪 90 年代又出现了一个快速增

长。其中,农业产值比重从20世纪50年代的32.3%快速下降到1981年的3.8%,之后再次缓慢下降到2005年的1.8%;工业产值比重从21.3%上升到38.9%,再缓慢上升到41.1%,之后就一直呈现下降趋势,20世纪90年代下降最快,到2005年时保持着24.6%的水平。台湾地区的新兴产业诞生于20世纪70年代,到了20世纪80年代已经占据了工业产值比重的16%左右,1985—2000年其新兴的资讯电子工业急速增长,占据了整个工业产值比重的32.5%。而民生工业的比重从43%下降到11%。化学工业前5年是下降,后来是平稳发展。制造业前5年增长较快,后来平稳发展。这些都得益于台湾风险投资业的发展。

台湾地区的新兴产业发展起步于20世纪70年代,但真正的发展是自20世纪80年代开始,而高速发展则是在1985年台湾地区风险投资业起步并发展之后。随着风险投资业的发展,这些新兴工业园区新经济发展才真正显现出推动经济结构调整和居世界领先的趋势,仅以台湾地区在纳斯达克上市企业的数量为例,到2006年底共有107家上市公司。

再以以色列为例,以色列高科技创新自20世纪50年代就开始了,但是以色列高科技产业的发展是在1992年以色列政府启动了母基金的模式(我们称之为引导基金)之后。该模式引导了大量的社会资本进入风险投资行业,大大加速了以色列高科技产业发展。经过5年左右时间的孕育,到了1997年以色列的高科技产业开始高速成长。正是有了风险投资,以色列三大类技术产业才有这样的发展趋势:低技术产业几乎以持平的速度在发展;制造技术产业自1988年以来以较平稳的速度增长;高技术产业自1988年以来则增长速度最快。以色列的高科技企业除了在本国资本市场上市以外,在纳斯达克上市的企业数量有130家之多。所以以色列的专家在向我们介绍时说:"按照人口比例,中国在纳斯达克上市的企业应该是13 000家。"

总结发达国家发展风险投资的经验可知,风险投资实际是一个支持新兴科技企业创业直至新经济形成和发展的金融支持体系。风险投资金融支持体系,加速了大量科技企业创业,促使新兴产业经济的发展形成了国家未来的经济竞争力。美国风险投资业发展的经验表现在直接的微观技术经济作用和溢出的宏观技术经济作用两个方面。

风险投资直接的微观技术经济作用主要是:中小企业没有风险投资的支持,三年内会死掉90%;接受了风险投资的企业的创新速度高于大企业的创新速度的三倍;风险投资的投入产出效益之比是1∶11的关系等。

风险投资的溢出宏观技术经济作用主要是:创造了新的经济发展模式,带来了国家未来的经济发展竞争力;带来了新增就业量的75%;提高了家庭现代收入的水平等。

风险投资有着如此之好的经济效益和社会效应,我们应该尽快发展我国的风险投资业促进我国高科技产业的加速发展,真正实现创新型的经济。创建风险投资金融支持体系,需要5~10年时间周期,该时间周期也是科技企业创业成长获得高收益的孕育时间周期,一旦该周期完成,就是科技企业快速成长做强做大,创造新经济的开始。即风险投资促进经济发展是一个长期的过程。

四、有关结论

目前,人们对国家自主创新体系的理解主要是基于1912年熊比特在《经济发展理论》

中对创新理论的界定。即在企业已经存在的前提下,创造新产品、开拓新市场、开发新工艺、运用新的组织模式或者构建产业链上的控制能力等形成的新型的生产函数,都可以称为创新。基于这样内核性的理论诠释进行广义化逐渐形成今天对于国家创新体系的理解。对于国家创新体系的新认识和理解应该包含三个方面的内容:

第一,基于企业存在前提下的创新经济体系。

第二,基于现代科技企业创业的新经济体系。

第三,国家为了支持创新的财政体系和为支持创业的风险投资金融创新体系。

这三者是对创新型国家的系统性的全面性的解释,也是我们对于创新型国家认识理解的深化。有了这样的新认识,过去的一些似是而非的见解以及难以给出解决措施的问题就能很好地解决了。比如,将创业创新混为一谈,给出的资金总是达不到预想的效果;对于风险投资的支持,很多地区提出要改掉科技三项费用,将其作为风险资本来进行投资,其结果难以实施;对于创业性的项目按照创新性项目考评,结果不尽如人意;等等。这些都是我们在创建创新型国家过程中遇到最具体但又没有理论给出诠释的问题。有了本节的研究,对于国家创新体系的新认识,至少可以明确而又清楚地作出决策,政府的科技三项费用不但不能够削减,反而政府要增加资金作为风险资本来引导社会(银行、保险、民间)资金积极参与风险投资并形成对于创业支持的金融支持体系。

在创新体系新认识的基础上,比较对于创业支持的风险投资金融支持体系。目前世界上美国最为发达,美国经过70多年的探索,已经形成了一套系统的政府支持风险投资业发展的模式,美国政府运用政府"财政风险杠杆"引导社会资本积极参与风险投资,虽然政府引导的风险资本总量只占全美国风险资本总量的1/10,但是全美国的科技企业创业的早期项目投资的50%以上都是由其先行投资的,微软、英特尔、戴尔、雅虎等都是政府引导的风险资本投资成功的。我国促进高科技产业发展以及政府推动风险投资事业的发展,可以很好地借鉴美国的经验。

基于这样的认识,建设创新型经济的国家,除了把握传统创新的经济体系之外,还必须通过科技风险投资金融支持体系的建设,来加速形成创新型经济国家的建设。

思 考 题

1. 简述对现代创新型国家的理解。
2. 简述对风险投资与科技金融支持体系的理解。
3. 简述对科技风险投资(科技金融)体系的理解。
4. 简述如何促进科技金融的法规政策体系。

关 键 词

创新型国家　风险投资发展的科技金融环境　风险投资发展战略思考

参考文献

[1] 傅家骥. 技术创新学. 北京:清华大学出版社,1998.

[2] 张陆洋. 风险投资导论. 上海:复旦大学出版社,2007.

[3] [美]Josh Lerner. The Money of Invention. Harvard Business School Press,2001.

[4] 陈劲,柳卸林. 自主创新与国家强盛. 北京:科学出版社,2008.

[5] [美]Carl J. Schramm. 创业力. 王丽,李英,译. 上海:上海交通大学出版社,2007.

[6] 中国风险投资研究院. 2009 中国风险投资年鉴. 北京:民主与建设出版社,2009.

[7] 张陆洋,傅浩. 多层次资本市场研究:理论、国际经验与中国实践. 上海:复旦大学出版社,2009.

[8] 张陆洋,崔升. 创业—组合投资理论与实务. 上海:复旦大学出版社,2010.

[9] [美]Josh Lerner. Venture Capital and Private Equity. Harvard Business School,1999.

[10] [美]Josh Lerner. Boulevard of Broken Dream. Harvard Business School,2009.

[11] [美]Jack S. Levin. Structuring Venture Capital, Private Equity, and Entrepreneurial Transactions. Aspen Publishers,2005.

[12] [美]Dan Senor,Saul Singer. Start-up Nation the story of israel's economic miracle. Hachette Book Group. Inc, 2009.

[13] 熊焰. 中国流——改变中外企业博弈的格局. 北京:清华大学出版社,2009.

[14] 张陆洋. 风险资本市场的研究. 上海:复旦大学出版社,2007.

[15] 张陆洋,[美]Christopher Lane Davis. 美国风险投资有限合伙制. 上海:复旦大学出版社,2005.

[16] [美]Anthony Bartzokas, Sunil Mani. Financial systems, corporate investment in innovation, and venture capital. Edward Elgar Publishing, 2004.

[17] 张宇. 中国模式——改革开放三十年以来的中国经济. 北京:中国经济出版社,2008.

[18] 贾根良,王晓蓉. 建设创新型国家的成功经验及其借鉴. 当代经济研究,2006(6).

[19] 徐冠华. 建设创新型国家走中国特色的创新之路. 中国科技产业,2006(1).

[20] 胡珏．加快建设创新型国家的重要途径．中国软科学，2006(7)．

[21] 张陆洋．政府风险投资引导基金调研的结论与建议．华南理工大学学报(社科版)，2010(12)．

[22] 张陆洋,房汉廷．我国科技风险投资业发展过程中"五大失灵"及有关建议．经济问题，2010(增刊)．

[23] 张陆洋．关于我国风险投资十二五发展战略的思考//中国风险投资年鉴2011．北京：民主与建设出版社，2009.

[24] 张陆洋,郭江明,范建年．基于国际经验的创新体系新认识的研究．中国软科学，2009(11)．

[25] 张陆洋,肖建．政府支持风险投资业发展国际经验与效应的分析．经济问题，2008(9)．

[26] 张陆洋,范建年．我国科技企业创业成长边界问题的实证研究．经济问题，2008(11)．

[27] 张陆洋,刘崇兴,范建年．对我国十一五科技与风险投资战略规划的思考．经济问题，2006(9)．

[28] 张陆洋．美国政府支持风险投资业发展的模式研究//2005中国风险投资年鉴．北京：民主与建设出版社，2005.

[29] 张陆洋．"冷处理"环境下中国风险投资业的探索与思考//2005中国风险投资年鉴．北京：民主与建设出版社，2005.

[30] 张陆洋,张仁亮．中国风险投资的困境与对策研究．经济问题，2006(5)．

[31] 张陆洋．有限合伙制的风险(创业)投资金融经济价值分析．给全国人大财经委员会法案室的建议报告，2005.

[32] 张陆洋．风险投资发展国际经验的研究．上海：复旦大学出版社，2011.

[33] 王元,王中伟,等．2010中国创业投资发展报告．北京：经济管理出版社，2010.

[34] 王元,王中伟,等．2009中国创业投资发展报告．北京：经济管理出版社，2009.

[35] 王元,王中伟,等．2008中国创业投资发展报告．北京：经济管理出版社，2008.

[36] 张陆洋,熊焰．中国产权交易联合系统建设及其战略的研究．中国产权市场蓝皮书．北京：社会科学文献出版社，2010.

郑重声明

高等教育出版社依法对本书享有专有出版权。任何未经许可的复制、销售行为均违反《中华人民共和国著作权法》，其行为人将承担相应的民事责任和行政责任；构成犯罪的，将被依法追究刑事责任。为了维护市场秩序，保护读者的合法权益，避免读者误用盗版书造成不良后果，我社将配合行政执法部门和司法机关对违法犯罪的单位和个人进行严厉打击。社会各界人士如发现上述侵权行为，希望及时举报，本社将奖励举报有功人员。

反盗版举报电话　（010）58581999　58582371　58582488
反盗版举报传真　（010）82086060
反盗版举报邮箱　dd@hep.com.cn
通信地址　北京市西城区德外大街4号　高等教育出版社法律事务与版权管理部
邮政编码　100120